KERNBEREICHE

Karl Lahmer · Johann Bruckner · Gertraud Sachs

ETHIK 2

Entwürfe zum Leben

E. DORNER

Mit Bescheid des Bundesministeriums für Bildung, Wissenschaft und Kultur, GZ BMBWK-48.454/0001-V/9/2004 vom 17. Mai 2005, zur Aufnahme in den Anhang zur Schulbuchliste
für die allgemein bildenden höheren Schulen für die 8. Klasse im Unterrichtsgegenstand Psychologie und Philosophie,
für die Handelsakademien für den V. Jahrgang im Unterrichtsgegenstand Philosophischer Einführungsunterricht,
für die Höheren Lehranstalten für wirtschaftliche Berufe im Unterrichtsgegenstand Psychologie und Philosophie,
für die Bildungsanstalten für Kindergartenpädagogik und für die Bildungsanstalten für Sozialpädagogik für die 3.–5. Klasse im Unterrichtsgegenstand Pädagogik empfohlen.

Buch-Nr. 125815

Karl Lahmer u. a.
KERNBEREICHE DER ETHIK 2
Entwürfe zum Leben

Ungargasse 35, 1030 Wien
Tel.: (01)533 56 36, Fax: (01)533 56 36-15
E-Mail: office@dorner-verlag.at
www.dorner-verlag.at

ISBN 3 - 7055 - 0714 - 1

1. Auflage, 2006

Alle Drucke sind im Unterricht parallel verwendbar.

Umschlag, Satz/Layout: Dietmar Stiedl, Wien

Repro: Reklame Kontor, Wien

Druck: Druckerei Ferdinand Berger & Söhne GmbH, Horn

Bildquellenverzeichnis

U1: Corbis

12: Philosophie, die uns angeht, Verlagsgruppe Bertelsmann

18: Sir Godfrey Kneller, Christ Church Oxford

21: Butler College Community, Princeton University, USA

31: Worthwile Magazine

32: UNI-MED TCM ZENTRUM, Nunningen

46: Stiftung Weltethos

55.2: National Museum of Antiquities, Leiden

62.2: Elisabeth Steinkellner, Wien

72: Museo Nazionale Archeologico, Neapel

91.1: Christian Dior, Paris

91.3: Louis Vuitton

91.4: Charles Jourdan

99: BAT Berlin (Pressefoto)

108.1: BM für Landesverteidigung

108.2: Peter Dietrich, Wien

126: Ökosoziales Forum

128: Riverview Hutterite Colony School, Ca.

137: Olympia Publiphotot

138, 139: confucius.org

146: Australian Kung Fu Federation Inc.

156.2: Arca Vigraha

158: Camera in Conflict, The Hulton Getty Picture Gallery, Nick Vapp

160, 161, 162, 163.1, 163.2, 166.1, 166.2, 173, 177, 179, 180: Johann Bruckner, St. Pölten

166.3, 167.1–4, 169, 170, 171.1, 171.2: Schumann, Buddhistische Bilderwelt, Eugen Diderichs Verlag

182.2: Michael Reinold, D

183.1: University of Wisconsin-Madison

183.2: Plum Village Practice Center, Frankreich

191.2: Karl Lahmer, Salzburg

199: Kasimir Katedrale, Litauen

Illustrationen und Grafiken: Dietmar Stiedl, Wien; Elis Veit, Wien

Liebe Schülerinnen und Schüler!

Im *Ethikunterricht* haben Sie die Möglichkeit, eine Menge über ethische und moralische Fragestellungen zu erfahren, Ihre individuelle Entwicklung gedanklich nachzuvollziehen, Fragen der Freundschaft und Liebe zu vertiefen, den Umgang mit dem Fremden zu erweitern, die Wurzeln unserer Kultur kennen zu lernen und vieles mehr. Der Ethikunterricht bzw. der Unterricht in Pädagogik und Philosophie bieten Ihnen eine Fülle von Möglichkeiten, Ihre Bildung zu erweitern und Ihre Persönlichkeit zu entwickeln.

Die Beschäftigung mit Ethik kann zu einem fürsorglichen und flexiblen Umgang mit moralischen Problemen hinführen. Dazu eine kleine Geschichte: Ein Stachelschwein vergnügte sich im Sommer und dachte nicht an die Zukunft, d. h. den kalten Winter. Die Maulwürfe gruben in mühsamer Arbeit ihre Löcher in die Erde. Als es Winter wurde, fror natürlich das Stachelschwein; es bat nun die Maulwürfe um Hilfe. Diese berieten zunächst moralisch stur: Wer nicht gearbeitet hat, hat auch kein Recht, die Höhle zu benutzen. Außerdem sticht das Stachelschwein. Einige Maulwürfe, die sich mit moralischen Fragen auseinander gesetzt hatten, argumentierten flexibel: *Wir können nicht nur auf das Recht pochen. Wir dürfen das Stachelschwein nicht frieren lassen; wir könnten ja in eine ähnliche Situation kommen. Außerdem: Ist in diesem Fall nicht die Hilfeleistung unsere Pflicht? Wir binden ihm einfach eine Decke um, dann sticht es nicht mehr.*

Habe Mut, dich deines eigenen Verstandes zu bedienen!

Die Geschichte vom Stachelschwein und den Maulwürfen

Layout

Mindmap: Zu Beginn jedes Kapitels finden Sie eine Übersicht in Form einer Mindmap. Eine Mindmap ist eine grafische Darstellung, die einen Überblick zu den Themen eines Kapitels aufzeigt.

Übersichten → Ordnung

Information: Moderationstexte und Beschreibungen sind durch die Schrift klar von den Originaltexten unterscheidbar.

Beschreibungen → Verständnis

Vertiefung: Genauere Informationen, Erklärungen und Originaltexte sind durch einen Rahmen gekennzeichnet.

Originaltexte → Vertiefung des Wissens

Randbemerkungen: In den Marginalien (Randbemerkungen) finden Sie Zusatzinformationen, Erklärungen von Fremdwörtern, wichtige Aussagen und Ergänzungen.

Aufgaben: Bieten die Möglichkeit des Wiederholens, Vertiefens und Weiterfragens. Sie werden aufgefordert, persönlich Stellung zu beziehen. Die Aufgaben sind so angelegt, dass Sie nie zu allzu persönlichen Stellungnahmen gezwungen werden.

Aufgaben → Wiederholungen, persönliche Stellungnahmen

EINLEITUNG

Sie finden eine Vielzahl von Aufgaben, die Sie zu eigenständigem Arbeiten anregen sollen, allein und in der Gruppe. Die Aufgaben kann man in vier Typen gliedern.

Erfahrungen

1. *Eigene Erfahrungen und Beobachtungen mitteilen*
   Sie sollen Ihre Erfahrungen und Ihre Meinung, die Sie zu einem Inhalt bereits haben, mitteilen und mit den Erfahrungen anderer vergleichen.
   - Was wissen Sie über das Thema?
   - Welche Bedeutung hat die Thematik für Sie?

Wissen

2. *Texte interpretieren und Positionen kritisch beleuchten*
   Sie werden aufgefordert, Begriffe, die in einem Text vorkommen, zu erklären, die wichtigsten Aspekte eines Textes zusammenzufassen. Bei diesem Übungstyp geht es darum, dass Sie Ihre Meinung zunächst zurückstellen und sich auf eine fremde Meinung einlassen.
   - Arbeiten Sie die Kernaussagen des Textes heraus.
   - Erstellen Sie eine Zusammenfassung.
   - Welche Begriffe bzw. Aussagen im Text wiederholen sich?
   - Suchen Sie im Text Behauptungen und Gegenbehauptungen.

Kreativität

3. *Mit dem vorgegebenen Material kreativ umgehen*
   Dieser Übungstyp fordert Sie zu Kreativität auf. Sie sollen – meist assoziativ – neue Ansatzpunkte finden, gegenteilige Meinungen vertreten oder auch künstlerisch aktiv werden.
   - Zeichnen Sie Cartoons zu dem Thema.
   - Gestalten Sie den Text als Hypertext (Text mit Links).
   - Finden Sie eine passende Musik zur Thematik.

Gruppenarbeit

4. *In der Gruppe arbeiten und Gruppenerfahrungen reflektieren*
   Diese Übungen sollen Sie dazu ermutigen, Ihre Gruppenerfahrungen und Lernerfolge zu überdenken.

Wissens-Check: Nach größeren Abschnitten finden Sie wichtige Fragen und Antworten in Form eines Wissens-Checks zusammengefasst. Der Gegenstand *Ethikunterricht* ist als Maturafach wählbar. Daher ist es nötig, sich von Anfang an Wissen anzueignen.

Gender: Soweit es sprachästhetische und inhaltliche Aspekte zuließen, haben wir sowohl die weibliche als auch die männliche Form angeführt, z. B. *Schülerinnen und Schüler*. Wenn aus Gründen der Sprachästhetik oder Verständlichkeit (Lesbarkeit) weibliche und männliche Formen nicht angeführt werden konnten, haben wir abwechselnd die weibliche bzw. männliche Form gesetzt. In diesen Fällen sind natürlich immer beide Geschlechter gemeint.

Kapitel 1: Ethische Diskurse

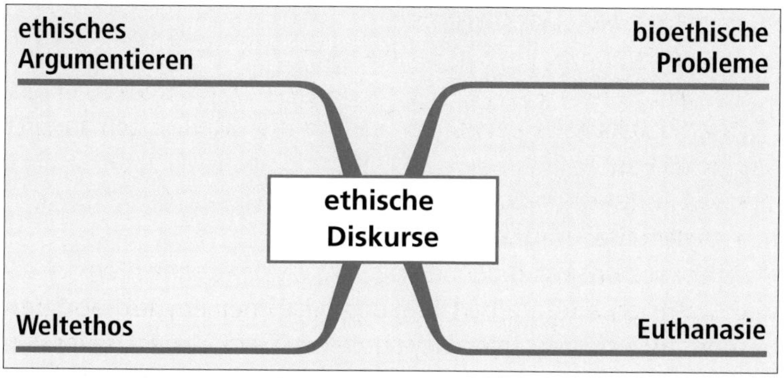

1 Wahrheit oder Beliebigkeit

Nehmen wir folgendes Beispiel: Karin und Franz, beide 18 Jahre alt, machen eine Radtour. Sie kommen an eine nicht beschilderte Kreuzung. Sie wissen nicht, ob sie rechts oder links fahren sollen, und beginnen zu diskutieren:

Franz: Ich wollte die blöde Radtour von vornherein nicht machen.
Karin: Wir hätten schon 500 Meter vorher links abbiegen müssen, jetzt sind wir sicher falsch. Du hast aber darauf bestanden, rechts zu fahren.
Franz: Wenn wir links abgebogen wären, wären wir ins Moor gekommen …

Wir alle kennen ähnliche absurde Situationen, die von den jeweiligen Beteiligten völlig unterschiedlich gesehen werden. Der österreichische Psychologe Paul WATZLAWICK hat dieses soziale Phänomen treffend in verschiedenen Publikationen beschrieben.[1] Das Phänomen der so genannten *zirkulären Kausalität* beschreibt die Tatsache, dass es in zwischenmenschlichen Beziehungen nicht *eine* Ursache und *eine* Wirkung gibt (= lineare Kausalität), sondern dass Situationen von den Beteiligten völlig verschieden interpretiert werden. Jeder der Beteiligten konstruiert sich quasi seine Wirklichkeit und geht davon aus, dass der andere ebenso von derselben Wirklichkeit ausgeht. Dazu ein Beispiel: Zwei Psychiater, die einander nicht kennen, werden instruiert, sie sollen den jeweils anderen, der schizophren sei, aber behaupte, er sei Psychiater, behandeln. In den Gesprächen bestätigt sich immer mehr die am Anfang angenommene These der Schizophrenie. Beide Psychiater sind völlig normal, die Situation ist absurd.

Der Nutzen bestimmt unser alltägliches Handeln.

[1] Vgl. Paul WATZLAWICK, Anleitung zum Unglücklichsein, München, Piper: 2005.

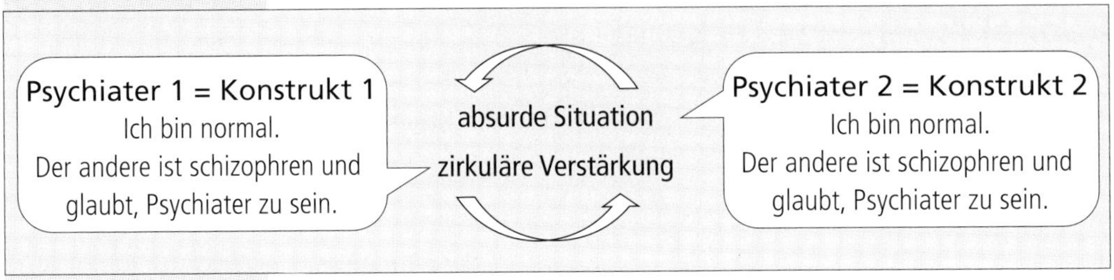

Konstrukte sind subjektive Vorstellungen.

Konstruktivismus

Im philosophischen Sprachgebrauch steht der Begriff *Konstruktivismus* für die Gesamtheit wissenschaftlicher Konzepte, deren besondere Aufmerksamkeit der aktiven Rolle des Erkennenden im Wahrnehmungsprozess gilt: Die Art und Weise, wie der Einzelne erkennt, tritt in den Vordergrund. Der Konstruktivismus geht davon aus, dass es verschiedene Konstrukte der Wirklichkeit gibt.

- Der Mensch gelangt nur über seine Wahrnehmung an Informationen über seine Umwelt. Es gibt keine unmittelbare Erkenntnis, keine Einsicht in die Dinge der Welt, die vom Einfluss der Sinneskanäle absehen kann. Wir sehen die Welt immer nur durch den Filter unserer Wahrnehmungsmöglichkeiten.
- Jeder konstruiert seine eigene Sicht von einer Situation, die sich in seiner Umgebung abspielt. Diese Konstruktion ist so lange gangbar, solange sie nützliche Ergebnisse für den Betroffenen liefert.

Nehmen wir folgende Situation an: Schüler A stellt fest, dass er in Mathematik immer dann eine positive Schularbeit schreibt, wenn er sich Schwindelzettel vorbereitet, Schülerin B, wenn sie vor der Schularbeit zwei Stunden intensiv lernt, Schüler C, wenn er eine Woche lang vor der Schularbeit aufmerksam am Unterricht teilnimmt.

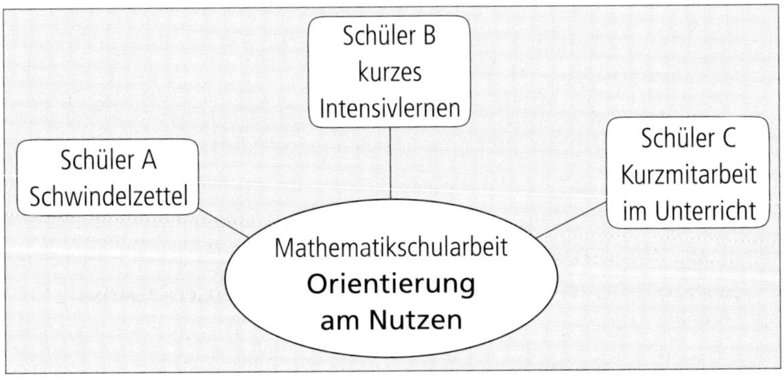

Im Konstruktivismus tritt die Nützlichkeit als wichtigstes Ziel von Auseinandersetzung mit der Umwelt in den Vordergrund. Ist eine Weltsicht (= Konstrukt) nützlich, dann ist sie auch gut. Sollte sich später herausstellen, dass mit derartigen Strategien kein Erfolg erzielt werden kann, muss ein neues Konstrukt entwickelt werden. Die Frage nach Allgemeingültigkeit oder Wahrheit wird vom Konstruktivismus bewusst nicht gestellt. Wahr oder gut ist, was nützlich ist.

Die Weltsicht des Konstruktivismus hat in sozialen Konfliktsituationen (vgl. WATZLAWICK) sehr viel zum Verstehen und Klären derartiger Problembereiche beigetragen.

Für ethische Fragestellungen wird die Weltsicht des Konstruktivismus allerdings zum Problem, weil jede Form von Allgemeingültigkeit einer Handlung oder Handlungsregel bestritten wird. In der Geschichte der Philosophie nannte man diese Weltsicht auch Relativismus: „Der Mensch ist das Maß aller Dinge. Du bist ein Mensch, und ich bin ein Mensch", lautet der berühmte „Homo-Mensura-Satz" von PROTAGORAS (400 v. Chr.).

Konkret: Wenn Sie sagen, das nebenstehende Bild zeigt einen Hasen, und ich sage, es zeigt ein Schwein, dann haben Sie Recht und habe ich Recht.

Wichtig ist die Lösung, nicht die Reflexion des Problems.

Problem → Lösung

Nutzen statt **Wahrheit**

Hase oder Schwein?

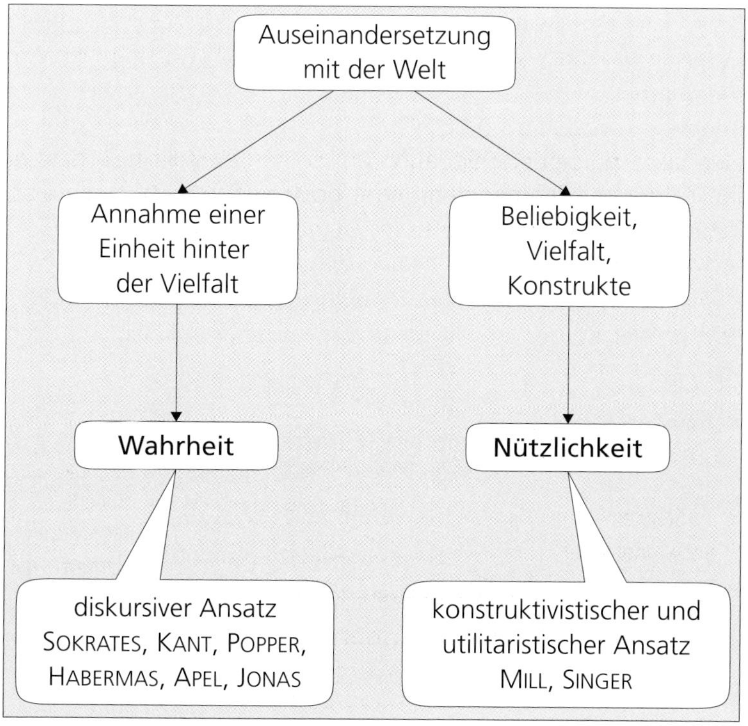

AUFGABEN

1. Sammeln Sie Beispiele, die die Weltsicht des Konstruktivismus verdeutlichen: Nützlichkeit ist wichtiger als Wahrheit.
   - Beispiele aus dem Bereich der Medien (Berichterstattung)
   - Beispiele aus Ihrem persönlichen Handeln
2. Formulieren Sie drei prägnante Aussagen zur Fragestellung „Was ist Wahrheit?" Sie können die folgenden Begriffe in Ihre Formulierungen einfügen:
   - Kompromiss, Konsens
   - einleuchtend, plausibel
   - nützlich, vorteilhaft
   - widerspruchsfrei, stimmig
3. Gesprächskette – Übungsanweisung
   Bei der folgenden Übung geht es darum, einen bestimmten Inhalt gesprächsweise so weiterzugeben, dass der Nächste ihn auch wieder möglichst genau weitergeben kann.
   a. Bilden Sie Teilgruppen (= Ketten) mit sechs Teilnehmern. Die Ersten jeder Gruppe bleiben im Raum, die anderen gehen hinaus und legen die Reihenfolge innerhalb der Ketten fest. Draußen darf nicht über den Inhalt und den Ablauf gesprochen werden!
   b. Die Ersten der Gruppen betrachten die von der Lehrperson gezeigte Folie, sie prägen sich die Bilder ca. zwei Minuten lang ein. Vor der Kamera geben sie den Inhalt der Bilder dann den Nächsten weiter.
   c. Videoaufnahme: Es befinden sich immer nur die beiden Gesprächspartner/innen im Raum. Die erste Kette wird bei der Informationsweitergabe aufgenommen: Nr. 1 berichtet der Nr. 2, Nr. 2 gibt weiter an Nr. 3 etc. Als Abschluss der Kette gibt der Letzte den Inhalt dem Ersten zurück.
   d. Auswertung der Videoaufzeichnungen
      - Wurde nachvollziehbar, verständlich erklärt?
      - Was verbessert die Weitergabe der Information? (Verständlichkeit, Formulierung, Wiederholung, Nachfragen)
      - Was ging verloren, was kam dazu?
      - Inwiefern liefert die Übung Hinweise auf die Thesen des Konstruktivismus?
4. Erstellen Sie einen Regelkatalog, wie Schüler/innen während einer Diskussion miteinander umgehen sollen. Welche der Regeln halten Sie für eher beliebig, welche für unbedingt nötig?

Positiv?	**Negativ?**
offen und ehrlich	jemanden ausspotten
zusammenarbeiten	immer den Clown spielen
Gefühle äußern	Gerüchte verbreiten
______________	______________
______________	______________
______________	______________
______________	______________

1.1 Irrwege beim ethischen Argumentieren

Dogmatismus: *Dogmatiker/innen* sind Menschen, die unverrückbar von einer Antwort auf eine oder alle ethischen Fragen überzeugt sind. Meist berufen sie sich auf politische oder religiöse Autoritäten, weshalb es für sie keinen Grund gibt, über ethische Fragen zu diskutieren und nachzudenken. Sie setzen voraus, dass ihr Standpunkt der einzig richtige ist. Warum also anderen Argumenten zuhören?
Es ist sicher von Vorteil, wenn ein Mensch bestimmten Werten als Orientierung anhängt und sie im Leben umzusetzen versucht. Es ist aber problematisch, ihnen so starr anzuhängen, dass man eine andere Sichtweise nicht mehr einnehmen kann.
Dogmatiker verkennen den Sinn der Ethik: Ethik hat nicht die Aufgabe, zu moralisieren und vorzuschreiben, wie man sich verhalten soll. Sinn der Ethik ist es, bei schwierigen Themen Hilfsmittel zum Denken anzubieten, wobei von vornherein klar ist, dass eindeutige und absolute Antworten auf Grund der Komplexität der Probleme nicht möglich sind.
Dogmatiker neigen zur Schwarzweißmalerei und ignorieren – bewusst oder unbewusst – in ihrem moralischen Handeln Widersprüche:

- Aktive Tierschützer/innen sprechen sich für das Recht auf Leben für alle Wesen aus und befürworten die Abtreibung.
- Vehemente Abtreibungsgegner/innen berufen sich auf die Heiligkeit des Lebens und unterstützen Initiativen zur Einführung oder Beibehaltung der Todesstrafe.
- Ein Politiker beruft sich auf die Bergpredigt, legt seinen Amtseid mit der Formel „So wahr mir Gott helfe" ab und führt unter falschem Vorwand einen Krieg.[2]

Rationalisierung: Sigmund Freud stellte fest, dass es Abwehrmechanismen gibt, die als psychische Schutzschilder zur Bewältigung der Konflikte, die zwischen ICH, ES und ÜBER-ICH entstehen können, wirken. Es handelt sich dabei um eine automatische und unbewusste Reaktion eines Individuums auf eine Bedrohung, die durch Konflikte oder Ängste ausgelöst wird. Von Kindheit an benutzt jeder Mensch eine Vielzahl psychischer Mechanismen, um emotionale Erlebnisse zu verarbeiten, Lustgewinn zu erzielen und schmerzhafte Konflikte aus dem Bewusstsein zu verdrängen. *Rationalisieren* ist das Rechtfertigen von Handlungen

[2] Vgl. Anthony Weston, Einladung zum ethischen Denken. Die richtigen Fragen stellen, kreative Lösungen finden, Freiburg u. a.: Herder 1999.

ausschließlich durch Vernunftgründe; ein Verhalten wird rational erklärt, z. B.: Ein verschmähter Liebhaber erzählt seinem Freund, ein Mädchen wäre letztlich nichts für ihn gewesen; es sei viel besser, dass es mit ihr „aus" ist.

Karl R. POPPER (1902–1994)

Bezogen auf ethische Fragestellungen meint Rationalisieren vorwiegend das Vertuschen von Fehlern. Die alte Berufsethik von Ärzten, Rechtsanwältinnen, Lehrern, Managerinnen u. a. beruht auf Autorität. Wissen muss als sicheres Wissen vertreten werden. Expertenwissen wird als Wissen mit Absolutheitsanspruch verkauft. Auf Grund dieser Berufsethik fühlen sich alle Experten und Expertinnen angehalten, Fehler zu verbergen.
Die neue Berufsethik, vertreten vom bekannten österreichischen Philosophen Karl R. POPPER[3], geht von folgenden Prämissen (Vorüberlegungen) aus:

1. Das Prinzip der Fehlbarkeit: *Vielleicht habe ich Unrecht, vielleicht hast du Recht. Möglicherweise haben wir beide Unrecht.* Wissenschaftliches Wissen ist immer unsicher. Es ist unmöglich, alle Fehler zu vermeiden. Deshalb müssen wir unsere Einstellung Fehlern gegenüber ändern. *Es ist keine Schande, Fehler zu machen, es ist jedoch eine Schande, auf Fehlern zu beharren.*
2. Das Prinzip der vernünftigen Diskussion: Der Mensch ist zwar kein Inhaber der Wahrheit, ist aber befähigt zur kritischen Diskussion. Das Beharren auf sicherem Wissen ist intolerant, moralisch bedenklich und aus demokratischer Sicht verwerflich. Der *Homo criticus*, der kritikfähige Mensch dagegen ist sich seiner Fehler bewusst, ist offen für Kritik und spricht eine klare und verständliche Sprache.
3. Das Prinzip der Annäherung an die Wahrheit: Auch wenn wir kein sicheres Wissen haben, sind wir davon überzeugt, dass nicht alles beliebig ist, sondern dass wir durch eine vernünftige Diskussion der Wahrheit näher kommen.

Instrumentalisierung: Friedrich NIETZSCHE stellte in *Zarathustra* fest, dass das Leben so lange keinen Sinn hat, als es ganz unter der Herrschaft der Zwecke steht. Die Wucht der Zwecke, genauer der ökonomischen Zwecke, bestimmt in fast allen Bereichen die Argumentation:

- Wozu braucht man wissen, dass *des Kindes* ein *Genitiv* ist?
- Wozu braucht man heute noch Ägyptologie, Altgriechisch?
- Wozu soll ich mich mit GOETHE und *Faust* beschäftigen?

[3] Vgl. Franz KREUZER, Offene Gesellschaft – offenes Universum. Franz KREUZER im Gespräch mit Karl R. POPPER, Wien: Deuticke 1983.

> Leben bedeutet Bewegung und Handeln, und wenn wir einen Sinn in ihm finden wollen, so müssen wir nach Tätigkeiten suchen, die ihren Zweck und Wert in sich tragen, unabhängig von allen Zielen außerhalb ihrer Betätigungen also, die nicht Arbeit in der philosophischen Bedeutung des Wortes sind. Solche Tätigkeiten gibt es wirklich. Wir müssen sie folgerichtig Spiel nennen, denn das ist der Name für freies, zweckloses, das heißt in Wahrheit den Zweck in sich selbst tragendes Handeln.[4]

Nur im Spiel erschließt sich der Sinn des Daseins.

1.2 Rüstzeug zum ethischen Argumentieren

Wenn wir ethisch argumentieren, brauchen wir ein gewisses theoretisches Rüstzeug, das uns in die Lage versetzt, moralische Bewertungen differenziert einzuordnen. Im Laufe der Menschheitsgeschichte haben sich – kulturübergreifend – moralische Maximen (Handlungsanweisungen) herauskristallisiert.[5]

Neminem laedere – niemandem schaden

Die Maxime *Neminem laedere* besagt, dass man im Rahmen einer moralischen Lebensführung *niemanden verletzen* bzw. *niemandem schaden* soll.

Wer dieser Maxime (Handlungsanweisung, Aufforderung, Empfehlung) folgt, handelt moralisch richtig oder gut; jeder, der die Maxime nicht befolgt, hingegen moralisch schlecht oder falsch.

> Die Handlung H der Person A ist genau dann moralisch unbedenklich, wenn durch H niemandem geschadet wird.

Die Goldene Regel

Was du nicht willst, das man dir tu', das füg' auch keinem andern zu! Diese Maxime beschreibt zweiseitige, potenziell umkehrbare Handlungsweisen. Beispiele, was die Goldene Regel nicht meint:

1. Ein wenig attraktiver Bursche hätte nichts dagegen, wenn seine schöne Nachbarin ihn küsst: Also küsst er sie.
2. Ein Raucher hätte nichts dagegen, wenn sich die Mitfahrer im Nichtraucherabteil eine Zigarette anstecken würden: Also zündet er sich eine an.

Der Sinn der Goldenen Regel kommt klarer in dem Gedankenexperiment des *Rollentauschs* zum Ausdruck: Versetze dich in die Situation des anderen. Wenn du dann nicht willst, dass man dir H antut, dann darfst du umgekehrt dem anderen nicht H antun.

[4] Moritz SCHLICK, Vom Sinn des Lebens. In: Christoph FEHIGE u. a. (Hg.), Der Sinn des Lebens, München: dtv 2000, S. 311 (wesentlich gekürzt).
[5] Vgl. Wolfgang LENZEN, Liebe, Leben, Tod. Eine moralphilosophische Studie, Stuttgart: Reclam 1999.

Die Handlung H der Person A gegenüber dem Individuum B ist genau dann moralisch bedenklich, wenn B nicht will, dass A die Handlung H ausführt.

Jeremy BENTHAM (1748–1832)

Utilitarismus – Nutzenoptimierung

Jeremy BENTHAM hat die utilitaristische Maxime pointiert definiert: *das größte Glück* bzw. *der größte Nutzen für die größte Menge. Neminem laedere*, die *Goldene Regel* und *Nutzenoptimierung* sind drei Handlungsanweisungen, die als Grundlage jeder ethischen Argumentation zu beachten sind.

Das Ziel jeder Handlung H liegt darin, den Nutzen für die Gesamtheit der durch H Betroffenen zu maximieren.

AUFGABEN

1. **Diskurs: Liebe – Sex**
   Das Wort *Liebe* hat in vielen Sprachen zwei Bedeutungen:
   Liebe (to love): Gefühl tiefster Zuneigung. Jemanden zu lieben bedeutet, ihm in seinen Sorgen zu helfen und sich zugleich zu wünschen, alle Freuden des Lebens mit ihm zu teilen.
   Sex (to make love): körperlicher Vorgang, mit dem man diesem Gefühl am besten Ausdruck verleihen kann. Dabei soll unter Sex nicht nur der heterosexuelle Beischlaf verstanden werden, sondern auch entsprechende homosexuelle Aktivitäten.
   a. Unter welchen Bedingungen ist Sex moralisch unbedenklich, wenn Sie die Goldene Regel anwenden?
   b. Kann Liebe jeden Sex legitimieren (heterosexuell, homosexuell, außerhalb der Ehe), wenn Sie das *Neminem laedere* anwenden?
2. **Diskurs: Homosexualität**
   Wir gehen von folgender These aus: *Gleichgeschlechtlicher Sex ist moralisch genauso unbedenklich wie Sex zwischen Mann und Frau, sofern er den Ausdruck echter Liebe zwischen zwei Personen darstellt.*
   a. Impliziert die These *Homosexualität ist aus ethischem Gesichtspunkt mit Heterosexualität gleichwertig* für Homosexuelle das Recht auf Ehe? Bedenken Sie bei Ihrer Diskussion, dass Ehe eine inhaltliche (Liebe, Sexualität, Treue) und eine formale Seite (Steuern, Krankenversicherung, Kindergeld, Erbrecht) hat.
   b. Unter welchen Voraussetzungen stellt das Eheverbot für homosexuelle Paare eine Diskriminierung dar?
3. **Diskurs: Scheidung**
   Diskutieren Sie folgenden Fall aus der Sicht des *Neminem laedere* bzw. aus *utilitaristischer Sicht*: Vater und Mutter haben drei Kinder (zwischen zehn und 15 Jahren). Der Vater liebt eine andere Frau, es kommt zur Scheidung. Der Vater zieht zu seiner Freundin.

1.3 Auf der Suche nach Konsens

Der deutsche Philosoph Karl-Otto APEL (geb. 1922), einer der bedeutendsten Vertreter der Diskursethik, stellt die Frage, ob im Zeitalter der globalen Bedrohungen (atomare Gefahren, ökologische Katastrophen, terroristische Anschläge) individuelle Handlungsregeln ausreichen, den Lebensraum der Menschen verantwortungsvoll zu schützen.

Diskurs meint: Lösungen für ethische Probleme werden in einem Gespräch angestrebt.

Die traditionelle Ethik (von der Antike bis ins 20. Jh.) war eine *Nahethik*. Sie beschäftigte sich räumlich und zeitlich mit den unmittelbaren Auswirkungen einer Handlung. Verantwortung war auf die nächsten Verwandten und Bekannten, auf einige Generationen und auf einen überschaubaren Raum beschränkt. Um Antworten auf die Herausforderungen der modernen Zeit zu finden, ist es jedoch notwendig, die Ethik auch auf die fernere Zukunft auszudehnen, die Menschen als Teil eines Gesamtsystems zu sehen und global zu denken. Der deutsche Philosoph Hans JONAS formulierte den Gedanken folgendermaßen: *Handle so, dass die Wirkungen deiner Handlung verträglich sind mit der Permanenz echten menschlichen Lebens auf Erden!*

Verantwortung global

Hans JONAS (1903–1993)

Im Gegensatz zum Konstruktivismus, der in seiner Grundhaltung utilitaristisch ausgerichtet ist, folgt die Diskursethik der philosophischen Tradition einer Prinzipienethik (SOKRATES, KANT): *Handle nach dem subjektiven Grundsatz, von dem du wollen kannst, dass er ein allgemeines Gesetz werde.*

utilitaristisch = auf Nutzen ausgerichtet

Maxime = subjektiver Grundsatz
Ich soll nicht lügen.
⇒ vernünftige Überlegung ⇒ Ich habe die Pflicht, nach diesem Grundsatz zu handeln.

Die Grundsatzfrage der Diskursethik lautet: *Wie lassen sich ethische Probleme lösen, ohne auf den Wahrheitsanspruch zu verzichten?* Die Antworten auf ethische Probleme müssen also eine (gewisse) Allgemeingültigkeit haben.

1. Wir setzen voraus, dass unter bestimmten Bedingungen (siehe die folgenden Punkte) eine Wahrheitsannäherung an ein ethisches Problem möglich ist. Wir schließen Dogmatismus, Relativismus und Beliebigkeit als primäre Orientierungspunkte aus.
2. Alle Beteiligten am Gespräch (Diskurs) haben die gleiche Chance, Deutungen, Behauptungen und Rechtfertigungen aufzustellen, zu kritisieren und zu begründen, sodass möglichst alle Behauptungen zum Thema zur Sprache kommen.

Die Diskursethik verlangt, dass Normen nicht am Schreibtisch ausgearbeitet werden, sondern dass ein konkreter Dialog, der sich an der Wahrheit orientiert, stattfindet.

Diese Methode nennt man auch Elenktik. Sie ist die Methode, falsche Ergebnisse zu selektieren.

3. Zum Diskurs sind nur Sprecher/innen zugelassen, die ihre Einstellungen, Wünsche und Gefühle auch zum Ausdruck bringen.
4. Das Ergebnis des Diskurses erhebt den Anspruch auf eine (vorläufige) Wahrheit. Die Diskursethik nimmt für sich nicht eine vollständige Objektivität oder absolute Wahrheit in Anspruch. Fehler und Fehlerkorrektur sind wichtige Aspekte der Theorie.

Das Vorbild für ethische Diskurse ist SOKRATES. Er bediente sich der bohrenden Frage, des negativen Selektierens, d. h., SOKRATES forderte von sich und seinen Gesprächspartnern, zu einem Thema eine Meinung zu äußern. Die Meinungen und Behauptungen wurden nun kritisch hinterfragt und meist widerlegt. Es wurde also eine ungeeignete Behauptung selektiert.

Diskurs über Freiheit und Willkür

Sokrates hat den jungen Lysis im Gespräch davon überzeugt, dass sein Vater ihn erst dann tun lässt, was er will, auch die Verwaltung der Firma und des Hauses übergibt, wenn er das dazu notwendige Wissen und Können erworben hat.

Sokrates: Was ist aber mit deinem Nachbarn? Hat der nicht denselben Grundsatz wie dein Vater? Meinst du, er wird dir nicht seine Firma zur Verwaltung überlassen, wenn er sich überzeugt hat, dass du von Betriebswirtschaft mehr verstehst als er?

Lysis: Er wird sie mir überlassen, meine ich.

Sokrates: Und die Athener, glaubst du nicht, dass sie dir ihre Angelegenheit zur Verwaltung überlassen, sobald sie merken, dass du genug davon verstehst?

Lysis: Das glaube ich schon.

Sokrates: Nehmen wir nun folgenden Fall. Ein König hat einen Sohn mit einem Augenleiden. Würde der König da seinen Koch seine Augen behandeln lassen oder würde er ihn daran hindern?

Lysis: Er würde ihn sicher daran hindern.

Sokrates: Uns dagegen, wenn er uns für Ärzte hielte, würde er nicht daran hindern, auch wenn wir ihm die Augen aufreißen und mit Asche bestreuen wollten, wenn er nur davon überzeugt ist, dass wir etwas davon verstehen.

Lysis: Du hast Recht.

Sokrates: Es verhält sich also folgendermaßen. Worin wir Experten sind, wird uns jeder schalten und walten lassen, niemand wird uns daran hindern.[6]

Im Gespräch zwischen SOKRATES und LYSIS geht es um die Frage von freiem Handeln und sozialer Stellung. Ein Betriebswirt hat in einer Firma mehr Handlungskompetenz als der Sohn des Chefs; ein Trainer von einem Pferdegespann hat bezüglich der Pferde mehr Handlungskompetenz als der Pferdebesitzer. Wir orientieren

[6] Frei nach dem Dialog von PLATON, Lysis 209c–210b.

uns also an der Sachkompetenz und vertrauen nicht irrationaler Willkür: Beim Hausbau vertrauen wir der Sachkompetenz des Baumeisters, des Architekten, bei Krankheiten vertrauen wir der Diagnose und dem Therapievorschlag der Ärztin.
Bei ethischen Fragestellungen ist es wesentlich komplizierter festzustellen, wer ein Experte / eine Expertin ist.

- Wer ist Experte in Fragen der Gerechtigkeit? Die Politiker/innen? Die Philosophen? Die Lehrer/innen? Alle?
- Wer ist Expertin in Fragen der Freundschaft? Die Psychologinnen? Die Krankenschwestern? Die Eltern? Alle?
- Wer ist Experte in Fragen der Zivilcourage? Die Sportler? Die Fernsehmoderatorinnen? Die Bergsteiger? Alle?

Weil es bei so komplizierten ethischen Fragen schwierig ist, Experten auszumachen, wird nach dem sokratischen Vorbild versucht, in einem vernünftigen Gespräch (Diskurs) die Frage zu erörtern.

AUFGABE

Führen Sie einen Diskurs zum Thema *Freundschaft*. Sie können für Ihre Argumentation die folgenden Hinweise verwenden.

- Ein Freund ist das zweite Ich. (lat. Alter Ego, PYTHAGORAS)
- Freunde gewinnt man, indem man sich eine Gunst erweisen lässt, nicht indem man eine Gunst erweist.
- Einen Freund erkennt man in einer unsicheren Sache.
- Gegenseitiges Vertrauen ist der Pfeiler der Freundschaft.
- Tiger und Hirsch gehen nicht miteinander.
- Das ist keine wahre Freundschaft, dass, wenn der eine die Wahrheit nicht hören will, der andere zum Lügen bereit ist.
- Freundschaft ist ein Verhältnis aus gegenseitiger individueller Zuneigung bei rückhaltloser Vertrautheit mit den Lebensumständen des Freundes oder der Freundin.
- Der bloße Begriff ist für die echte Tugend so unfruchtbar wie für die echte Kunst. Alle wahre und reine Liebe ist Mitleid, und jede Liebe, die nicht Mitleid ist, ist Selbstsucht. Mischungen von Selbstsucht und Mitleid finden häufig statt. Sogar die echte Freundschaft ist immer eine Mischung von Selbstsucht und Mitleid: Erstere liegt im Wohlgefallen an der Gegenwart des Freundes, dessen Individualität der unsrigen entspricht, und sie macht fast immer den größten Teil aus; Mitleid zeigt sich in der aufrichtigen Teilnahme an seinem Wohl und Wehe und den uneigennützigen Opfern, die man diesem bringt. (Arthur SCHOPENHAUER)[7]

[7] Arthur SCHOPENHAUER, Die Welt als Wille und Vorstellung, aus: Digitale Bibliothek Band 2: Philosophie, S. 63814f.

1.4 Der Wille zum Gespräch

Des Öfteren hört man, die Schüler/innen werden immer fauler und dümmer. Warum werden sie immer dümmer? Weil die Lehrer/innen immer weniger Kompetenz besitzen. Warum werden die Lehrer immer dümmer? Weil die Universitäten immer schlechter werden.

Wir könnten die Begründungen ins Unendliche fortsetzen. Der griechische Philosoph ARISTOTELES hat sinnvollerweise vorgeschlagen, aus denkökonomischen Überlegungen das Begründungsverfahren abzubrechen. Solche Fundamente, auf die wir Begründungen aufbauen, sind beispielsweise: *Jeder Mensch strebt von Natur aus nach Wissen. Jeder Mensch strebt nach Glück.*

John LOCKE (1632–1704)

Der englische Philosoph John LOCKE hat das berühmte Gleichnis erzählt: *Worauf liegt die Erde? Auf einem großen Elefanten. Worauf steht der Elefant? Auf einer großen Schildkröte. Worauf steht die Schildkröte? Auf irgendetwas.* Irgendwann müssen wir mit dem Begründungsverfahren aus denkökonomischen Überlegungen Schluss machen.

Der deutsche Philosoph Hans ALBERT (geb. 1921), ein Schüler von Karl R. POPPER, hat auf die Unmöglichkeit einer Letztbegründung hingewiesen und festgestellt, dass man beim Versuch einer Letztbegründung die Wahl zwischen drei Möglichkeiten hat:

1. Der infinite Regress: Wir können theoretisch den Begründungsprozess ohne Grenze (infinit) zurückverfolgen (Regress).
2. Der logische Zirkel: Eine Begründung greift auf eine Aussage zurück, die selbst begründet werden muss (Beispiel: Wenn die Schüler immer dümmer werden, sind die Lehrer schlecht. Wenn die Lehrer schlecht sind, werden die Schüler immer dümmer).
3. Der Abbruch des Begründungsverfahrens (nach ARISTOTELES und LOCKE wird die Begründung irgendwo abgebrochen). Dieser Abbruch ist sicherlich problematisch; denn wer bestimmt, wann abgebrochen wird?

Wenn man eine Aussage macht der Art „Wenn A wahr ist, dann ist auch B wahr" und dann „Wenn B wahr ist, ist auch A wahr" konstruiert, dann hat man einen Zirkel.

Karl-Otto APEL stellt im Rahmen der Diskursethik die Frage nach der Möglichkeit einer ethischen Grundorientierung. Diese ethische Grundorientierung soll eine Begründung sein, die so beschaffen ist, dass danach die Forderung nach einer weiteren Begründung nicht mehr erhoben wird. Dabei müssen zwei Punkte besonders bedacht werden:

Intersubjektiv – ein Beispiel: Die Aussage „Hier sind zwei Äpfel abgebildet" ist intersubjektiv gültig, weil Schüler A zwei Äpfel sieht und Schülerin B ebenfalls zwei Äpfel.

- Der Wunsch nach einer verbindlichen Ethik ist gegenwärtig groß; man denke an die schwierigen Fragen von Euthanasie, Gentechnologie, ökologischen Bedrohungen etc.
- Die rationale Begründung einer intersubjektiv gültigen Ethik ist heute schwierig. Traditionelle ethische Prinzipien, die eine Universalgültigkeit beanspruchten, sind des Öfteren von Ideologen

missbraucht worden; verschiedene Kulturen haben verschiedene Werthierarchien; individuelle Vorstellungen von Moral divergieren mit traditionellen Werten etc.

Gibt es auf ethische Fragen überhaupt verbindliche Antworten? Die einen (Konstruktivisten) sagen „Nein“: Jeder soll nach seiner Vorstellung glücklich werden. Die anderen (Diskursethiker) argumentieren etwa so:

- Jede ethische Argumentation ist an Kommunikation (Sprache) gebunden, sie ist nur möglich, wenn eine Kommunikationsgemeinschaft vorhanden ist.
- Voraussetzung für eine sinnvolle ethische Diskussion (= Diskurs) sind Diskurspartner/innen, die als wahrheitsfähige, zurechnungsfähige, aufrichtige und gleichberechtigte Subjekte anerkannt werden.
- Ziel eines ethischen Diskurses ist der vernünftige Konsens. Der vernünftige Konsens beinhaltet u. a., dass sich gleichberechtigte Argumentationspartner/innen gegenseitig anerkennen. Genau dies ist nach Apel die Letztbegründung, die nicht von anderen Bedingungen abhängig ist.
- Aus dem Prinzip der *verallgemeinerten Gegenseitigkeit* (des Akzeptierens der Gesprächspartner/innen als gleichberechtigt etc.) resultiert eine Verantwortung für jeden Einzelnen. Wir können nicht mehr die Verantwortung auf Experten oder Politiker abschieben. Wir haben als Mitglieder einer Kommunikations- und Normengemeinschaft die Pflicht, Verantwortung im Rahmen unserer Möglichkeiten zu übernehmen.
- Unbestritten bleibt die Tatsache bestehen, dass es Diskursverweigerer gibt, also Menschen, die bei ethischen Fragestellungen den vernünftigen Konsens aus egoistischen oder sonstigen Gründen verhindern bzw. verweigern.

1.5 Argumentationsschema nach Toulmin

Um einen ethischen Diskurs systematisch üben zu können, benötigen wir zunächst gewisse Strukturen. Der Philosoph Stephen Toulmin hat folgendes Argumentationsschema vorgeschlagen:

1. Daten, Fakten, Argumente:
   Johannes hat gelogen.
   Daniela ist eine gute Schülerin.
2. Schlussfolgerung:
   Johannes hat moralisch schlecht gehandelt.
   Daniela wird es im Beruf weit bringen.

3. Stützung der Schlussfolgerung:
   Lügen ist moralisch schlecht, weil dadurch das Vertrauen zerstört wird.
   Dass gute Schüler/innen im Beruf gute Chancen haben, bestätigen neueste Statistiken.
4. Berücksichtigung von Ausnahmen:
   Johannes hat deshalb gelogen, weil er seinen Freund dadurch schützen wollte.
   Daniela wird es im Beruf weit bringen, wenn nicht ihre Disposition zur Depression durchbricht.

AUFGABEN

Diskutieren Sie die folgenden Fragen.

1. Was bedeutet es für eine Gemeinschaft, wenn alle Regeln relativiert sind?

2. Führen Sie einen ethischen Diskurs zu den Normen „Du sollst nicht stehlen!" und „Du sollst nicht lügen!"

3. Welche Normen halten Sie für eine Gemeinschaft für unverzichtbar? Stellen Sie einen Kriterienkatalog auf.

Beispiele
Disziplin
Ehrlichkeit
Toleranz etc.

4. Ergänzen Sie nach dem Schema von TOULMIN:

Sabine hat bei der Schularbeit geschwindelt.

____

____

Der Lehrer bevorzugt einen Schüler.

____

____

Frau X engagiert sich für amnesty international.

____

____

Die Schülerin X stört den Unterricht permanent.

____

____

Die Lehrerin X akzeptiert gelegentliches Schwätzen im Unterricht.

____

____

2 Diskurs – Euthanasie

Wir unterscheiden aus Gründen der Überschaubarkeit zwei diametral entgegengesetzte Ethiktheorien, die bereits besprochene Diskursethik und den so genannten Präferenz-Utilitarismus.[8] Der Hauptvertreter des Präferenz-Utilitarismus, Peter SINGER, beschreibt diese Ethiktheorie etwa so:

- Der Präferenz-Utilitarismus fasst die maximale Befriedigung von Präferenzen ins Auge. Präferenzen sind Wünsche, die nach grundlegenden Gesichtspunkten gewichtet und gemessen werden, z. B. Schmerzvermeidung oder der bewusste Wunsch, am Leben zu sein und zu bleiben.
- Um eine Interessenabwägung durchführen zu können, braucht man einen Maßstab. Es müssen die Interessen der Betroffenen bewertet werden.

Peter SINGER (geb. 1946) ist australischer Philosoph und Ethiker und als solcher in verschiedenen Ethikkommissionen tätig.

2.1 Problemstellung bei SINGER

SINGER reduziert die Fragestellung der Euthanasie auf schwerstbehinderte Neugeborene.[9] Er geht von der Frage aus: Welchen Wert besitzt das Leben eines schwerstbehinderten Neugeborenen? Diese Frage kann von einem Baby (ob gesund oder behindert) nicht beantwortet werden. Die Position einer Innenperspektive ist im Fall der behinderten Neugeborenen nicht tragfähig.

Individuelle Beurteilung der ethischen Frage ist nicht möglich.

Wir müssen also das Problem aus der Beobachterposition beurteilen. SINGER beansprucht, das Problem dadurch zu lösen, dass er versucht, sich mögliche Präferenzen in der Fantasie auszumalen. Er kommt zu dem Schluss, dass solchen Wesen kein Personenstatus zuerkannt werden kann. Zu einer Person gehören u. a. Charakteristika wie Rationalität, Selbstbewusstsein, Lust- und Schmerzempfindungen, Wahrnehmungsfähigkeit.

Person
Rationalität, Selbstbewusstsein, Lust- / Schmerzempfindung, Wahrnehmungsfähigkeit

Bedingt durch das Christentum wird der Wert des Lebens sehr hoch bewertet, allerdings nur, wenn das Wesen zur Spezies *Mensch* gehört. Wir sollten uns nach SINGER von der anthropozentrischen Argumentation lösen (alle Menschen haben ein Recht auf Leben, weil sie Menschen sind) und andere Kriterien heranziehen,

[8] Literaturhinweise: Till BASTIAN / Karl Ludwig ROST, Leben und Sterben lassen. Zur Kritik der utilitaristischen Ethik Peter Singers, in: Till BASTIAN (Hg.): Denken – schreiben – töten. Zur neuen Euthanasiediskussion und zur Philosophie Peter SINGERS, Stuttgart: 1990, S. 63ff. Peter SINGER, Praktische Ethik, Stuttgart: Reclam 1984. Peter SINGER / Helga KUHSE, Zwischen Leben entscheiden – eine Verteidigung, in: Analyse & Kritik 12 (1990), S. 119ff.

[9] Die folgenden Ausführungen sind zusammengestellt nach: Alfons MATHEIS, Ethik und Euthanasie. Diskursethische Kritik von Peter Singers Konzept praktischer Ethik. In: Karl-Otto APEL / Matthias KETTNER (Hg.), Zur Anwendung der Diskursethik in Politik, Recht und Wissenschaft, Frankfurt / Main: Suhrkamp 1992, S. 232ff.

z. B. die Kriterien für eine Person. Wenn wir das Kriterium der Person heranziehen, so hätte entsprechend ein „intelligenter Hund" oder Schimpanse wesentlich mehr Anteile an einer Person als ein Neugeborenes und ein behindertes Neugeborenes.

SINGER schlägt vor, dem Leben eines Fötus oder behinderten Neugeborenen keinen größeren Wert zuzubilligen als dem Leben eines nichtmenschlichen Lebewesens auf einer ähnlichen Stufe der Rationalität, des Selbstbewusstseins, der Emotionalität, der Wahrnehmungsfähigkeit.

SINGER kommt zu dem Schluss: Missgebildete Säuglinge haben nicht die Eigenschaften, die eine Person ausmachen, also *Rationalität*, *Autonomie*, *Wahrnehmungsfähigkeit* und *Selbstbewusstsein*. Sie zu töten kann daher nicht gleichgesetzt werden mit dem Töten normaler menschlicher Wesen, die den Personenstatus erfüllen.

Beispiel nach SINGERS Argumentation:

1. Faktum: Ein Kind kommt mit Spina bifida (einer schweren Fehlentwicklung des Rückenmarks) auf die Welt.
2. Schlussfolgerung: Das Kind hat keine Chancen auf Heilung und keine Aussicht, den Status einer Person im oben beschriebenen Sinn zu erreichen. Deshalb spricht aus moralischer Sicht alles für eine Euthanasie.
3. Stützung der Schlussfolgerung: Alle Experten/Expertinnen bestätigen, dass die Heilungschancen gleich null sind.
4. Berücksichtigung von Ausnahmen: Von der Euthanasie ist dann abzusehen, wenn die Eltern bereit sind, das Kind aufzuziehen; wenn ein anderes Paar bereit ist, das Kind zu adoptieren; wenn das Gemeinwesen (Gemeinde, Land, Staat) für soziale Einrichtungen sorgt, damit das Kind *würdevoll* versorgt wird.

2.2 Kritik an SINGER

Utilitaristische Argumentation ist in sich logisch stringent und trotzdem fragwürdig: Können von Extremfällen allgemein gültige Schlüsse abgeleitet werden?

Vertreter/innen von Behindertenorganisationen kritisieren, dass die Interessen der Behinderten vom Präferenz-Utilitarismus nicht oder zu wenig beachtet werden.

1. Die soziale Aufgabe des Staates wird nicht bedacht und zu wenig eingefordert. Gerade im Zeitalter des Neoliberalismus, der ausschließlich das Prinzip der Leistung berücksichtigt, ist es Aufgabe ethischer Diskurse, die soziale Verantwortung der Politik einzufordern. Die Problemperspektive wird vom Utilitarismus rein privatistisch gesehen, d. h., die Behinderung wird als Problem der betroffenen Eltern und Verwandten betrachtet.
2. SINGER führt dramatische Fälle von Spina bifida (Fehlentwicklung des Rückgrates) und Hydrocephalus (Wasserkopf) an. Das

Urteil, es sei richtig, diese Neugeborenen zu töten, stützt er auf Meinungen von Ärzten, die behaupten, das Leben mancher dieser Kinder sei so elend, dass es falsch wäre, eine Operation vorzunehmen, um sie am Leben zu erhalten. Im Sinne dieser Einschätzungen folgert SINGER, dass das Leben dieser Babys nicht lebenswert sei. Die Argumentation wird mit dem Deckmantel des Helfens verschleiert: Das behinderte Neugeborene kann nur geheilt werden, wenn es getötet wird.

3. Ist es überhaupt sinnvoll, lebenswertes von lebensunwertem Leben zu unterscheiden? SINGERS Argumentation ist vor allem deshalb unzureichend, weil die Prämissen, auf die sich die Einschätzungen der medizinischen Experten gründen, nicht analysiert werden, weil das Hinzuziehen von naturwissenschaftlichen Expertenmeinungen zwar notwendig, keineswegs jedoch hinreichend für eine moralische Urteilsfindung ist.
4. Während die Fälle von schwersten Behinderungen bei Neugeborenen zum Glück statistisch gesehen sehr selten auftreten, sind Unfallopfer in unserer Gesellschaft ein alltägliches Thema geworden. Ebenso alltäglich ist das Phänomen des Alterns und damit verbundene Krankheiten, die Selbstbewusstsein, Wahrnehmungsfähigkeit und Rationalität stark mindern. Wenn der Tabubruch der Euthanasie erst einmal begonnen hat, pflanzt er sich unaufhörlich fort.

Grundlage der Euthanasie-Aktion der Nazis war der Befehl, den HITLER im Oktober 1939 verfasste. Daraus geht hervor, dass die Gründe für die Massenmorde u. a. auch geistige und körperliche Behinderungen waren.

Nach SINGER hieße die moralische Regel: Euthanasie von schwerstbehinderten Neugeborenen, Unfallopfern und alten Menschen ist aus moralischer Sicht zu erlauben. Die Ausnahme: Nur nach ausdrücklichem Wunsch von Angehörigen wird eine medizinische Versorgung bis zum natürlichen Tod gewährt.

Wer kann gegen *Helfen und Heilen* schon etwas einzuwenden haben? Nun hilft in Fällen schwerer Behinderung eben nur die Tötung, und insofern kann als geheilt gelten, wer tot ist. Nur ein toter Behinderter ist ein geheilter Behinderter – man verzeihe mir diesen Zynismus, aber in manchen Fällen scheint die Methode der Verfremdung bis zur Kenntlichkeit durchaus angebracht. Der Umschlag ins Amoralische wird bei SINGER durch das Helfen-und-Heilen-Argument verschleiert.[10]

Helfen-Heilen-Argument: Ein toter Behinderter ist geheilt.

Gegenüber allen Tendenzen der Verschleierung des Euthanasieproblems sollten wir besonders empfindlich sein.

[10] Alfons MATHEIS, Ethik und Euthanasie. Diskursethische Kritik von Peter SINGERS Konzept praktischer Ethik. In: Karl-Otto APEL / Matthias KETTNER (Hg.): Zur Anwendung der Diskursethik, a. a. O., S. 245 (gekürzt).

Der bekannte Wiener Arzt Christoph ZIELINSKI äußert sich über würdevolles Leben und Sterben. Im Folgenden sind Auszüge aus einem Interview wiedergegeben.

Es gibt drei Formen des Leids:
Das eine ist ein psychologischer Schmerz, der den Abschied vom Leben beinhaltet. Darin sehe ich keinen Grund für eine Sterbehilfe, sondern einen Grund für eine psychologische Stützung.
Der zweite ist ein sozialer Schmerz; der Schmerz darüber, dass sich niemand kümmern kann oder will. Das ist ohne Zweifel ein extrem traumatisches Erlebnis für den Patienten, aber auch für den Arzt. Hier ist die Gesellschaft aufgefordert, die sozialen Strukturen auszubauen.
Der dritte ist der krankheitsbedingte Schmerz, ein Problem, das international erkannt wurde. Es gibt einen Stufenplan zur Bekämpfung des Schmerzes, an den wir uns halten. Ich meine, wenn wir die Schmerztherapie beherrschen können, gibt es keinen Grund mehr für Sterbehilfe.
Als Ärzte sind wir aufgerufen, alles zu tun, was in unserer Kraft steht, um diesen Schmerz zu lindern. Wie soll das in der Praxis gehen?
Wir würden einen Patienten, der Krebs hat und bei dem wir wissen, dass es konstant bergab geht, niemals auf die Intensivstation schieben und künstlich beatmen lassen. Wenn ich dem Patienten nachher nichts anbieten kann, ist es sinnlos, ihn intensiv zu betreuen. Zu welchem Leben soll ich ihn denn zurückbringen? Unsere oberste ethische Maxime muss es sein, ein Leben in Würde zu erhalten. Selbstverständlich würde ich einen Patienten in einem Frühstadium von Krebs, der einen Herzinfarkt erleidet, intensiv behandeln, weil ich ja nicht weiß, wie er nachher auf die Chemotherapie anspricht. Aber wenn eine Patientin einen metastasierenden Brustkrebs hat und alle Therapiemaßnahmen ausgeschöpft sind, werde ich sie nicht auf die Intensivstation geben. Diese Frau bekommt, wenn sie Schmerzen hat, Morphin. Das ist keine Sterbehilfe, sondern ich erleichtere der Patientin die Symptomatik, die mit dem Tod einhergeht. Schmerzfreiheit ist Lebensqualität. Ein Leben in Würde ist kaum möglich, wenn man gleichzeitig starke Schmerzen hat.[11]

AUFGABEN

1. Sammeln Sie Argumente für und wider die Euthanasie. Orientieren Sie sich dabei *nicht nur* an besonders schwer wiegenden Krankheitsfällen.

Pro	Kontra

[11] Quelle: Profil vom 17. 8. 1998.

2. **Beihilfe zur Tötung**

Ein kanadisches Gericht hat einer jungen Frau, die auf Grund einer Nervenkrankheit vom Hals abwärts gelähmt ist, die Erlaubnis zum Sterben gegeben.
Hat das Gericht Ihrer Meinung nach richtig entschieden? Diskutieren Sie einige grundsätzliche Argumente bezüglich Sterbehilfe:

a. Die Tötung eines anderen kann in keinem Fall eine Tat der Liebe sein. Sollte ein Arzt solchem Verlangen zu töten nachkommen, müsste er in einen zerreißenden Konflikt zwischen seinen ärztlichen Berufspflichten und seiner weiteren Rolle als Täter kommen. Das wäre das Ende jedes Vertrauensverhältnisses zwischen Arzt und Patient.

b. Die These, dass Sterbehilfe mit den Berufspflichten des Arztes unverträglich ist bzw. gegen die Standesethik verstößt, ist zwar oberflächlich betrachtet richtig, aber kein entscheidender Einwand. Dem Wortlaut des Hippokratischen Eids zufolge besteht die Aufgabe des Arztes darin, Krankheiten zu heilen, Schmerzen zu lindern und eventuell das Leben zu verlängern. In einer typischen Sterbehilfesituation widersprechen sich diese Ziele. Die Krankheit kann nicht geheilt werden, und eine Lebensverlängerung bedeutet nur vermehrte Schmerzen, Leiden und Qual. In diesem Dilemma liefert die traditionelle ärztliche Ethik keine eindeutige Handlungsempfehlung. Ganz offensichtlich haben die Fortschritte in der Medizin dazu geführt, dass die hippokratische Ethik für die komplexe und widerspruchsvolle ärztliche Entscheidungssituation keine eindeutigen Handlungsanweisungen mehr zu geben vermag.

c. Die Tötung auf Verlangen ist die Einstiegsdroge in die Euthanasiegesellschaft. Die Legalisierung einer solchen Praxis würde bedeuten, dass alle persönlichen und materiellen Aufwendungen für einen chronisch kranken Menschen plötzlich in dessen eigene Verantwortung fallen.

3. **Podiumsdiskussion**

An einer Podiumsdiskussion zum Thema *Sterbehilfe* nehmen folgende Personen teil:

a. eine Ärztin, die auf einer Krebsstation arbeitet, sie ist gegen aktive Sterbehilfe;
b. ein praktischer Arzt, der für aktive Sterbehilfe eintritt;
c. ein Zivildiener, der in einem Pflegeheim seinen Dienst leistet;
d. eine Juristin;
e. die Frau eines schwer kranken Mannes, der sich den Tod wünscht;
f. eine Hospizschwester, die für eine umfassende Sterbebegleitung eintritt.

Nicht alle Rollen sind in ihrer Position Pro oder Kontra festgelegt. Die Rollen werden ausgelost. Nach einer Vorbereitungszeit, in der die Teilnehmer/innen ihre Argumente überlegen können, wird die Podiumsdiskussion abgehalten. Ein Schüler beobachtet jeweils einen Diskussionsteilnehmer und notiert die Argumente.

4. **Zweiergespräche**

Versetzen Sie sich in die Lage eines kranken Menschen und führen Sie ein Gespräch mit einem Freund / einer Freundin über Gedanken, Ängste und Hoffnungen.

3 Bioethische Probleme

Bioethik beschäftigt sich mit Fragen der Medizinethik, der Gentechnik, der Umweltethik, des Tierschutzes, der Wirtschaftsethik etc., sie bedient sich dabei unterschiedlicher Ethiktheorien (Utilitarismus, Kantische Ethik, Diskursethik, Tugendethik etc.).

HIPPOKRATES (400 v. Chr.)

3.1 Hippokratischer Eid

Die enge Verbindung von Medizin und Ethik hat eine lange Tradition. Der Hippokratische Eid, benannt nach dem griechischen Arzt HIPPOKRATES, formuliert die Pflichten eines Arztes. Der Eid des HIPPOKRATES genießt hohes Ansehen als Ausdruck ärztlicher Standesethik und als verbindliche Norm für ärztliches Handeln. Er wurde im Laufe der Zeit variiert, dient jedoch in seiner allgemeinen Form noch heute als Verpflichtung, der sich alle Ärzte/Ärztinnen unterwerfen. Der Eid beinhaltet u. a.:

- das Berufsleben in den Dienst der Menschlichkeit zu stellen,
- die Erhaltung und Wiederherstellung der Gesundheit der Patienten/Patientinnen ohne Unterschied nach Religion, Nationalität, Rasse oder sozialer Stellung,
- Schweigepflicht.

Die heutige Ethik der Medizin ist von zwei Prinzipien bestimmt:

1. Das aus dem Hippokratischen Eid abgeleitete Prinzip des Helfens und Heilens.
2. Das aus der „Menschenwürde" abgeleitete Prinzip der Patientenautonomie, d. h.: Die Patienten haben das Recht, über ihre Krankheit informiert und über die Behandlung aufgeklärt zu werden. Dieses Prinzip verbietet es dem Arzt/der Ärztin, den Patienten das medizinisch Mögliche aufzuzwingen.

Salus-Direktive
Die Gesundheit des Patienten ist oberste Handlungsmaxime.

Voluntas-Direktive
Der Patientenwille ist oberste Handlungsmaxime.

Beide Prinzipien lassen sich in vielen Fällen nicht vereinbaren. Denken wir an einige unspektakuläre Fälle:

- Der Arzt schlägt als Therapie für eine Erkrankung die Einnahme eines Antibiotikums vor. Die Patientin lehnt ab, weil sie in diesem Fall auf Hausmittel wie Schwitzen, Inhalieren u. Ä. vertraut.
- Die Dermatologin (Hautärztin) schlägt bei einem Muttermal als Prophylaxe die operative Entfernung vor. Da jedoch nach Meinung des Patienten durch die Operationsnarbe der Energiefluss in seinem Körper negativ beeinflusst wird, lehnt er diesen Eingriff ab.

AUFGABE

Das Erlanger Baby

Diskutieren Sie folgende Positionen zu einem Fall aus dem Jahre 1992: Eine schwangere Frau kommt bei einem Verkehrsunfall ums Leben. Der Fötus ist drei Monate alt. Die hirntote Frau soll so lange am Leben erhalten werden, bis das Baby lebensfähig ist.

1. Die Benutzung des toten Körpers einer Frau für das Experiment, einen drei Monate alten Fötus zum lebensfähigen Kind heranwachsen zu lassen, ist ein schwerer Verstoß gegen die Menschenwürde. Das grenzt an Leichenfledderei. Der Körper der Toten wird zur Gebärmaschine degradiert. Die Götter in Weiß werden noch mächtiger: Sie bedienen sich des wehrlosen weiblichen Körpers, um selbst zu gebären.
2. Die Schwangere dürfte normalerweise *selbst* daran interessiert sein, dass ihr zukünftiges Baby überlebt. Der Versuch der Ärzte, den Fötus zu retten, liegt somit im *Gesamtinteresse* der Toten, sodass ihr durch die intensivmedizinische Behandlung überhaupt nicht geschadet wird. Deshalb wird auch der Grundsatz *Neminem laedere* nicht verletzt.
3. Für das zukünftige Leben des Fötus ist zu bedenken: Die Qualität des zukünftigen Lebens verringert sich allein auf Grund der Tatsache, dass das Kind ohne die leibliche Mutter aufwachsen muss. Die Überlebenswahrscheinlichkeit in frühen Schwangerschaftsstadien ist recht niedrig, und bei einer posthumen Schwangerschaft wird mit zusätzlichen psychischen und gesundheitlichen Komplikationen für den Fötus zu rechnen sein. Es ist höchst unsicher, ob es mit künstlicher Ernährung gelingt, den Aufbau des Fötus in physiologischer Weise zu garantieren.

3.2 Grenzen des Fortschritts

In einer multikulturellen Gesellschaft prallen verschiedene Systeme von Heilmethoden aufeinander. Die „Schulmedizin" beruft sich auf ein Wissenschaftsmodell, das in jahrhundertelanger, westlicher Tradition gewachsen ist. Ihr Erfolg basiert auf naturwissenschaftlichen Methoden:

Vor allem in der Intensivmedizin werden spektakuläre Erfolge erzielt.

- Die Diagnoseverfahren werden durch aufwändige Apparaturen objektivierbar gemacht.
- Die Heilungserfolge werden in umfangreichen Studien nachvollziehbar gemacht, die Ergebnisse werden operationalisiert.

objektivierbar = allgemein gültig

Die Schulmedizin wendet das für den westlichen Fortschritt verantwortliche Wissenschaftskonzept des Dualismus an. Das auf René Descartes zurückgehende Konzept führt eine konsequente Trennung zwischen Subjekt und Objekt durch, zwischen Forscher/in (Arzt) und Patienten. Das Objekt wird nach allen Regeln der Kunst analysiert und „zerlegt". Diese Methode ist hervorragend geeignet, um Defekte an einzelnen Körperteilen zu bestimmen und zu heilen. Man denke an Transplantationen: Ein defekter

René Descartes (1596–1650)

Körperteil wird durch einen gesunden oder künstlichen Teil ersetzt. Bei dieser Methode kommt (kam) die ganzheitliche Sicht von Gesundheit und Krankheit, von Arzt und Patient, von Körper und Seele zu kurz.
Kritik an der „seelenlosen" Schulmedizin wird laut, alternative Heilverfahren werden ergänzend zur Schulmedizin oder aber als einzige Behandlungsmethode angewandt:

- traditionelle, in der europäischen Kultur begründete Techniken wie Hausmittel, Homöopathie oder die so genannte Hildegardmedizin;
- außereuropäische Verfahren wie Ayurveda (indische Gesundheitslehre), chinesische Heilverfahren oder Schamanenmedizin;
- esoterische und pseudoreligiöse Praktiken wie Handauflegen, Geistheilerei etc.

Hildegardmedizin: Naturheilverfahren, die auf HILDEGARD VON BINGEN zurückgehen.

HILDEGARD VON BINGEN (12. Jh.)

Alternative Medizin – ein Glossar

Akupunktur und chinesische Medizin

Der chinesischen Medizin zufolge ist unser Leben von einer Vitalenergie abhängig, die Qi genannt wird. Gesundheit spiegelt das harmonische Gleichgewicht von Yin und Yang, den zwei komplementären, aber gegensätzlichen Kräften des Qi. Krankheit ist das Ergebnis eines Ungleichgewichts dieser Kräfte. Obwohl die Akupunktur eine breite Heilwirkung zeigt, ist sie hauptsächlich bei Krankheiten günstig, die physiologisch reversibel sind, d. h., sie kann Asthma heilen und im Anfangsstadium bei chronischer Bronchitis helfen, nicht aber bei fortgeschrittener chronischer Bronchitis oder Lungenkrebs etc.

Nicht der Körper selbst, sondern dessen Funktion steht im Zentrum der chinesischen Medizin. Fünf „Funktionskreise" umfassen alle Bereiche des menschlichen Lebens. Obwohl sie nach Organen benannt sind, reicht ihre Bedeutung weit über eine anatomische Baueinheit hinaus: Wer an einer Störung im Funktionskreis der „Lunge" leidet, den können Heuschnupfen, Husten oder auch Ekzeme plagen. Jedem Funktionskreis sind – gemäß der Vorstellung vom Menschen als Teil des Universums – auch ein Geschmack, eine Tages- und Jahreszeit oder bestimmte Nahrungsmittel zugeordnet: So stärken Reis, Zwiebel und Pfirsich den Einflussbereich der Lunge.
Die Funktionskreise kann der Heilkundige über das Qi, einen ständigen Energiestrom im Organismus, beeinflussen: Aus der Brust fließt Qi über die Innenseiten der Arme in die Fingerspitzen, läuft von dort zurück zum Kopf, dann über Rücken und Lenden zu den Zehen und schließlich über den Bauch wieder in die Brust.

Krankheit bedeutet im Verständnis der Chinesen: Der Qi-Fluss staut sich auf, fließt in falschen Bahnen oder versickert in einem Krankheitsherd. An 361 Punkten des Körpers steigen die Qi-Bahnen aus dem Inneren bis knapp unter die Haut. Hier kann der Arzt die Funktionsbereiche etwa durch Nadelstiche manipulieren, überschüssige Energie ableiten oder neue Kräfte in den Kreislauf einspeisen. Dabei spielt die Akupunktur bei den Chinesen eher eine untergeordnete Rolle. Das eigentliche Herzstück der Therapie ist das Dekokt: ein bitterer Pflanzensud, den die Patienten zwei Mal täglich hinunterwürgen, um das Kräftespiel von Yin und Yang zurechtzurücken.[12]

Anthroposophische Medizin

Anthroposophische Kliniken berücksichtigen einerseits die individuellen psychischen Krankheitsgeschichten (Psychosomatik), andererseits die auf Naturbasis hergestellten Heilmittel, vor allem homöopathische Medikamente. Das anthroposophische Ideal der Harmonie von Natur und Geist wird in der Therapie angestrebt.

Das Krankenhaus in Herdecke (BRD, nahe Dortmund)

Modernste Technik und intensive menschliche Zuwendung verstehen die Herdecker nicht als Widerspruch. Aber der Sogwirkung immer neuer Geräte versuchen sie sich zu entziehen. Einmal wöchentlich „besprechen" Ärzte, Pflegekräfte und Therapeuten die Patienten. Gleichberechtigt sollen alle in der Runde ihre Eindrücke schildern, die über die rein medizinischen Aspekte hinausgehen.

Viel Holz, warme Farben, mit bunter Seide verhängte Deckenleuchten oder Stehlampen sorgen für eine wohnliche Atmosphäre in den Krankenzimmern, Fluren und Therapieräumen. Unkonventionelle Therapien wie Reiten oder Plastizieren gehören zum festen Repertoire der anthroposophisch geprägten Medizin. Sie sollen dazu beitragen, dass Kranke nicht nur körperlich, sondern auch „geistig-seelisch" gesunden.

Heil-Eurythmie, eine dem Ausdruckstanz verwandte Bewegungsform, vermittelt ein intensiveres Körpergefühl. Diese Therapie bekommen viele Patienten in Herdecke verschrieben. Sie soll je nach individuellem Leiden Organfunktionen positiv beeinflussen, sie soll anregen, ausgleichen sowie äußeren und inneren Halt geben.[13]

[12] Hans Haltmeier, Die andere Kunst des Heilens. In: Geo-Wissen Ärzte – Technik – Patienten, Hamburg: 1995, S. 52.

[13] Annette Bopp, Die andere Kunst des Heilens, a. a. O., S. 43ff. (gekürzt).

Aromatherapie
Aromatherapeutinnen behaupten, dass Rosenöle u. Ä. bei den verschiedensten Beschwerden heilsam wirken, angefangen bei Akne und anderen Hautkrankheiten bis hin zu Kreislaufstörungen, Rheumatismus und Depressionen. Die gebräuchlichste Methode ist die äußere Anwendung der Öle durch Massage. Die in der Aromatherapie verwendeten Öle werden von der Haut aufgenommen und geben darüber hinaus Duftmoleküle ab, in denen der Schlüssel zur Heilwirkung gesehen wird. So haben z. B. Lindenblüten eine entspannende Wirkung.

Ayurveda-Medizin
Für 90 % der Bevölkerung Indiens ist Ayurveda-Medizin die gebräuchlichste Art der Gesundheitsvorsorge. Ayurveda leitet sich aus dem Sanskrit ab: ayur = Leben, veda = Wissen. Bei einer Ayurveda-Behandlung werden alle Aspekte des Lebens berücksichtigt. Nach der Ayurveda-Tradition werden Gesundheit und Krankheit von der Harmonie der Energiesysteme des Körpers reflektiert, die durch eine physische Ursache gestört werden kann (falsche Ernährung oder emotionelle Probleme).

Bachblüten sind gut verträglich und nach heutigem Wissensstand unschädlich.

Bach-Blütentherapie
Aus seinen Erfahrungen als Arzt schloss Dr. Edward BACH (1886–1936), dass Krankheit die Folge einer tief greifenden Disharmonie im Menschen ist. 38 Mittel, die aus Pflanzen, Bäumen und Sträuchern gewonnen werden, sind auf die Patienten statt auf die Krankheit selbst abgestimmt: Sie werden nach dem emotionalen und psychischen Zustand des Patienten verordnet. Wenn man die der Krankheit zu Grunde liegende Angst oder Wut beseitigt, dann befreit man den Patienten von den physischen Krankheitssymptomen. Ein relativ bekanntes Blütenheilmittel sind die so genannten Notfalltropfen, die in allen Fällen von Schock, Panik, Nervosität, starken Emotionen, Unfällen, Verbrennungen und Stürzen verordnet werden.

Farbtherapie
Farben beeinflussen den Menschen auf verschiedenen Ebenen. Der Lüscher-Test, der in den Vierzigerjahren des vergangenen Jahrhunderts von dem Psychologen Dr. Max LÜSCHER entwickelt wurde, beurteilt die Persönlichkeit eines Menschen nach seiner Vorliebe für eine bestimmte Farbe. Allgemein wirkt Blau beruhigend, Rot macht aggressiv, helle Farben wirken gegen depressive Stimmungen.

Feng Shui

Feng Shui heißt *Wind und Wasser*. Diese alte fernöstliche Lehre beschreibt, wie der Mensch optimal in Harmonie mit seiner Umgebung leben kann. Feng Shui kann Auskunft geben über

- die günstige Lage von Grundstücken,
- die Harmonie fördernde Architektur,
- die optimale Raumgestaltung.

Ziel von Feng Shui ist die Förderung von Gesundheit und Glück.

Homöopathie

Das Prinzip der Homöopathie ist *Gleiches mit Gleichem heilen*. Das Prinzip, Gleiches mit Gleichem zu heilen, war schon früher bekannt. HIPPOKRATES und PARACELSUS arbeiteten nach dieser Methode. Die Auswahl des Mittels erfolgt nach genauer Untersuchung des Patienten oder der Patientin. Die homöopathische Anamnese (Befragung durch den Arzt) berücksichtigt die Vorlieben und Abneigungen des Patienten, seinen Lebenslauf, seine Familienverhältnisse und andere Charakteristika. Die Behandlung zielt darauf ab, die Selbstheilungskräfte des Patienten zu aktivieren.

Radiästhesie

Radiästhesie ist eine andere Bezeichnung für *Pendeln* und *Wünschelrutengehen*. Eine Wünschelrute ist meist ein gegabelter Stab aus Holz oder Metall, der dazu benutzt wird, Wasser, Mineralien oder andere unterirdische Stoffe zu finden. Man hält die Wünschelrute locker an den Gabelungen und streckt das Ende nach vorn. Dem Volksglauben zufolge schlägt die Wünschelrute von selbst nach oben oder nach unten aus, wenn sich unmittelbar darunter eine Wasserquelle o. Ä. befindet.

Reiki

Reiki ist eine Methode zur Aktivierung von Energie. Es ist eine genau festgelegte Art und Weise, Lichtenergie dazu zu benutzen, um die Lebensenergie wieder aufzufüllen und ins Gleichgewicht zu bringen. Die Ursprünge dieser Technik liegen in Tibet.

Schamanenmedizin

Viele Menschen in Asien, Lateinamerika und Afrika vertrauen sich bei vielen Leiden ihren Medizinmännern an. Das Wort *Schamane* kommt aus dem Sanskrit und bedeutet „um sich schlagen, sich empören". Der Schamane/die Schamanin ist ein Sprachrohr der Geister, mit denen er bzw. sie in Verbindung tritt. Zu den wichtigsten Aufgaben des Schamanen gehören die Heilung von Kranken und die Prophezeiung. Um diese Aufgaben erfüllen zu können, versetzt er sich durch Tanz oder Narkotika in einen Tranczustand, der es ihm ermöglicht, sich auf eine Reise ins Jenseits zu begeben und übersinnliche Erkenntnisse zu gewinnen.

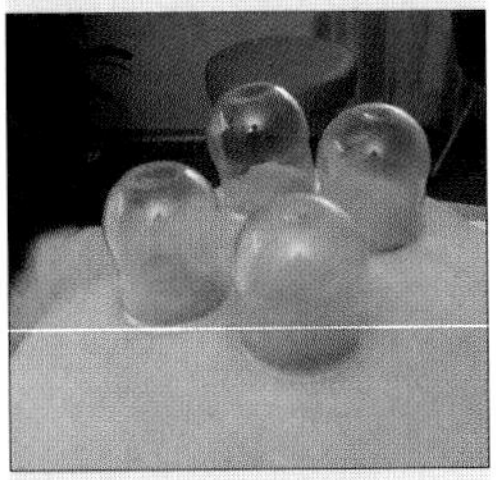

Körpertherapien
Jede seelische Regung drückt sich auch im Körper aus. Körper und Seele sind eine Einheit. Leidet unsere Seele, so drückt sie sich über den Körper aus. Wer sich z. B. zu viel aufbürdet, leidet unter Rückenverspannungen, wer zu viel mit dem Kopf regelt und seine Gefühle vernachlässigt, leidet unter Kopfschmerzen. Haltung, Gestik, Mimik, Gang und Bewegung drücken sehr viel über die menschliche Psyche aus. Diese Erkenntnisse machen sich die Körpertherapien zu Nutze.

Schröpfen

Schröpfen ist eine alte Methode, Blut in die oberen Schichten der Haut zu saugen. Man benutzt dazu dicke Schröpfgläser, die so ähnlich aussehen wie Wassergläser. Bevor man das Glas mit der Öffnung nach unten auf die Haut setzt, muss man im Glas ein Vakuum erzeugen, damit es sich festsaugen kann. Dies geschieht mit Hilfe eines Gummischlauchs, mit dem man die Luft absaugt, oder mittels eines mit Spiritus getränkten Baumwolltuches, das angezündet und in das Glas geworfen wird. Dadurch wird der Sauerstoff im Glas verbraucht, und es entsteht ein leichtes Vakuum, durch das die Haut unter dem Glasrand angesaugt wird. Dies wiederum verursacht eine Blutansammlung in diesem Bereich. Das Schröpfen wurde bereits vor 5000 Jahren von den Ägyptern angewendet. Später übernahmen es die Griechen und andere Zivilisationen im Mittelmeerraum. Es dient der Behandlung von Rheumatismus, Arthritis, Blutstau, Asthma und anderen Erkrankungen, die Atembeschwerden verursachen.

Erlaubt ist, was nicht schadet?

In einer globalisierten und interkulturellen Welt ist es nur verständlich, dass Patienten und Patientinnen jede Möglichkeit des Gesundens in Anspruch nehmen. Da in vielen Fällen die Schulmedizin keine Hilfe (mehr) anbieten kann, werden die Hoffnungen auf alternative Heilverfahren projiziert. Diese sind auch nicht schädlich und nützen in vielen Fällen, ausgenommen Geistheilerei (Schamanen- und Hexenmedizin). Dazu die Begründung:

- Schamanen arbeiten mit Trance und Hypnose, sie greifen in das Bewusstsein der Patienten von außen in massiver Weise ein und mögen dabei auch Heilerfolge erzielen.
- Inwiefern diese „Eingriffe ins Bewusstsein" erfolgen, ist nach westlicher, wissenschaftlicher Erkenntnis nicht eindeutig geklärt. Was ist, wenn die Eingriffe in das Bewusstsein außer Kontrolle geraten? Wenn der Schamane ein Scharlatan ist? Wohin soll sich der Patient nun wenden?
- Es gibt nicht wenige Fälle, die nach Behandlung bei Schamanen oder so genannten Schamanen mit multiplen Persönlichkeitsstörungen in psychiatrische Kliniken eingeliefert werden.

Die Problematik im oben beschriebenen Heilverfahren besteht für Europäer/innen darin, dass es beim Versagen eines Schamanen kein Auffangnetz gibt. Versagt ein Schulmediziner oder eine Psychotherapeutin, gibt es viele andere, die korrigierend eingreifen können. Versagt ein Schamane, gibt es niemanden, der der jeweiligen Therapieform der Schamanen kundig ist und helfen kann.

Psychosomatik

Der Begriff *psychosomatisch* bedeutet, dass seelisches Befinden den Körper beeinflusst. Psychosomatische Krankheiten sind körperliche Krankheiten, von denen angenommen wird, dass psychische Faktoren bei ihrer Entstehung oder Aufrechterhaltung einen maßgebenden Einfluss ausüben. Jede starke Gefühlsregung, wie beispielsweise Freude, Wut, Angst, wird im körperlichen Bereich von einer spezifischen Erregung des Nervensystems begleitet, die normalerweise nach einiger Zeit wieder abklingt. So kommt es etwa bei Wut zu Veränderungen der Herz-Kreislauf-Frequenz, zu Veränderungen der Magen-Darm-Funktion und zu einer Erhöhung der Muskelspannung. Normalerweise klingt diese Erregung nach einiger Zeit wieder ab. Wird jedoch das autonome Nervensystem auf einem erhöhten Erregungsniveau gehalten, kommt es zu einer Dauerbelastung des Organismus:

- Hautkrankheiten, z. B. Neurodermitis
- Erkrankung der Atemorgane, z. B. Bronchialasthma
- Erkrankung des Kreislaufsystems, z. B. Herzrasen, Hypertonie (Bluthochdruck) und Migräne
- Erkrankung des Magen- und Darmsystems, z. B. chronische Gastritis, Flatulenz (Blähungen), Sodbrennen
- Erkrankung des Urogenitalsystems, z. B. Impotenz, Menstruationsstörungen, Amenorrhoe (Ausbleiben der Regelblutung)
- Störung der Sinnesorgane, z. B. Tinnitus (Ohrensausen)
- Störungen der Skelettmuskulatur, z. B. verschiedene Verspannungen im Nackenbereich oder Rücken

Auch körperliche Fehlfunktionen können die psychischen Stimmungen beeinflussen. Ein Beispiel für eine so genannte somatopsychische Beeinflussung: Bei einer Überfunktion der Schilddrüse können innere Unruhe, Nervosität, Überempfindlichkeit, Konzentrationsstörungen und Stimmungsschwankungen auftreten.

Psychosomatische Krankheiten sind in der Regel von vielen Faktoren bedingt und beeinflusst. Die einfache Erklärungsformel, von einer Ursache auf eine Wirkung zu schließen, trifft nicht das komplexe Wechselspiel von sozialen, psychischen und körperlichen Einflussfaktoren. Man sollte reduktionistische Erklärungsmodelle, wie z. B. *„Weil sich jemand geärgert hat, hat er Schnupfen bekommen"*, vermeiden. Solche Unweisheiten bringen dem Erkrankten nichts, sie verunsichern ihn nur und sind als Erklärung zudem ungeeignet bzw. falsch.

Solche Pseudoerklärungen nennt man auch „psychologisieren". Psychologismen sollte man vermeiden.

Ökonomie und Gesundheitswesen

Die Ausgaben für das Gesundheitswesen steigen ständig an. Hinter dem Begriff der Kostenexplosion im Gesundheitswesen verbirgt sich die Tatsache, dass die Ausgaben einer Volkswirtschaft für medizinische Behandlungen schneller steigen als ihr Gesamteinkommen. Die Gründe für die Kostenexplosion im Gesundheitswesen sind sicherlich vielfältig. Tatsache bleibt, dass im gesellschaftlichen Kontext die Ausgaben für Gesundheit begrenzt sind. Es besteht die Gefahr, dass eine Zwei-Klassen-Gesellschaft entsteht, mit einer Gruppe, die sich alles leisten kann (von den teuersten Medikamenten bis hin zu neuem Aussehen), und einer anderen Gruppe, die möglicherweise bei einer Entzündung im Körper Antibiotika nicht mehr zahlen kann.

AUFGABE

Sie haben die Möglichkeit, einem der unten angeführten HIV-infizierten Patienten ein Medikament zu geben, das das AIDS-Virus erfolgreich bekämpft. Diskutieren Sie anschließend auch über die Sinnhaftigkeit einer solchen Problemstellung.

Unternehmer (40 Jahre)	verheiratet, drei Kinder (5 bis 10 Jahre)	hatte Geschlechtsverkehr mit einer Prostituierten
Homosexueller (30 Jahre)	Barbesitzer	bekam infizierte Blutprodukte
allein stehender Mann (35 Jahre)	arbeitslos	Drogenkonsument
allein stehende Frau (50 Jahre)	Ärztin, forscht gegen AIDS	Infektionsweg unbekannt
Baby	AIDS-Waise	lebt in Afrika
Mädchen (15 Jahre)	Prostituierte aus Thailand	wurde von den Eltern an Zuhälter verkauft
Mann (55 Jahre)	Chirurg, Alkoholiker, zwei erwachsene Kinder	zog sich Infektion bei Arbeit zu

3.3 Reproduktionsmedizin

Wenn ein Ehepaar auf dem sexuellen Fortpflanzungsweg kein Kind bekommen kann und die Möglichkeit einer Adoption nicht in Betracht ziehen möchte, kann die künstliche Befruchtung gewählt werden. Als unfruchtbar gilt ein Paar, wenn sich trotz regelmäßigen Geschlechtsverkehrs ohne Verhütungsmittel nach ein bis zwei Jahren kein Kind eingestellt hat.

Insemination

Für die künstliche Befruchtung muss der Mann seinen durch Masturbation gewonnenen Samen abgeben. Mit einer Spritze wird die Samenflüssigkeit vor dem Muttermund der Frau deponiert, wenn bei ihr der ideale Zeitpunkt für eine Befruchtung gekommen ist. Bestehen im Bereich des Gebärmutterhalses Probleme oder ist das Sperma von geringer Qualität, ist das Einbringen des Samens direkt in die Gebärmutter erfolgreicher.

- Homologe Insemination: Befruchtung mit dem Samen des Partners.
- Heterologe Insemination: Befruchtung mit Fremdsamen, wenn der Partner unfruchtbar ist. Spendersamen sind routinemäßig auf Infektionen (z. B. AIDS, Hepatitis) getestet. Der Samen wird tiefgefroren und in Samenbanken aufbewahrt. Nach dem Auftauen sind die Spermien voll lebensfähig, jedoch um 40 Prozent weniger beweglich, was die Erfolgsquote der Befruchtung vermindert.

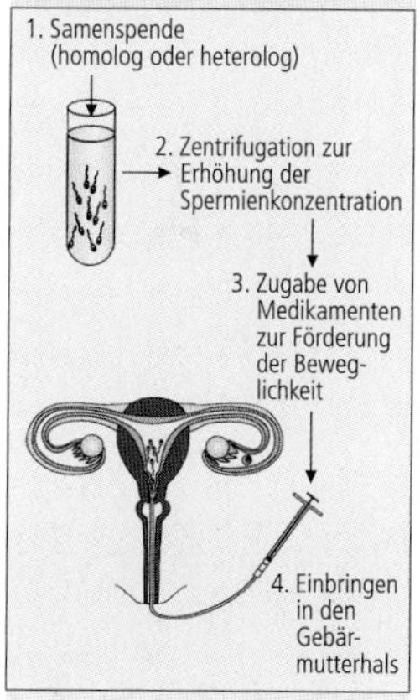

In-vitro-Fertilisation (IVF)

Ei und Samen werden in einem Reagenzglas zusammengebracht. Nach etwa 18 Stunden hat die Befruchtung stattgefunden. Die Eizelle teilt sich nach ca. 25 Stunden erstmals. Ungefähr 48 Stunden nach der Befruchtung werden die Zellhäufchen in die Gebärmutter eingepflanzt. In Österreich dürfen der Frau nicht mehr als drei Embryonen innerhalb eines Zyklus übertragen werden. Ein Embryo aus dem Reagenzglas hat eine Chance von 40 %, sich zu einem Kind zu entwickeln. Hat die IVF Erfolg, kommt es jedoch überdurchschnittlich häufig zu Mehrlingsschwangerschaften.

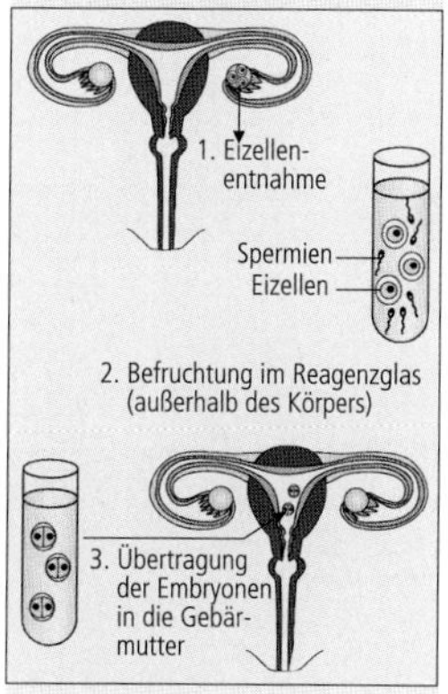

Assistierte In-vitro-Fertilisation

Die Verschmelzung im Reagenzglas erfolgt, anders als bei der herkömmlichen In-vitro-Fertilisation, durch die Mikroinjektion eines einzelnen Spermiums in die Eizelle. Die Technik der Intracytoplasmatischen Spermieninjektion (ICSI) ist besonders bei Männern mit Zeugungsschwäche erfolgreich. Neben medizinischen gibt es auch ethische Bedenken gegen die Spermieninjektion. Die Frage lautet: Darf man so radikal in natürliche Abläufe eingreifen? Während es bei der Befruchtung im Reagenzglas zufällig ist, welches der vielen tausend Spermien, die die Eizelle umschwärmen, ans Ziel gelangt, wird bei der Mikroinjektion der Zufall ausgeschaltet. Heute können Reproduktionsmediziner die Spermien nach dem Geschlecht selektionieren. Wie sich derartige genetische Manipulationen in der Zukunft der Menschen auswirken, kann niemand voraussagen.

Präimplantationsdiagnostik

Im Unterschied zu Diagnosen am Embryo in der Gebärmutter, etwa nach In-vitro-Fertilisation und der Re-Implantation in die Gebärmutter, kam Ende der Achtzigerjahre des vergangenen Jahrhunderts die Präimplantationsdiagnostik (PID) auf. Mit ihr sollte es möglich sein, Abtreibungen nach der 24. Schwangerschaftswoche zu vermeiden. Bei der PID werden mehrere Eizellen befruchtet, die man „probeweise" sich entwickeln lässt. Jedem Embryo werden vor dem Transfer in die Gebärmutter Zellen entnommen, die auf Erbkrankheiten untersucht werden. Je nach Befund werden die Embryonen entsprechend implantiert oder ausgeschieden.

Unter Präimplantationsdiagnostik versteht man die molekulargenetische Untersuchung eines Embryos vor der Implantation in die Gebärmutter. Einem in vitro erzeugten Embryo werden am dritten Tag nach der Befruchtung ein bis zwei Zellen entnommen und auf genetische Merkmale untersucht. Nur diejenigen Embryonen, die befürchtete Defekte nicht aufweisen, werden implantiert.

Folgende Indikationen einer PID werden diskutiert:

1. Hochrisikopaare (fertile Paare, bei denen auf Grund ihrer genetischen Ausstattung eine hohe Wahrscheinlichkeit besteht, dass sie ein Kind mit einer schweren Erbkrankheit oder erblich bedingten Behinderung bekommen würden);
2. Altersrisiko (fertile Paare, bei denen auf Grund höheren Alters das Risiko besteht, dass sie ein Kind mit Chromosomenaberration bekommen würden, z. B. Down-Syndrom);
3. Verbesserung der Erfolgsrate der IVF (z. B. Ausschluss lebensunfähiger Embryonen);
4. genetische Untersuchungen ohne Bezug auf Erbkrankheiten (z. B. Auswahl eines immunologisch passenden Embryos zum Zweck der Gewebespende für Geschwister).

Chromosomenaberration = Abweichung von der normalen Chromosomenzahl oder -struktur

immunologisch = Reaktionen betreffend

Pro-Argumente für eine PID sind beispielsweise:

- Eine *Befruchtung auf Probe* ist einer *Schwangerschaft auf Probe* vorzuziehen; Indikationen auf Grund von Fruchtwasseruntersuchungen können ausgeschaltet bzw. verringert werden.

- Die Selektion von Embryonen soll es ermöglichen, ein genetisch intaktes Kind zu bekommen. Eine Schwangerschaft mit dem hohen Risiko eines schwer erbgeschädigten Kindes ist so gesehen nicht zumutbar.

Kontra-Argumente gegen eine PID sind beispielsweise:

- Es gibt alternative Möglichkeiten der Erfüllung eines Kinderwunsches, z. B. Adoption.
- Eine PID begünstigt in der Gesellschaft eine Selektionsmentalität nach den Kriterien *lebenswert / lebensunwert*.
- Eine erfolgreich durchgeführte PID benötigt eine große Anzahl von Embryonen (mindestens zehn) und verschärft daher das Problem des Umgangs mit überzähligen Embryonen.

Föten gegen Morbus Parkinson

Es gibt ein Verfahren, bei dem an Morbus Parkinson leidende Patienten Injektionen mit einem Extrakt menschlicher Gehirnzellen erhalten, die aus dem Gewebe von abgetriebenen Föten bzw. von überzähligen IVF-Embryonen stammen. Dies kann als gerechtfertigt gelten, wenn die Föten oder Embryonen ansonsten keinerlei Überlebenschance hatten. Eine eventuell ins Auge gefasste *absichtliche Zeugung* von Embryonen mit dem Zweck, sie lediglich als Produzenten von Hirnzellen für andere Menschen zu benutzen, muss hingegen moralisch strikt abgelehnt werden. Dies gilt auch für das folgende humanmedizinische Interesse am Klonen:

Wenn ein Mensch beispielsweise Blutkrebs hat und neues Knochenmark mit Blut bildenden Zellen braucht, so genannte hämatopoetische Stammzellen, dann könnte Klonen helfen. Dazu muss man nicht einen neuen Menschen heranwachsen lassen, denn bereits aus einem Embryo in einem frühen Stadium, der nie einen Uterus gesehen hat, lassen sich embryonale Stammzellen gewinnen. Prinzipiell könnte man aus dem winzigen kultivierten Embryo einen ganzen Menschen, eben den Klon des Kranken, heranwachsen lassen. Stattdessen lenkt man die Entwicklung so, dass sich nur die gewünschten Stammzellen bilden, lange bevor Organe entstehen.

Die Perspektive des Klonens verführt dazu, die Grenzen zwischen einem potenziellen Lebewesen und einem bloßen Zellhaufen zu verwischen. Ein Embryo ist jedoch ein Lebewesen, dem normalerweise ein Leben bevorsteht und dem deshalb sinnvollerweise Präferenzen zugeschrieben werden können. Eine einzelne Körper- oder Eizelle hingegen hat auf Grund ihrer Natur kein solches Leben vor sich und ist deshalb auch nicht Objekt moralischer Rücksichtnahme.[14]

[14] Wolfgang Lenzen, Liebe, Leben, Tod. Eine moralphilosophische Studie, Stuttgart: Reclam 1999.

Gesetzliche Lage im Überblick			
Art der Reproduktion	**Österreich**	**Deutschland**	**USA**
Samenspende (Spermien aus Samenbanken werden in die Gebärmutter injiziert.)	erlaubt	erlaubt	erlaubt
Samenspende von Toten (Spermien von Verstorbenen werden injiziert.)	x	x	erlaubt
Sexing (Geschlecht des geplanten Kindes wird selektioniert.)	x	bei Erbkrankheiten erlaubt	erlaubt
Eizellenspende (Entnahme und Weitergabe von Eizellen)	x	x	erlaubt
In-vitro-Fertilisation	3 Embryonen pro Zyklus	3 Embryonen pro Zyklus	keine Einschränkung
IVF mit PID (Embryonen werden getestet und je nach Ergebnis implantiert oder vernichtet.)	x	beantragt	erlaubt
Leihmutterschaft (In vitro erzeugter Embryo wird von einer Leihmutter ausgetragen.)	x	x	erlaubt
Einfrieren von Embryonen	erlaubt (1 Jahr)	x	erlaubt
Laborversuche mit Embryonen	x	x	erlaubt
Klonen (Herstellung von genetisch identischen Menschen)	x	x	Versuche durchgeführt
Keimbahntherapie (Fremde Gene werden gezielt ins Erbgut der Keimzelle eingebaut.)	x	x	Tierversuche durchgeführt[15]

3.4 Klonen

Klonen heißt: Mit Hilfe von Technik wird ein mit einem anderen Lebewesen identisches Lebewesen hergestellt.

Natürliches „Klonen" gibt es auch beim Menschen und anderen Lebewesen: Zwillinge und Mehrlinge sind genetisch betrachtet idente Lebewesen. Unmittelbar nach der Befruchtung beginnt sich die Eizelle zu teilen. Aus einer werden zwei, dann vier, acht usw. In seltenen Fällen ist es so, dass die zweigeteilte Zelle auseinander fällt. Wenn sich Zellen eines Embryos in einem sehr frühen Stadium voneinander trennen, entstehen Mehrlinge.

Vom natürlichen Klonen ist das reproduktive Klonen zu unterscheiden. Die Medizin muss dabei auf die Eizelle zurückgreifen, wenn sie ein Lebewesen reproduzieren will. Der Eizelle wird ihre genetische Information (Genom) entnommen, sie wird

[15] Quellen: Journal für Fertilität und Reproduktion 4/2001, S. 9; Barbara MAIER, Ethik in Gynäkologie und Geburtshilfe. Entscheidungen anhand klinischer Fallbeispiele, Berlin u. a.: Springer 2000, S. 255ff.

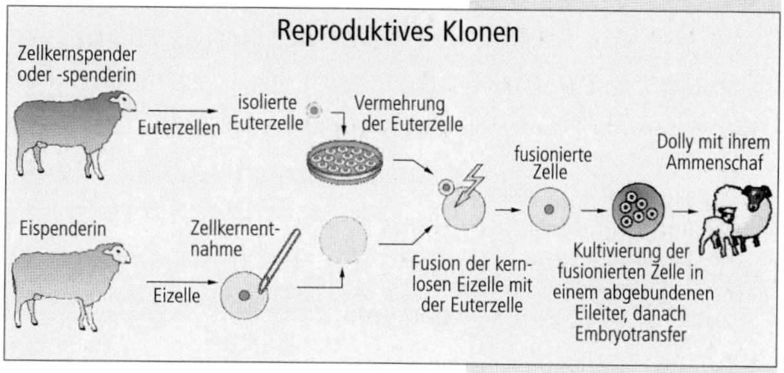

„entkernt". Was zurückbleibt, „ist die cytoplastische Hülle dieser Eizelle, in die nun ein Kern aus der Körperzelle eines fremden Spenders oder der Körperzelle eines fremden Spendertiers transferiert wird"[16]. Die geklonten Embryonen werden einer „Amme" implantiert. Die Nachkommen sind mit dem ursprünglichen Zellkernspender genetisch identisch.

Klonverfahren[17] zur Therapie von Erbkrankheiten sind in letzter Zeit ins Licht der Öffentlichkeit gerückt. Gesunde Zellen, mit deren Hilfe es möglich sein soll, krankes Gewebe zu ersetzen, werden gezüchtet. Alzheimer- und Parkinsonpatienten, aber auch Diabetikern oder Menschen mit verkümmerten Leberzellen soll so geholfen werden. Im Folgenden werden zunächst einige Begriffe geklärt.

Was sind Stammzellen?

Eine Stammzelle ist eine Art Ursprungszelle, die noch nicht ausdifferenziert ist und die Fähigkeit besitzt, alle Zelltypen des Körpers zu bilden (z. B. Muskelzellen, Nervenzellen, Blutzellen). Diese Fähigkeit der Stammzellen bezeichnet man als **Pluripotenz**. Bis zum Achtzellstadium sind die Stammzellen **totipotent**, d. h., dass sich aus jeder einzelnen Zelle dieses Embryos durch Teilung ein eigenständiges Lebewesen entwickeln kann. In der Natur geschieht dies spontan, wenn sich ein Embryo zu so genannten eineiigen Zwillingen teilt. Stammzellen finden sich in Embryonen und Föten und wurden bislang auch in zwanzig Organen des menschlichen Körpers nachgewiesen (z. B. im Knochenmark).

Mit Hilfe von Nährlösungen lassen sich aus Stammzellen im Labor bestimmte Zelltypen züchten. Noch gibt es allerdings kein Verfahren, mit dem sich die Stammzellen wie gewünscht in ihrer Entwicklung dirigieren lassen.

Je nach Herkunftsort der Stammzellen unterscheidet man **embryonale** (aus dem Embryo), **fötale** (aus dem Fötus) und **adulte** (von Säuglingen, Kindern, Erwachsenen) **Stammzellen**.

Embryonale Stammzellen sind kurz nach der Befruchtung **totipotent**, d. h., aus ihnen kann ein ganzer Organismus entstehen. Später haben Stammzellen **Pluripotenz**, d. h., sie können sich zu spezifischen Zelltypen entwickeln, wie etwa Muskel- oder Nervenzellen.

[16] Karl ILLMENSEE, Klonen und Gentechnik in der Reproduktionsmedizin. In: Franz H. FISCHL, Kinderwunsch. Möglichkeiten, Erfüllbarkeit und Machbarkeit im neuen Jahrtausend, Gablitz: Krause & Pachernegg 2000, S. 255f.

[17] Vgl. http://www.spiegel.de/wissenschaft (20. Oktober 2001)

Die Erwartungen der Medizin sind groß. Stammzellen könnten abgestorbene Zellen ersetzen, etwa Herzmuskelzellen nach einem Herzinfarkt oder Gehirnzellen.

Therapeutisches Klonen mit embryonalen Stammzellen[18]

Mit dem im Tierversuch gelungenen Verfahren soll Erbmaterial aus gesunden Zellen eines Patienten in eine zuvor entkernte Eizelle gespritzt werden. Diese teilt sich mehrfach und reift im Labor zu einem frühen Embryostadium heran. Zu dieser Zeit sind die so genannten embryonalen Stammzellen nicht ausdifferenziert, sondern können sich noch in viele Gewebe des Körpers entwickeln. Forscher suchen nach „Schaltern" in diesen Zellen, damit sie nur zu bestimmten Geweben, etwa Insulin produzierenden Zellen, heranwachsen.

Therapie mit Embryonen

Seit kurzem versuchen Mediziner/innen, Stammzellen direkt aus Embryonen zu gewinnen und aus ihnen Gewebe und Organe zu züchten. 1998 war es US-Forschern erstmals gelungen, aus einem Embryo undifferenzierte Stammzellen zu gewinnen und im Labor in diesem Stadium zu vermehren. Sie teilten sich unentwegt weiter und sollen später einmal die unterschiedlichsten Gewebe produzieren.

Stammzellen aus dem erwachsenen Körper

Adulte Stammzellen sind teilungsfähige Zellen, die in bislang zwanzig Organen des Körpers, beispielsweise im Knochenmark, im Blut und im Gehirn, nachgewiesen wurden und dort lebenslänglich vorhanden sind. Sie haben die Aufgabe, die unterschiedlichsten Arten von Ersatzzellen zu bilden. Auch das Nabelschnurblut von Neugeborenen enthält adulte Stammzellen.

Im Gegensatz zu embryonalen Stammzellen ist ihre Vermehrbarkeit limitiert und ihre Lebensdauer begrenzt. Ihr unbestreitbarer Vorteil liegt darin, dass sie direkt dem Patienten entnommen werden können. Dadurch gibt es später keine Abstoßungsreaktionen, wenn sie dem Patienten wieder implantiert werden.

Ethische Probleme treten bei der Gewinnung von adulten Stammzellen ebenfalls nicht auf. Man kann sie im Labor zu funktionstüchtigen Geweben heranziehen und somit „Ersatzteillager" anlegen.

[18] Diese Methode wurde auch beim Klonschaf Dolly angewandt.

Gentherapie

Wenn ein Gendefekt die Ursache einer Krankheit ist, ist mit konventionellen Therapieformen eine wirkliche Heilung nicht möglich. Das heißt für viele Patienten, dass sie ihr Leben lang Medikamente nehmen müssen. Seit 25 Jahren wird daran geforscht, defekte Gene durch gesunde zu ersetzen. Man unterscheidet zwei Arten von Gentherapien:

- In der Testphase befindet sich derzeit nur die *somatische Gentherapie*. Dabei werden veränderte Gene in betroffene Organe oder Körperzellen eingeschleust.
- Bei der *Keimbahntherapie* wird ein künstlich verändertes Gen in die Eizelle oder in Spermien eingebracht. Die genetische Veränderung wird dadurch auf die Nachkommen übertragen. Die Keimbahntherapie ist in den meisten Ländern beim Menschen verboten.

Der Weg zur Unsterblichkeit – oder doch nicht?

Wissenschaftler/innen kündigen heute an, eines Tages würden sie in der Lage sein, aus Embryo-Stammzellen Gewebe und Organe zu züchten – Haut, Knochen, Zähne, Herz, Leber und defekte Hirnzellen sollen gegen menschliche Ersatzteile ausgetauscht werden können. Für interessierte Laien sind im Hinblick auf ethische Entscheidungen folgende Punkte zu bedenken:

- Auch verantwortungsbewusste Wissenschaftler/innen sind heute gezwungen, wissenschaftliche Teilerfolge als große Erfolge zu vermarkten, da sie von ökonomischen Zwängen determiniert sind. Viele als wissenschaftlich verkaufte Informationen entpuppen sich bei genauerer Betrachtung als Visionen und Mythen.
- Die Perspektive des Klonens und der Gentherapie verführt dazu, die Grenzen zwischen einem potenziellen Lebewesen und einem bloßen Zellhaufen zu verwischen. Ein Embryo ist ein Lebewesen, dem ein Leben bevorsteht, während eine einzelne Körper- oder Eizelle auf Grund ihrer Natur kein solches Leben vor sich hat.
- Begriffsunterscheidungen helfen dabei, moralisch bedenkliche Methoden von moralisch unbedenklichen zu unterscheiden. Eine somatische Gentherapie ist aus moralischer Sicht unbedenklich, während eine Keimbahntherapie u. a. deshalb abzulehnen ist, weil der *Genpool der Menschheit* verändert wird.

AUFGABEN

Pro:
Wir sollen uns an der Natur orientieren.

Kontra:
Wir sollen uns an humanitären Kategorien wie Freiheit, Verantwortung, Identität orientieren.

1. Klonen und Stammzellentherapie sind aus ethischen Gesichtspunkten die umstrittensten Problembereiche der medizinischen Ethik. Führen Sie einen Diskurs durch und verwenden Sie in Ihrer Diskussion die folgenden Argumente:
   a. Pro-Argumente:
      - Die Techniken sind im Fall des Klonens sehr einfach.
      - Die Überprüfung eines Embryonenschutzgesetzes ist praktisch nicht durchführbar, daher scheint es vernünftig, keine Verbote zu erteilen.
      - Gesundheitskosten werden sich verringern, da die Menschen durch Klonen und Stammzellentherapie leistungsstärker, gesünder und wettbewerbstüchtiger werden.
      - Die natürliche Selektion wird beschleunigt, ungeeignete genetische Konstitutionen werden schneller vernichtet.
      - Auch aus humanitären Gründen soll die genetische Lotterie, ein Relikt der Natur, durch die gezielten Möglichkeiten der Technik und Wissenschaft ersetzt werden.

   b. Kontra-Argumente:
      - Wer klont, schafft Sklaven. Für den Klon hat eine andere Person vor seiner Geburt sein Schicksal bestimmt.
      - Wissenschaftler/innen, die klonen, sind Sklavenhalter/-innen. Sie machen sich zu Herren der Gene.
      - Geklonte und stammzellentherapierte Menschen haben keine Identität. Ihre Identitäten sind austauschbar.
      - Der Körper wird ausschließlich ein Mittel zum Zweck, der der Effektivität der ökonomischen Bedingungen untergeordnet wird.
      - Die Menschen werden gefühllos und leidensunfähig. Der ganz konkrete Maschinenmensch ist Realität.
      - Forscher/innen versprechen heute völlig spekulativ Heilungserfolge, die durch keinerlei Fakten belegbar sind. Ihre so genannten Hypothesen sind nichts weiter als visionäre Mythen.[19]

2. **Normierte Körper**
   Was halten Sie von der Möglichkeit, dass sich Eltern in naher Zukunft Wunschkinder in Aussehen und Intelligenz produzieren lassen könnten?

[19] Vgl. Klaus Häfner, Klone unter uns. Frankfurter Rundschau. 29. Januar 1998. Barbara Maier, Ethik in Gynäkologie und Geburtshilfe. Entscheidungen anhand klinischer Fallbeispiele, Berlin u. a.: Springer 2000.

3.5 Ethikkommissionen

Wenn Ärztinnen und Ärzte Einzelfälle mit Konfliktpotenzial zu entscheiden haben, brauchen sie gewisse Orientierungshilfen. Für solche Problembereiche werden Ethikkommissionen eingesetzt. Ethikkommissionen sind Gremien zur Beratung in medizinischen Handlungskonflikten. Sie sollen eine vernünftige Entscheidung in Konfliktfällen vorbereiten, den Angehörigen Verständnis für medizinische Fakten vermitteln und Entscheidungen überprüfen, bevor diese endgültig in die Tat umgesetzt werden.

- Ethikkommissionen wollen nicht Verantwortung abnehmen, die letzten Endes nur bei dem behandelnden Arzt bleiben kann; sie wollen dem, der Verantwortung trägt, helfen, seine ethische Kompetenz wahrzunehmen, und ihm Argumente anbieten, die seine begrenzte professionelle Rationalität durch Aspekte anderer Betroffener erweitern.
- Ethikkommissionen wollen *gute* Entscheidungen ermöglichen, d. h., sie wollen in einem möglichst umfassenden, gesellschaftlichen Konsens ihre Entscheidungen begründen.[20]

In Österreich sind in jedem Bundesland Ethikkommissionen eingerichtet. Informationen finden Sie unter **www.ethikkommissionen.at**.

Am 29. Juni 2001 wurde im Bundeskanzleramt eine Bioethikkommission eingesetzt. Sie berät den Bundeskanzler in gesellschaftlichen, naturwissenschaftlichen und rechtlichen Fragen, die sich auf dem Gebiet der Humanmedizin und Humanbiologie aus ethischer Sicht ergeben.
Unter Bioethik wird die ethische Reflexion jener Sachverhalte verstanden, die den verantwortungsvollen Umgang des Menschen mit Leben betreffen. Damit erstreckt sich die ethische Verantwortung des Menschen grundsätzlich auf alles Leben, also nicht nur auf Fragen des menschlichen Lebens. Bioethik umfasst die bereits angesprochenen Probleme der Medizinethik und der heutigen Humanökologie, aber auch Fragen des Tierschutzes und der Umweltethik.

[20] Vgl. Lexikon Medizin – Ethik – Recht, Freiburg: Herder 1992.
Die Mitglieder von Ethikkommissionen sollen verschiedene Lebensbereiche, Disziplinen, Berufe und Betroffenheitsgrade repräsentieren.

4 Diskurs – Du sollst nicht morden

Die Zehn Gebote werden im Fachausdruck als **Dekalog** (Griechisch: deka = zehn, logos = Wort, Gebot) bezeichnet.

Der *Dekalog*, wie er in der Hebräischen Bibel, im christlichen Ersten oder Alten Testament enthalten ist, ist den meisten bekannt. Im Folgenden geht es darum, die Entstehung und Entwicklung des 5. Gebotes näher zu erörtern.

Die Israeliten waren Fronarbeiter und Sklaven in Ägypten. Unter der Führung des Mose gelang ihnen die Flucht vor dem Pharao. Allein hätten sie es nicht geschafft, aber mit Hilfe Gottes gelang es, „mit Hilfe unseres Gottes, der ein Befreiergott ist".

In der Freiheit stellt sich dann sehr schnell die Frage, wie diese gewonnene Freiheit bewahrt werden kann. Wenn Gott nicht als Gott anerkannt wird und Menschen oder Dinge vergötzt werden, verlieren wir unsere Freiheit. Wenn wir unsere hilfsbedürftigen Eltern und alte Menschen nicht hochachten und betreuen, ist es vorbei mit unserer Freiheit, weil auch wir einmal alt werden. Wenn wir einander nach dem Leben trachten, wenn das Eigentum, die Ehe nicht respektiert wird, verlieren wir unsere erst gewonnene Freiheit. Das ist der „Sitz im Leben" des Dekalogs: *Was braucht es, dass wir in Freiheit miteinander leben können? Gott ist der Garant der Freiheit für uns.*

Leben und Tod lege ich dir vor, Segen und Fluch. Wähle also das Leben, damit du lebst, du und deine Nachkommen. Liebe den Herrn, deinen Gott, hör auf seine Stimme und halte dich an ihm fest, denn er ist dein Leben. (Dtn 30,19b–20a)

Die wörtliche Übersetzung des Hebräischen heißt: *Du sollst nicht morden*. Niemand darf Menschenblut vergießen. Es wendet sich dagegen, dass Menschen heimlich getötet und verscharrt werden. Wer so handelt, verstößt gegen die von Gott geschützte Würde des Menschen, der Ebenbild Gottes ist. In einer Zeit, als es noch keine staatliche Gerichtsbarkeit gab, war die Blutrache durchaus geduldet und üblich. Im Fall eines Mordes war die Familie oder die Sippe des Ermordeten berechtigt oder verpflichtet, diesen Mord zu sühnen. Damit die Blutrache nicht ausuferte, wurde sie durch das Talionsprinzip gebremst: „Auge um Auge, Zahn um Zahn" (Ex 21,24). Es ist ein Sozialgesetz, ein Rechtsprinzip der Verhältnismäßigkeit.

Schon in biblischer Zeit wurde dieses Talionsprinzip nicht mehr im wörtlichen Sinn ausgeführt, sondern es ging um eine ausgewogene Ersatzleistung.[21]

Je mehr sich eine Rechtsordnung entwickelte, desto mehr konnte die Blutrache zurückgedrängt werden. Nicht nur zu morden war verboten, sondern auch die Selbstjustiz. Später wurde der Begriff des Mordens auch auf andere Formen des Tötens ausgeweitet. Die Propheten verstanden darunter auch, einen Menschen in

[21] Vgl. Theodor MUCH, Judentum wie es wirklich ist, Wien: Verlag Kremayr & Scheriau 1997, S. 35 f.

schwerer Weise wirtschaftlich, sozial oder rechtlich auszubeuten und zu unterdrücken, und sie nannten ein solches Verhalten Blutschuld. Diese Art zu denken und das Wesentliche zu aktualisieren setzt Jesus in der Bergpredigt fort:

> „Ihr habt gehört, dass zu den Alten gesagt worden ist: Du sollst nicht töten; wer aber jemand tötet, soll dem Gericht verfallen sein. Ich aber sage euch: Jeder, der seinem Bruder auch nur zürnt, soll dem Gericht verfallen sein …" (Mt 5, 21 f.)

Die Tora kennt keine Einteilung der Gebote, so gibt es verschiedene Zählarten, unterschiedlich auch in der jüdischen und in der christlichen Tradition. Bekannt ist die Kategorisierung, dass ein Teil der Gebote das Verhältnis des Menschen zu Gott zum Thema hat, der andere das Verhältnis von Mensch zu Mensch. Ein jüdischer Gelehrter aus dem Spanien des 12. Jhs. traf eine Einteilung nach Denken, Sprechen und Tun. Interessant ist, dass das 5. Gebot dem Sprechen zugeordnet ist. Töten geschieht oft auch mit der Zunge, wenn Menschen mit Worten gekränkt und gedemütigt werden.[22]

AUFGABEN

1. **Du sollst nicht morden!**
   Das 5. Gebot hat die direkte Tötung vor Augen (z. B. Mord), ebenso die indirekte (Tod durch Hunger …). Es wendet sich gegen Blutrache, gegen Gewalt und tritt für den Schutz menschlichen Lebens ein. Erstellen Sie eine Liste von Beispielen, wo das 5. Gebot verletzt wird.
2. **Richtige Fragen stellen**
   Albert Einstein stellte fest: *Technik und Wissenschaft gereichen dem Menschen zum Verderben, wenn die moralischen Kräfte verkümmert sind.*[23] Diese ethisch-moralische Kraft besteht nicht in einem Wissen, das über allem anderen Wissen steht, sondern darin, in der richtigen Situation die richtigen Fragen stellen zu können. Stellen Sie Fragen, die sich auf Grund des Fortschritts in der Gentechnik, des Klonens, der Stammzellenforschung, der Präimplantationsdiagnostik etc. zwingend aufdrängen.
3. **Lesen und nachdenken**
   Lesen Sie den Dekalog in der Bibel nach: *Ex 20,1–17* und *Dtn 5,6–21*. Wählen Sie zwei Gebote aus und beschreiben Sie, welche Bedeutung diese Gebote für Sie haben.

[22] Vgl. Peter Landesmann, Die Juden und ihr Glaube, München: Nymphenburger Verlagshandlung 1987, S. 71ff.
[23] Zitiert nach Sigurd M. Daecke (Hg.), Albert Einstein. Worte in Zeit und Raum, Freiburg u. a.: Herder 1991, S. 41.

5 Weltethos

1990 publizierte Hans KÜNG die Programmschrift *Projekt Weltethos*[24]. Folgende Überlegungen stehen im Zentrum:

- Der Friede unter den Nationen setzt den Frieden unter den Religionen voraus.
- Der Friede unter den Religionen setzt den Dialog zwischen den Religionen voraus.
- Der Dialog zwischen den Religionen braucht die Grundlagenforschung in den Religionen.

Diese Grundlagenforschung fand ihr erstes großes Ergebnis in der „Erklärung zum Weltethos", die das Parlament der Weltreligionen 1993 in Chicago verabschiedete. Erstmals haben sich Vertreter aller Religionen über Prinzipien eines Weltethos verständigt und sich auf vier Weisungen verständigt.

- Verpflichtung auf eine Kultur der Gewaltlosigkeit und der Ehrfurcht vor allem Leben.
- Verpflichtung auf eine Kultur der Solidarität und eine gerechte Wirtschaftsordnung.
- Verpflichtung auf eine Kultur der Toleranz und ein Leben in Wahrhaftigkeit.
- Verpflichtung auf eine Kultur der Gleichberechtigung und die Partnerschaft von Mann und Frau.

Wert und Würde des Menschen

Angesichts der Unmenschlichkeit fordern unsere religiösen und ethischen Überzeugungen: Jeder Mensch muss menschlich behandelt werden. Das heißt: Jeder Mensch – ohne Unterschied von Alter, Geschlecht, Rasse, Hautfarbe, körperlicher und geistiger Fähigkeit, Sprache, Religion, politischer Anschauung, nationaler und sozialer Herkunft – besitzt eine unveräußerliche und unantastbare Würde. Alle, der Einzelne wie der Staat, sind deshalb verpflichtet, diese Würde zu achten und ihren wirksamen Schutz zu garantieren.[25]

[24] Hans KÜNG, Projekt Weltethos, München: Piper 1990.
[25] Weltreligionen – Weltfrieden – Weltethos. Ausstellung in zwölf Tafeln mit Begleitbroschüre, Tübingen: Stiftung Weltethos 2000, S. 16.

Die Goldene Regel

Judentum: Tue nicht andern, was du nicht willst, dass sie dir tun.
Christentum: Alles, was Ihr also von anderen erwartet, das tut auch ihnen. Was Ihr von anderen erwartet, das tut ebenso auch ihnen. (Mt 7,12; Lk 6,31)
Islam: Keiner von euch ist ein Gläubiger, solange er nicht seinem Bruder wünscht, was er sich selber wünscht.
Hinduismus: Man sollte sich gegenüber anderen nicht in einer Weise benehmen, die für einen selbst unangenehm ist; das ist das Wesen der Moral.
Buddhismus: Ein Zustand, der nicht angenehm oder erfreulich für mich ist, soll es auch nicht für ihn sein; und ein Zustand, der nicht angenehm oder erfreulich für mich ist, wie kann ich ihn einem anderen zumuten?

Ehrfurcht vor dem Leben

Aus den großen, alten religiösen Traditionen der Menschheit aber vernehmen wir die Weisung: Du sollst nicht töten! Oder positiv: Hab' Ehrfurcht vor dem Leben! Besinnen wir uns also neu auf die Konsequenzen dieser uralten Weisung:
Jeder Mensch hat das Recht auf Leben, körperliche Unversehrtheit und freie Entfaltung der Persönlichkeit, soweit er nicht die Rechte anderer verletzt.
Kein Mensch hat das Recht, einen anderen Menschen physisch oder psychisch zu quälen, zu verletzen, gar zu töten.
Und kein Volk, kein Staat, keine Rasse, keine Religion hat das Recht, eine andersartige oder andersgläubige Minderheit zu diskriminieren, zu säubern, gar zu liquidieren.
Niemand täusche sich: Es gibt kein Überleben der Menschheit ohne Weltfrieden!
Deshalb sollten schon junge Menschen in Familie und Schule lernen, dass Gewalt kein Mittel der Auseinandersetzung mit anderen sein darf. Nur so kann eine Kultur der Gewaltlosigkeit geschaffen werden.[26]

Handle gerecht und fair

Aus den großen, alten religiösen Traditionen der Menschheit aber vernehmen wir die Weisung: Du sollst nicht stehlen! Oder positiv: Handle gerecht und fair! Besinnen wir uns also wieder neu auf die Konsequenzen dieser uralten Weisung:
Kein Mensch hat das Recht, einen anderen Menschen zu bestehlen oder sich an dessen Eigentum oder am Gemeinschaftseigentum zu vergreifen.
Umgekehrt hat aber auch kein Mensch das Recht, sein Eigentum ohne Rücksicht auf die Bedürfnisse der Gesellschaft und der Erde zu gebrauchen.
Niemand täusche sich: Es gibt keinen Weltfrieden ohne Weltgerechtigkeit!
Deshalb sollten schon junge Menschen in Familie und Schule lernen, dass Eigentum, sei es noch so wenig, verpflichtet. Sein Gebrauch soll zugleich dem Wohl der Allgemeinheit dienen. Nur so kann eine gerechte Wirtschaftsordnung aufgebaut werden.[27]

[26] Weltreligionen – Weltfrieden – Weltethos, a. a. O., S. 20f.
[27] Weltreligionen – Weltfrieden – Weltethos, a. a. O., S. 22f.

Rede und handle wahrhaftig

Aus den großen, alten religiösen Traditionen der Menschheit aber vernehmen wir die Weisung: Du sollst nicht lügen! Oder positiv: Rede und handle wahrhaftig! Besinnen wir uns also wieder neu auf die Konsequenzen dieser uralten Weisung:
Kein Mensch und keine Institution, kein Staat und auch keine Kirche oder Religionsgemeinschaft haben das Recht, den Menschen die Unwahrheit zu sagen.
Niemand täusche sich: Es gibt keine Weltgerechtigkeit ohne Wahrhaftigkeit und Menschlichkeit!
Deshalb sollten schon junge Menschen in Familie und Schule lernen, Wahrhaftigkeit in Denken, Reden und Tun einzuüben. Jeder Mensch hat ein Recht auf Wahrheit und Wahrhaftigkeit. Ohne eine ethische Grundorientierung freilich vermag er kaum das Wichtige vom Unwichtigen zu unterscheiden. Bei der heutigen täglichen Flut von Informationen sind ethische Maßstäbe eine Hilfe, wenn Tatsachen verdreht, Interessen verschleiert, Tendenzen hofiert und Meinungen verabsolutiert werden.[28]

Achtet und liebet einander

Aus den großen, alten religiösen Traditionen der Menschheit aber vernehmen wir die Weisung: Du sollst die Sexualität nicht missbrauchen! Oder positiv: Achtet und liebet einander! Besinnen wir uns also wieder neu auf die Konsequenzen dieser uralten Weisung:
Kein Mensch hat das Recht, einen anderen zum bloßen Objekt seiner Sexualität zu erniedrigen, ihn in sexuelle Abhängigkeit zu bringen oder zu halten.
Niemand täusche sich: Es gibt keine wahre Menschlichkeit ohne partnerschaftliches Zusammenleben!
Deshalb sollten schon junge Menschen in Familie und Schule lernen, dass Sexualität grundsätzlich keine negativ-zerstörende oder ausbeuterische, sondern eine schöpferisch gestaltende Kraft ist.
Die Beziehung zwischen Mann und Frau sollte nicht durch Bevormundung oder Ausbeutung bestimmt sein, sondern durch Liebe, Partnerschaftlichkeit und Verlässlichkeit.[29]

Interreligiöser Dialog ist interkulturell

Interreligiöser Dialog bemüht sich um ein notwendiges Grundwissen über das Welt- und Geschichtsbild, das Gottes- und das Menschenbild der eigenen Religion und der anderen.
Wie versteht eine Religion ihre heiligen Schriften, welche Regeln der Auslegung werden angewendet? Welche Formen der Spiritualität gibt es? Bin ich fähig, die Vielfalt der jeweils anderen Religion wahrzunehmen? Welche inneren Strukturen sind gegeben, wie ist das ideale Verhältnis zum Staat?
Ist eine Religion nach eigenem Selbstverständnis missionarisch, und, vor allem, was ist die *Mitte* einer Religion?

Mitte heißt: Man soll eine Religion nicht von den negativen Rändern (Extremismus) her beurteilen.

[28] Weltreligionen – Weltfrieden – Weltethos, a. a. O., S. 24f.
[29] Weltreligionen – Weltfrieden – Weltethos, a. a. O., S. 26f.

Der interreligiöse Dialog strebt keine Einheitsreligion, sondern die versöhnte Verschiedenheit an. Damit das gelingen kann, braucht es gemeinsame Überzeugungen und Regeln:

- Die Religionsfreiheit muss bejaht werden.
- Dialog und Glaubensverkündigung müssen auseinander gehalten werden. „Bekehrung" ist kein Ziel des Dialogs.
- Gleichberechtigung: Alle Diskursparteien müssen das gleiche Recht haben, zu Wort zu kommen.
- Gewaltfreiheit: Wenn diese, auch verbal, verloren wird, wird der Dialog verlassen.
- Offenheit, auch in der Form, dass ein Thema zwar abgeschlossen wird, aber auch wieder neu geöffnet werden kann.
- Identität: Glaubenswahrheiten sollen nicht abgeschwächt, ein Gottesdienst soll nicht verändert und eine Überzeugung braucht nicht verleugnet zu werden.

Schlussgebet für alle Religionen

Wir kommen in Lob und Anbetung zu Dir, unser Gott, weil wir die Schönheit und den Reichtum erkennen, die Du uns in den verschiedenen religiösen Traditionen sehen lässt:
Wir danken Dir und preisen Dich für unsere jüdischen Schwestern und Brüder … für die reiche Sprache ihrer gottesdienstlichen Symbole und ihre liebevolle Pflege der Tradition.
Wir danken Dir und preisen Dich für unsere christlichen Schwestern und Brüder … für die Botschaft der Liebe, die ihnen von Jesus geschenkt ist, und für die Praxis der Vergebung, in der sie sich üben.
Wir danken Dir und preisen Dich für unsere muslimischen Schwestern und Brüder … für ihre Hingabe im Gebet und ihre Beständigkeit und Treue im Gottesdienst.
Wir danken Dir und preisen Dich für unsere buddhistischen Schwestern und Brüder … für den Frieden, den sie ausstrahlen, und die Freiheit von aller Selbstbezogenheit, nach der sie streben.
Wir danken Dir und preisen Dich für unsere hinduistischen Schwestern und Brüder … für ihre offenherzige Toleranz und ihre freundliche Hinwendung zu Menschen anderen Glaubens.
Wir danken Dir und preisen Dich für unsere Schwestern und Brüder aus den Naturreligionen … für ihre Ehrfurcht und Achtung vor der Schöpfung und für den alten und immer noch lebendigen Reichtum ihrer Kulturen.
Wir danken Dir und preisen Dich für die Menschen einer jeden Glaubenstradition, die wir hier genannt haben, und auch für die, die wir nicht genannt haben.[30]

[30] Aus: Textheft der Weltkonferenz der Religionen für den Frieden (WCRP), 10. Nürnberger Gebetsstunde der Religionen für den Frieden, 1998, zitiert nach Werkmappe Weltkirche Nr. 116 / 2000, S. 24.

Wissens-Check zu Kapitel 1

Verantwortungsethik

In ethischen Fragen gibt es zwei grundsätzlich unterschiedliche Orientierungen: Die Weltsicht des Konstruktivismus forciert die Nützlichkeit als wichtigstes Ziel in der Auseinandersetzung mit der Umwelt; gut ist, was nützt. Die Frage nach der Wahrheit oder Allgemeingültigkeit einer Weltsicht wird nicht gestellt. Im Gegensatz zum Konstruktivismus, der in seiner Grundhaltung utilitaristisch ausgerichtet ist, folgt die Diskursethik der Grundsatzfrage: Wie lassen sich ethische Probleme lösen, ohne auf den Wahrheitsanspruch und eine (vorläufige) Allgemeingültigkeit der Antworten zu verzichten? Die Vertreter/innen der Diskursethik verlangen, dass ein konkreter Dialog, der sich an der Wahrheit orientiert, stattfindet.

Zeitgenössische Ethikkonzepte versuchen (vorläufig) allgemein gültige Antworten auf gesellschaftliche, politische und technische Probleme zu geben. Dabei kommt der Verantwortung eine zentrale Bedeutung zu: Wir müssen bei ethischen Entscheidungen sowohl die zeitliche Dimension der Nachwelt als auch die örtliche Dimension der gesamten Biosphäre berücksichtigen.

In ethischen Fragen sollen wir nicht (nur) die schwerwiegendsten Fälle diskutieren.

Am Beispiel der Euthanasiefrage sind die Unterschiede zwischen dem Utilitarismus und der Diskursethik konkretisiert. Die zentrale Schlussfolgerung für ethische Handlungsorientierung lautet: Wenn wir Extremfälle (Schwerstbehinderte) in ethischen Fragen „benützen" und ausschließlich mit dem „Helfen-und-Heilen" argumentieren, wie Peter SINGER es macht, öffnen wir den Weg dafür, dass „Normale" bestimmen, was für „Nicht-Normale" das Beste ist – eine äußerst gefährliche Waffe in den Händen des Staates, wenn man an die Praxis des Nationalsozialismus denkt.

Ethische Probleme in der Medizin

Ethische Probleme in der Medizin ergeben sich heute auf Grund einander widersprechender moralischer Prinzipien:

Prinzip des Heilens versus Patientenwille

- Das Prinzip des Heilens (für den Arzt/die Ärztin ist die Gesundheit der Patienten die oberste Handlungsmaxime) kollidiert mit dem Patientenwillen (die freie Entscheidung der Patienten ist oberste Handlungsmaxime).

Machbarkeit versus Unberechenbarkeit

- Das Prinzip des Heilens führt heute auf Grund der wissenschaftlich-technischen Möglichkeiten zum Problem der Berechenbarkeit: Verändern z. B. Eingriffe in den Genpool des Menschen, die heute individuelle Gesundheit bewirken, in Zukunft den gesamten Genpool der Menschheit in nicht mehr vorhersehbarer Weise?

Der Mensch strebt nach Unsterblichkeit.

- Die Visionen von Unsterblichkeit werden durch die so genannte Stammzellenforschung immer realistischer: Stammzellen können möglicherweise abgestorbene Zellen ersetzen, z. B. Herzmuskelzellen oder Gehirnzellen.

Kapitel 2: Sinnfragen

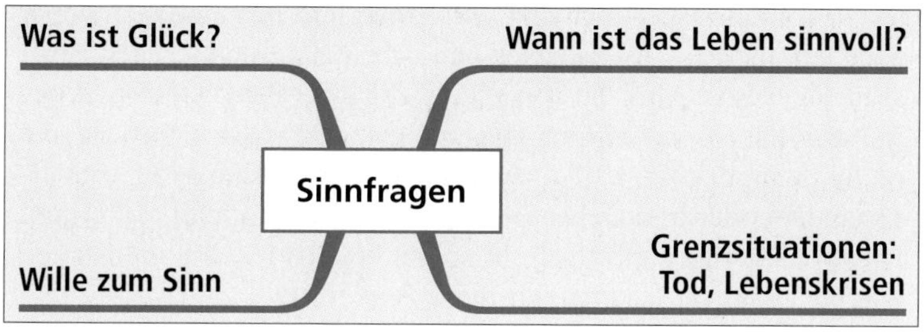

Der Pulsschlag der Zeit
Aneinandergeschmiegte Körper,
überflüssig werden Wörter,
sind nur Barriere,
vor Hingabe und Leere, die zeigen
den gefühlten Pulsschlag, den Pulsschlag der Zeit.
Wessen Puls?
Niemand weiß, wie weit, wie weit er schlägt,
wie lang er lebt in Zweiklang.
Hörtest du, wie die Weide sang?
    Ein Fluss ist ein Rinnsal.
    Ein Fisch ist ein Wal.
    Die Macht der Fantasie,
    verliere sie nie!
Die Weide starb und wurde Staub
und rundherum verrottetes Laub
zeigt ihn an – den gefühlten Pulsschlag,
den Pulsschlag der Zeit.
Wessen Puls?
Niemand weiß, wie weit, wie weit er schlägt,
wie lang er lebt.[1]

1 Wann ist das Leben sinnvoll?

Grenzsituationen provozieren Fragen nach dem Sinn des Lebens. Wenn wir vom überraschenden Tod einer Freundin oder eines Freundes hören, wenn wir uns in einer ausweglosen Situation befinden, auch wenn größere Veränderungen in unserem Leben vor der Tür stehen (z. B. Matura, was nachher?) – in solchen und ähnlichen Situationen stellen wir uns die Frage, ob unser Leben sinnvoll ist oder nicht. Wir treten gleichsam ein Stück von uns weg und betrachten unseren Lebensweg von einem Turm aus, wir betrachten ihn aus der Distanz.

[1] David LAHMER, Gedanken, Salzburg: 2004.

Für mich ist die Idee eines sinnlosen Lebens am klarsten und deutlichsten in einer Person verkörpert, die Tag für Tag oder Nacht für Nacht vor dem Fernseher sitzt, Bier trinkt und sich eine Seifenoper nach der anderen anschaut. Ich habe überhaupt nichts gegen Fernsehen oder Bier. Aber die Vorstellung von einer Person, deren Leben in Passivität dahindämmert, zwar auf einer Bewusstseinsebene, die nicht unangenehm ist, doch ohne jede Beziehung zu irgendjemandem oder irgendetwas, das zu nichts führt, nichts vollbringt: Diese Vorstellung gibt uns ein so starkes Bild von Sinnlosigkeit wie nur möglich. Nennen wir diese Person *Blubb*.

Wenn irgendein menschliches Leben sinnlos ist, dann das von Blubb. Aber das heißt nicht, dass jedes sinnlose Leben in allen wesentlichen Aspekten wie das von Blubb sein muss. Andere Paradigmen beleuchten andere Elemente des Sinnlosen bzw. des Sinnvollen.

Paradigma = Beispiel

Als Gegensatz zu Blubbs Passivität können wir uns zum Beispiel ein Leben voll von Aktivitäten vorstellen, aber von albernen, dekadenten oder nutzlosen. Wieder habe ich nichts gegen alberne Aktivitäten; nur etwas gegen ein Leben, bei dem sie im Mittelpunkt stehen. Stellen wir uns zum Beispiel eine jener müßigen Reichen vor, die auf jeder Party zu finden ist, ständig auf der Flucht vor der Langeweile, unterwegs von einer Vergnügung zur nächsten. Sie reist durch die Welt, sie lässt ihr Geld in Boutiquen und teuren Restaurants, sie trimmt sich unter Anleitung ihres persönlichen Trainers.

Oder denken wir an den Manager, der zwölf Stunden am Tag und sieben Tage die Woche arbeitet, unter großem Stress, und das nur zur Mehrung seines persönlichen Reichtums. Hierher gehört die Geschichte vom Schweinezüchter, der mehr Land kauft, um mehr Getreide anzubauen, um mehr Schweine zu füttern, um mehr Land zu kaufen, um mehr Getreide anzubauen, um mehr Schweine zu füttern. Die müßige Reiche, der Manager und der Schweinezüchter unterscheiden sich voneinander in mehrfacher Hinsicht, haben aber alle mindestens dies gemein: Die vorherrschenden Aktivitäten in ihrem Leben scheinen witzlos, nutzlos oder leer zu sein. Klassifizieren wir diese Fälle unter der Rubrik NiNu.

NiNu = NichtsNutz

Wenn die skizzierten Fälle unsere Vorstellungen von Sinnlosigkeit einigermaßen korrekt widerspiegeln, so verweisen sie uns darauf, was den positiven Fall eines sinnvollen Lebens ausmachen würde. Im Gegensatz zu Blubb muss eine Person, die ein sinnvolles Leben führt, aktiv engagiert sein. Aber, wie uns die NiNu-Fälle lehren, genügt es nicht, sich für irgendetwas aus beliebigen Gründen und mit beliebigen Zielen zu engagieren; man muss sich für Projekte engagieren, die einen positiven Wert haben, und zwar in einer Weise, die nicht nur durch Zufall mit dem verbunden ist, was ihnen Wert verleiht. Schließlich scheint es, damit wir den Bankrott vermeiden, notwendig, dass unsere Aktivitäten zumindest in einem gewissen Maße erfolgreich sind. Fügen wir diese Kriterien zusammen, so erhalten wir einen Vorschlag dafür, ein sinnvolles Leben zu leben: aktiv und teils erfolgreich für ein Projekt engagiert zu sein. Das Wort „Projekt" will ich dabei in einem ungewöhnlich weiten Sinne verwenden, der nicht nur zielgerichtete Aufgaben, sondern auch andere Arten von Aktivitäten, die einen positiven Wert haben, umfasst.

Dass uns etwas an einem sinnvollen Leben liegt, heißt also meinem Vorschlag zufolge: *Uns liegt daran, aktiv und teils erfolgreich für Projekte engagiert zu sein, die nicht nur einen positiven Wert zu haben scheinen, diesen vielmehr wirklich haben.*[2]

AUFGABEN

1. **Lebenskonzepte**
   Konzipieren Sie typische Lebenskonzepte, wie sie in Form von Blubbs und NiNus beschrieben sind. Welche Kriterien muss für Sie ein positives Lebenskonzept beinhalten?
2. **Mindmap**
   Erstellen Sie in Form einer Mindmap ein Plakat, das u. a. folgende Definitionen von Glück beinhalten sollte. Suchen Sie auch Sprüche zum Glück im Internet.

   Glück ist kein Gipfelerlebnis, sondern ein gefühlsmäßiger Zustand, in dem sich der Mensch entfalten kann. (Erich FROMM)

   Glück ist nicht käuflich. (Hermann HESSE)

   Raube dem Durchschnittsmenschen die Illusion seines Lebens, und du hast ihn auch seines Glückes beraubt. (Henrik IBSEN)
3. **Bedürfnispyramide**
   Ordnen Sie folgende Bedürfnisse in eine Ihrer Meinung nach richtige Hierarchie und begründen Sie diese:
   a. ästhetische Bedürfnisse (Kunst, Schönheit)
   b. Bedürfnisse nach Zugehörigkeit (lieben, geliebt werden)
   c. spirituelle und religiöse Bedürfnisse
   d. biologische Bedürfnisse (Nahrung, Entspannung, Sexualität)
   e. Bedürfnisse nach Anerkennung (Selbstwertgefühl)
   f. Selbstverwirklichung
   g. kognitive Bedürfnisse (Wissen, Neugier etc.)
   h. Bedürfnis nach Sicherheit und Angstfreiheit

[2] Vgl. Susan WOLF, Wann ist das Leben sinnvoll? In: Christoph FEHIGE u. a. (Hg.), Der Sinn des Lebens, München: dtv 2000, S. 251ff. (geringfügig verändert).

4. **Bedeutungen von Glück**
   Glück hat im Deutschen zwei Bedeutungsvarianten.
   a. Glück im Sinne von glücklich sein (happiness) meint einen länger andauernden Zustand von Zufriedenheit, Ausgeglichenheit und Wohlbefinden.
   b. Glück im Sinne von Glück haben (luck) meint einen angenehmen Zufall und eine günstige Fügung.

   Finden Sie jeweils konkrete Beispiele für diese zwei Formen von Glück.

5. **Erlebnisorientierung**
   Soziologinnen und Glücksforscher/innen stellen fest, dass die Erlebnisorientierung die wichtigste Form von Glücksstreben für den heutigen Menschen darstellt. Unter Erlebnisorientierung versteht man die unmittelbarste Form auf der Suche nach Glück. Das Motto: **Erlebe dein Leben in Form von Events!** Beim erlebnisorientierten Handeln richtet sich der Anspruch ohne Zeitverzögerung auf die aktuelle Situation. Man investiert Geld, Zeit, Aktivität und erwartet im selben Moment den Gegenwert.
   Der Erlebnisorientierung entgegengesetzt wäre ein Handlungsmuster der aufgeschobenen Befriedigung: Sparen, langes Liebeswerben, zäher politischer Kampf, hartes Training, Entsagung und Askese. Bei Handlungen dieses Typs wird die Glückshoffnung in eine ferne Zukunft projiziert. Bei solchen Lebensauffassungen ergeben sich schöne Erlebnisse allenfalls als Nebenprodukte, ohne zentrales Lebensziel zu sein.
   a. Suchen Sie fünf Werbesujets, die den Gebrauchswert der Produkte in den Mittelpunkt der Präsentation stellen – Haltbarkeit, Zweckmäßigkeit, technische Perfektion.
   b. Suchen Sie fünf Werbesujets, die den Erlebniswert in den Mittelpunkt der Präsentation stellen – die Produkte sollen an sich zufrieden stellen, unabhängig von ihrer Verwendbarkeit für irgendetwas.
   c. Präsentieren Sie Ihre Ergebnisse.

2 Grenzziehungen

PYRRHUS, König von Epirus (Nordgriechenland), schmiedete eines Tages Eroberungspläne: „Zuerst werden wir Griechenland unterwerfen, dann werden wir Afrika besiegen, anschließend werden wir nach Asien hinübergehen, werden Kleinasien, Arabien und Indien erobern." „Und danach?", fragte ein Freund. „Dann werde ich mich ausruhen." Darauf der Freund: „Und warum ruhst du dich nicht lieber gleich aus?"

König PYRRHUS

Wozu aufbrechen, wenn man doch nur wieder zurückkehren muss? Wenn es doch nie ein Ende hat, wozu überhaupt beginnen? Selbst der Baumeister des Turms von Babel glaubte, der Himmel sei eine feste Decke, die man eines Tages berühren würde. Wenn PYRRHUS die Grenzen seiner Eroberungen über die Erde hinausrücken könnte, über die Sterne und die fernsten Spiralnebel hinaus bis in ein Unendliches, das unaufhörlich vor ihm zurückwiche, dann wäre sein Unterfangen nur noch sinnloser, er würde sich verzetteln, sich nie auf ein bestimmtes Ziel konzentrieren. Wenn man ohne Grenzziehung reflektiert und nachdenkt, scheint jeder menschliche Entwurf absurd zu sein. Die menschliche Existenz und die Frage nach Sinn bewegt sich immer in der Spannung zwischen Grenzziehung und Grenzüberschreitung.[3]

2.1 Sisyphos

Die Frage des Wozu wird im Mythos vom Sisyphos verdeutlicht. Sisyphos war ein Grenzgänger, er reizte die Grenzen des Menschseins provokant aus.

Sisyphos

Aigina = die Insel Ägina (nahe Athen)

Zeus raubte dem Flussgott Asopos seine schönste Tochter, die Nymphe Aigina, und trug sie in der Gestalt eines Adlers auf eine Insel, die seitdem Aigina heißt. Der Flussgott begab sich auf die Suche nach ihr und kam in die Stadt Korinth, wo Sisyphos als König herrschte. Sisyphos hatte gesehen, wohin Zeus mit ihr geflogen war. Er versprach, dem Flussgott zu sagen, wo Aigina sei, wenn er ihm aus den Felsen des Burghofes eine Quelle schlage, da die hoch gelegene Burg ohne Brunnen war und man das Wasser von weither heranholen musste. Asopos war sogleich bereit zu helfen. Er schritt mitten in den Burghof und berührte den Felsenboden mit seinem Stab. Da schoss eine Quelle in hohem Sprudel hervor. Wie versprochen, gab Sisyphos dem Flussgott die Insel bekannt, und Asopos reiste dorthin, um seine Tochter zu befreien.

[3] Vgl. Simone de BEAUVOIR, Pyrrhus und Cineas. In: Soll man de Sade verbrennen? Drei Essays zur Moral des Existentialismus, München: Szczesny 1964.

Zeus zürnte Sisyphos, weil er das Versteck aus egoistischen Gründen und nicht aus Nächstenliebe verraten hatte, und wollte ihn dafür bestrafen. Er sandte den Todesgott Thanatos zu ihm, aber Sisyphos legte ihm starke Fesseln an. Da konnte kein Mensch sterben. Endlich kam der Kriegsgott Ares und schlug die Fesseln mit seinem Schwert durch. Der Todesgott ergriff nun Sisyphos und warf ihn in die Unterwelt, rechnete jedoch nicht mit der Verschlagenheit des Königs. Dieser hatte nämlich seiner Gattin befohlen, kein Totenopfer für ihn darzubringen. In der Unterwelt angekommen, bat er Hades und Persephone, ihn für eine Weile nach Korinth zu beurlauben; er wolle seine Gattin an die Totenopfer erinnern und dann wiederkommen. Hades und Persephone gestatteten Sisyphos die Rückkehr in die Oberwelt. Dort genoss er das wiedererlangte Leben bei festlichen Gelagen in vollen Zügen, ohne daran zu denken, in den Hades zurückzukehren. Doch als er eines Tages beim schwelgerischen Mahl sich wieder rühmte, die Schattenherrscher überlistet zu haben, öffnete sich die Saaltür, und der Todesgott trat herein und schleuderte ihn in die Unterwelt. Für seinen Betrug erhielt er eine entsetzliche Strafe. Er muss einen mächtigen Marmorblock einen Berg hinaufwälzen. Ist er oben angelangt, entgleitet der Fels seinen Händen und rollt ins Tal hinab.
Die Menschen, die von dieser Strafe hörten, nennen seitdem eine mühsame Arbeit, die kurz vor dem guten Ende misslingt und wieder von vorn begonnen werden muss, eine Sisyphosarbeit.

Polytheismus = Glaube an viele Götter

In der griechischen Mythologie weiß sich der polytheistische Mensch in einem Rollenspiel mit den Göttern. Menschen und Götter leben in einem jeweils eigenen Bereich, der für den Menschen jedenfalls klar abgegrenzt ist: Wer sich innerhalb dieser Grenzen bewegt und agiert, hat von den Göttern nichts zu befürchten. Die Beziehungen zwischen Menschen und Göttern beruhen auf einem Ritual. Durch das Ritual versucht der Mensch Einfluss auf das Verhalten der Götter zu nehmen, z. B. durch Opferhandlungen. In diesem Weltbild haben alle, Götter und Menschen, eine bestimmte Rolle auszufüllen, die ihnen die Weltordnung zugedacht hat. Die Götter haben u. a. die Aufgabe, Menschen, die sich über die ihnen zugedachten Grenzen hinauswagen, zu bestrafen und zurechtzuweisen. Sisyphos ist der Prototyp eines Menschen, der zu neugierig, zu egoistisch, zu anmaßend ist – er macht sich der Hybris schuldig und wird deshalb bestraft.

Hybris = Stolz, Übermut

Zur Verdeutlichung seiner Weltsicht verwendet der französische Existenzphilosoph Albert CAMUS den *Mythos von Sisyphos*. Die Götter haben Sisyphos in der Hoffnung verurteilt, dass dies die furchtbarste Strafe sei. Sisyphos ist jedoch der klügste Mensch;

er ist ungehorsam gegen die Götter; er vergeudet sein Leben nicht mehr mit Illusionen.

- Der Mensch (= Sisyphos) ist allein auf sich gestellt. Von Gott kann keine Aufhebung seiner absurden Situation erwartet werden. Was dem Menschen bleibt, ist die Freiheit, sich sein kurzes Dasein zu Eigen zu machen, indem er nicht aufhört, gegen die Absurdität zu protestieren, und zwar im HIER und JETZT.
- Bevor der Mensch dem *Absurden* begegnet, lebt er mit Zielen, mit der Sorge um die Zukunft oder um eine Rechtfertigung dessen, was er hofft. Er rechnet mit seiner Pensionierung und mit der Arbeit seiner Kinder. Er glaubt, dass irgendetwas im Leben gelenkt werden könne. Er handelt, als wäre er frei.
- Nach der Konfrontation mit dem Absurden ist alles erschüttert. Die Vorstellung, dass alles einen Sinn hat, wird durch das Absurde Lügen gestraft. Der Mensch, der die Absurdität seiner Existenz erkennt, begreift, dass der Tod die einzige Realität ist – der Mensch ist ein endliches Wesen; was ihm bleibt, ist seine Existenz.
- Gleichzeitig begreift der absurde Mensch auch: *Je mehr ich hoffe, je mehr ich mein Leben ordne, umso mehr Schranken schaffe ich, in die ich das Leben einzwänge. Das Absurde klärt mich über diesen Punkt auf: Es gibt kein Morgen – das ist die Begründung meiner tiefsten Freiheit.*[4]

AUFGABEN

1. Nehmen wir an, dass die Götter, nachdem sie Sisyphos in der Unterwelt mit dem Steinewälzen bestraft hatten, ihm im Nachhinein aus Barmherzigkeit die Zwangsneurose „Steinewälzen" eingepflanzt hätten.
   Wie würde der Neurotiker Sisyphos sein Leben bewerten?
2. Nehmen wir an, Sisyphos lebt ausschließlich für den Augenblick, er ist ein grenzenloser Optimist, sieht alles durch die rosarote Brille.
   Wie würde der Optimist Sisyphos sein Leben bewerten?
3. Nehmen wir an, Sisyphos ist ein gläubiger Mensch. Er glaubt an eine Erlösung in einem Jenseits. Er glaubt, durch das Steinewälzen würde er andere Menschen vom Leid befreien bzw. ihnen ein Vorbild für das Ertragen von Leid sein.
   Wie würde der gläubige Sisyphos sein Leben bewerten?

[4] Vgl. Albert Camus, Der Mythos von Sisyphos. Ein Versuch über das Absurde, Reinbek: rororo 1974, S. 51.

2.2 Tod

Nach Viktor Frankl sind Grenzen für den Menschen etwas Wesentliches: Denn was geschähe, wenn unser Leben nicht endlich in der Zeit, sondern zeitlich unbegrenzt wäre? Wären wir unsterblich, dann könnten wir mit Recht jede Handlung ins Unendliche aufschieben, es käme nie darauf an, sie eben jetzt zu tun, sie könnte ebenso gut auch erst morgen oder übermorgen oder in einem Jahr oder in zehn Jahren getan werden. So aber, angesichts des Todes als unübersteigbare Grenze unserer Zukunft und Begrenzung unserer Möglichkeiten, stehen wir unter dem Zwang, unsere Lebenszeit auszunützen und die einmaligen Gelegenheiten nicht ungenützt vorübergehen zu lassen.
Frankl geht also davon aus, dass bestimmte Grenzen für einen sinnvollen Zusammenhang notwendig sind. Der Tod bewirkt eine Art von struktureller Begrenzung: Endlichkeit in der Zeit.

Wann ist der Mensch tot?

Die Vorstellungen darüber, was den Tod ausmacht, sind in verschiedenen Kulturkreisen und geschichtlichen Epochen unterschiedlich. Vor einiger Zeit betrachtete man den Tod als gegeben, wenn die lebenswichtigen Funktionen von Atmung und Kreislauf (Herzschlag) aussetzen. Diese Sichtweise wurde aber in Frage gestellt, nachdem es mit dem Fortschreiten der medizinischen Technik immer besser gelang, Atmung und Kreislauf mit künstlichen Mitteln aufrecht zu erhalten. In neuerer Zeit hat sich deshalb allgemein die Definition des Hirntodes durchgesetzt. Danach ist der Tod eingetreten, wenn die Gehirnaktivität unwiderruflich zum Stillstand gekommen ist.
In England wird der Tod bereits festgestellt, wenn lediglich ein Teil des gesamten Gehirns ausgefallen ist. In Deutschland und Österreich müssen alle Hirnfunktionen erloschen sein, bevor ein Mensch für tot erklärt wird. In Japan gilt bis heute, dass ein Mensch erst dann gestorben ist, wenn auch sein Herz nicht mehr schlägt.
Die Kriterien für den Hirntod wurden 1968 von einer Kommission der Harvard Medical School ausgearbeitet. Es ist kein Zufall, dass diese Definition in die Zeit der ersten Herzverpflanzung fiel.
Wann ist der Mensch tot? Von der Beantwortung dieser Frage hängt es ab, wie ein Transplantationsgesetz aussieht. Ist der Mensch dann tot, wenn seine gesamten Hirnfunktionen endgültig und unwiderruflich erloschen sind? Gegner/innen des so genannten Hirntodkonzeptes weisen darauf hin, dass der Ausfall aller Hirnfunktionen nicht mit völliger Sicherheit feststellbar sei.

Der menschliche Organismus sei auch bei intensivmedizinischem Ersatz der Hirnfunktionen lebendig im biologischen Sinne, der Hirntod sei noch nicht das Ende des menschlichen Lebens. Ein hirntoter Mensch zeige *keine normalen Todeszeichen* wie Reaktionslosigkeit, Muskelstarre oder Leichenflecken, dafür aber noch viele Zeichen, die für Leben sprächen.

AUFGABEN

1. **Nehmen Sie Stellung**
   Im weltweit größten Transplantationszentrum in Pittsburgh (USA) lassen die Mediziner schwerstkranke Patientinnen und Patienten kontrolliert sterben, um ihre Organe unversehrt entnehmen zu können. Die Patienten, die von lebenserhaltenden Geräten abhängig sind, müssen vorher erklärt haben, dass sie eine Fortsetzung der Behandlung nicht wünschen und ihre Organe spenden wollen. Stellvertretend können auch Angehörige die Einwilligung geben. Im Operationssaal wird dann zunächst die Atemluftkonzentration verringert und anschließend der Beatmungsschlauch entfernt. Wenn die Atmung aussetzt, wartet das OP-Team noch zwei Minuten, bevor es mit den Vorbereitungen für die Organentnahme beginnt. Zu diesem Zeitpunkt könnten die Patienten noch wiederbelebt werden und sind nicht tot – nach Hirntodkriterien.
2. **Nachdenken**
   Der Tod, vor allem der plötzliche Tod eines jungen Menschen, führt uns drastisch die Grenzen menschlicher Möglichkeiten vor Augen. Das Verdrängen des Todes funktioniert in unserer Gesellschaft so lange, bis wir direkt oder indirekt durch den Todesfall einer/eines Bekannten oder Verwandten gleichsam gezwungen werden, über diese Grenzen nachzudenken.
   Denken Sie über folgende Fragen nach:
   - Welche traditionellen Formen der Trauerarbeit kennen Sie?
   - Sind solche Rituale, die in unserer Kultur vor allem durch religiöse Traditionen bestimmt sind, für Sie zeitgemäße und hilfreiche Mittel, sich mit dem Tod auseinander zu setzen?
   - Wie müssten Ihrer Meinung nach *zeitgemäße Rituale des Trauerns* aussehen?
3. **Was könnte passiert sein?**

Warum sind diese Menschen traurig?
Wie versuchen sie damit umzugehen?
Beschreiben Sie die Gefühle der Menschen.

4. **Den Tod verdrängen**
Forever young lautet unsere Devise, und die Strategien werden gleich mitgeliefert: vom *Forever-young-Lauftraining* und der passenden Diät bis zur finanziellen und gesundheitlichen Altersfürsorge. Die Jugend muss um jeden Preis konserviert werden. Der Tod wird nur noch als Widerspruch zum leistungsfähigen Jugendideal der Spaßgesellschaft angesehen. Alte Menschen kommen in der Werbung nur selten vor, sie haben keinen Prestigewert.
   a. Verfolgen Sie bewusst die Fernsehwerbung über eine Woche hindurch und protokollieren Sie, wie alte Menschen in der Werbung dargestellt werden.
   b. Analysieren Sie in Gruppen Zeitschriftenwerbungen im Hinblick auf die Altersstruktur der dargestellten Personen.
   c. Erfinden Sie Werbeslogans, die die alten Menschen und ihre Stärken bewusst machen und/oder ihre Schwächen als Schönheitsideal (Falten, graue Haare) anpreisen.
5. **Fragen zu Alter und Tod**
   1. Wie alt möchten Sie gern sein?
   2. Woran denken Sie zuerst beim Thema „Tod"?
   3. Haben Sie schon miterlebt, dass in Ihrem Bekanntenkreis jemand gestorben ist?
   4. Wenn ja, können Sie sich erinnern, was diese Nachricht bei Ihnen ausgelöst hat?
   5. Haben Sie Angst, alt zu werden?
   6. Was heißt für Sie „alt werden"?
   7. Stimmt folgende Aussage: Alt ist, wer sich nicht mehr entwickelt.
   8. Haben Sie Angst vor dem Tod? Unternehmen Sie etwas gegen diese Angst?
   9. Möchten Sie unsterblich sein?
   10. Was stört Sie an Begräbnissen?
   11. Wie möchten Sie begraben werden?
   12. Glauben Sie an ein Leben nach dem Tod?

2.3 Lebenskrisen

Jeder Mensch hat gewisse Grundbedürfnisse:

- anerkannt und gebraucht zu werden, Probleme lösen zu können,
- einen Freundeskreis um sich zu haben,
- lieben zu können und geliebt zu werden,
- seine Lebensziele entfalten zu können und in Frieden mit sich selbst zu leben.

Es gibt Situationen im Leben eines Menschen, ob es Trennungen sind, Versagen in der Schule oder Enttäuschungen, die einen aus der Bahn werfen. Menschen, die sich in derartigen Lebenskrisen befinden, senden an ihre Umwelt Signale der Hilflosigkeit, der Haltlosigkeit, der Hoffnungslosigkeit.

Hilflosigkeit (Verlust der Selbststeuerungskompetenz) – Ich kann nicht mehr!
Gänzliches Leistungsversagen, Schulabbruch
Konzentrations- und Leistungsschwankungen
Änderung der sozialen Stellung in der Klasse (Außenseiter/in)
Selbstmorddrohungen

Haltlosigkeit (Einsamkeit) – Ich weiß überhaupt nicht, was ich will!
Sich im Zimmer einsperren, abkapseln, einigeln
Nicht angesprochen werden wollen
Hinwendung zu subkulturellen Gruppen
Änderung im Essverhalten
Abwendung von alten Freunden, von früheren Hobbys

Hoffnungslosigkeit (fehlender Sinnhorizont) – Es hat alles keinen Sinn mehr!
Drogenmissbrauch
Flucht in eine Traumwelt (Computer- und Fernsehwelt)
Abbruch der Schule

Den Risikofaktoren stehen drei Lebensfaktoren gegenüber:

Vermögen (persönliche Ressourcen)
Hilflosigkeit ist kein unabwendbares Schicksal. Man kann Problemlösen üben und die eigenen Ressourcen entwickeln.

Verantwortung (Bindung an Personen und Pflichten)
Wenn man weiß, dass Einsamkeit zu Haltlosigkeit führen kann, dann hilft die rechtzeitige Sorge für einen Freundeskreis. Wenn wir beispielsweise rechtzeitig bemerken, dass jemand über seine Rolle als Außenseiter/in unglücklich ist, können wir Kontakt anbieten und der Krise entgegensteuern.

Vernunft (angemessene Einschätzung von Chancen)
Das rechtzeitige Nachdenken über sinnvolle Zielsetzungen lässt der Hoffnungslosigkeit wenig Chance. Ein offenes Nachdenken über zukünftige Chancen öffnet Perspektiven.[5]

[5] Vgl. Franz Sedlak, Ich will (nicht) mehr. Wege aus seelischen Krisen, Wien: bmbwk 2001, S. 10ff. (gekürzt und umgestellt). Weiters Howard Raphael Cushnir, Freude am Leben. Strategien für einen klugen Umgang mit Krisen, München: dtv 2003.

3 Der Wille zum Sinn

Was passiert, wenn der Wille zum Sinn unerfüllt ist? Wenn ein Mensch in seinem Bestreben, dem Leben einen Sinn zu geben, scheitert? Wenn ein Mensch permanent existentiellen Frustrationen ausgesetzt ist? Macht sich dann ein Gefühl der Sinnlosigkeit breit?

- Ist das Sinnlosigkeitsgefühl die Ursache für Jugendkriminalität, Alkoholismus u. Ä.?
- Ist das Sinnlosigkeitsgefühl die Ursache für die steigende Zahl psychischer Krankheiten und unbestimmter Ängste?

Viktor Frankl (1905–1997)
Logotherapie ist eine von Frankl begründete Psychotherapie und heißt „Lehre vom Sinn".

3.1 Logotherapie

Nach Viktor Frankl ist es am wichtigsten, den Willen zum Sinn zu stimulieren und dem Menschen konkrete Sinnmöglichkeiten anzubieten. Es ist lebenswichtig, auf ein Ziel zuzusteuern. „Wer ein *Wozu* zu leben hat, erträgt fast jedes *Wie*." Deshalb wendet sich die Logotherapie auch an den Willen zum Sinn und versucht, ihn hervorzurufen, wann immer er im Unbewussten verborgen ist oder unterdrückt wird.

1988 wurde Alfred Hrdlickas Denkmal in Wien (Albertinaplatz) enthüllt. Das Denkmal besteht aus vier Elementen; eines davon ist der „straßenwaschende Jude", dessen ausweglose Situation durch den Stacheldraht, der ihn umgibt, deutlich gemacht wird.

Im Konzentrationslager

„Wer ein Wozu zu leben hat, erträgt fast jedes Wie." Man musste also den Lagerinsassen, sofern sich hie und da einmal die Gelegenheit hierzu bot, das Wozu ihres Lebens, ihr Lebensziel, bewusst machen, um so zu erreichen, dass sie auch dem furchtbaren Wie des gegenwärtigen Daseins, den Schrecken des Lagerlebens, innerlich gewachsen waren und standhalten konnten. Umgekehrt: Wehe dem, der kein Lebensziel mehr vor sich sah, der keinen Lebensinhalt mehr hatte, in seinem Leben keinen Zweck erblickte, dem der Sinn seines Daseins entschwand und damit jedweder Sinn eines Durchhaltens. Solche Leute, die auf diese Weise völlig haltlos geworden waren, ließen sich alsbald fallen. Die typische Redewendung, mit der sie allen aufmunternden Argumenten entgegentraten und jeglichen Zuspruch ablehnten, lautete dann immer: „Ich hab ja vom Leben nichts mehr zu erwarten." Was soll man demgegenüber nun erwidern?
Was hier Not tut, ist eine Wendung in der ganzen Fragestellung nach dem Sinn des Lebens: Wir müssen lernen und die verzweifelnden Menschen lehren, dass es eigentlich nie und nimmer darauf ankommt, was wir vom Leben noch zu erwarten haben, vielmehr lediglich darauf, was das Leben von uns erwartet! Zünftig philosophisch gesprochen könnte man sagen, dass es hier also um eine Art kopernikanische Wende geht, so zwar, dass wir nicht mehr einfach nach dem Sinn des Lebens fragen, sondern dass wir uns selbst als die Befragten erleben, als diejenigen, an die das Leben täglich

Zu Viktor Frankl gibt es eine DVD: Dein Leben hat Sinn.

und stündlich Fragen stellt – Fragen, die wir zu beantworten haben, indem wir nicht durch ein Grübeln oder Reden, sondern nur durch ein Handeln, ein richtiges Verhalten, die rechte Antwort geben. Leben heißt letztlich eben nichts anderes als: Verantwortung tragen für die rechte Beantwortung der Lebensfragen, für die Erfüllung der Aufgaben, die jedem Einzelnen das Leben stellt, für die Erfüllung der Forderung der Stunde.
Diese Forderung, und mit ihr der Sinn des Daseins, wechselt von Mensch zu Mensch und von Augenblick zu Augenblick. Nie kann also der Sinn menschlichen Lebens allgemein angegeben werden, nie lässt sich die Frage nach diesem Sinn allgemein beantworten – das Leben, wie es hier gemeint ist, ist nichts Vages, sondern jeweils etwas Konkretes, und so sind auch die Forderungen des Lebens an uns jeweils ganz konkrete. Diese Konkretheit bringt das Schicksal des Menschen mit sich, das für jeden ein einmaliges und einzigartiges ist. Kein Mensch und kein Schicksal lässt sich mit einem andern vergleichen; keine Situation wiederholt sich.[6]

3.2 Rational-emotive Therapie

Die rational-emotive Therapie versucht durch Reflexion und Nachdenken Probleme lösen zu helfen.

Bezeichnend für die rational-emotive Therapie (RET) ist ihre starke Betonung des Kognitiven. Menschliches Denken und Fühlen sind nach RET nicht voneinander zu trennen, sondern beeinflussen einander in beträchtlichem Ausmaß. Gestörte Emotionen wie Ängste, Niedergeschlagenheit und depressive Stimmungen können wir merklich ändern, indem wir die zu Grunde liegenden Kognitionen (= Denkmuster) entdecken und modifizieren. Eine solche Modifizierung kann dadurch erreicht werden, dass wir mit Nachdruck und Ausdauer die gestörten Emotionen diskutieren, erörtern, rekonstruieren und reflektieren.
RET-Therapeuten helfen den Patienten, diejenigen Überzeugungen, durch die sie sich selbst krank machen, zu verstehen. Die krank machenden Denkmuster haben meist die Form unrealistischer oder absoluter Erwartungen oder Ansprüche an die Welt und an das eigene oder anderer Leute Verhalten. Rationale Überzeugungen haben hingegen die Form realistischer Wünsche, Präferenzen und Vorlieben.
RET-Therapeutinnen fordern ihre Patienten immer wieder dazu auf, ihre Ideen zu überprüfen, und leiten sie zu eigenständigem Infragestellen und Diskutieren an. Sie beginnen mit einer logischen Analyse der irrationalen Überzeugungen ihrer Patienten und zeigen dann, wie und warum solche Überzeugungen im Gefühlsleben und

[6] Viktor E. FRANKL, Trotzdem Ja zum Leben sagen. Ein Psychologe erlebt das Konzentrationslager, München: Kösel 1977, S. 110ff. (Textausschnitte).

Humor trägt zur Selbsterkenntnis bei.

im Verhalten nicht zu wünschenswerten Ergebnissen führen. Sie lehren ihre Patienten, humorvoll zu werden und wissenschaftlich zu denken, sodass sie in Zukunft eigene Vorstellungen und Verhaltensweisen, die ihnen schaden, selbst erkennen, logisch analysieren und wirksam ausschalten können.[7]

3.3 Motivationstraining: Glück = Erfolg

Positives Denken und Fühlen versuchen so genannte Motivationstrainer/innen zu vermitteln, die bekanntesten sind Jürgen HÖLLER[8] und Ulrich STRUNZ: *Sag ja zum Erfolg, Forever Young, Wohlstand ohne Stress. Du schaffst es! Gib niemals auf! Sorge dich nicht – lebe!* Auf Motivationskongressen wird mit einer Multimedia-Show (Musik, Video, Laser etc.) dem Einzelnen ein Gefühl von Selbstmächtigkeit, Power und Stärke suggeriert. *Positives Denken und Individualität sollen Hühner zu Adlern machen.*

Günther ANDERS: „Wenn es Psychotherapeuten wagen, den Millionen, die sinnlos in Büros oder Fabriken oder als Arbeitslose vor Fernsehschirmen herumexistieren, einen Willen zum Sinn aufzuschwatzen, dann sind sie nicht besser, als es Staatsmänner wären, die den Hungernden einen Willen zum Sattsein empfehlen und ihnen weismachen würden, dieser Wille sei bereits das halbe Brot, mit dem sie sich, wenn sie nur richtig wollten, unverzüglich sättigen könnten."

Jürgen HÖLLER sagt den Teilnehmern, sie seien in den Hühnerstall hineingeboren. Zu Hühnern habe man sie erzogen. In Wirklichkeit seien sie Adler. Der Hühnerstall ist die Gesellschaft, und Hühner sind schwach. Und die allermeisten Menschen seien Hühner. *Du* aber schaffst alles, wenn du nur willst, *Du* kannst ein Adler werden! Sprenge deine Grenzen. Denke nicht nach und du wirst reich. Motivationstrainer/innen versuchen, zweifelnde Individuen mit Power und Allmacht auszustatten, ihnen Selbstsicherheit zu vermitteln.

Kritiker/innen dieser Form von Motivationstraining betonen, dass verunsicherte Individuen in schamloser Weise – finanziell und psychisch – ausgenutzt werden.

- Verunsicherte Menschen werden zu einer völlig falschen Selbsteinschätzung verführt, was die Instabilität der Person verstärkt. Mit jedem scheinbaren Selbstbewusstsein geht ein hohes Maß von Empfindlichkeit einher. Der seelische Hintergrund ist kein gewachsenes Selbstgefühl, sondern ein labiles Selbstvertrauen auf Grund unkritischer Identifikation mit idealen Eigenschaften, die man gerne hätte, die jedoch illusorisch sind.
- Die Verunsicherung in der Identitätsfindung, die in der Diskrepanz zwischen Real-Selbst und Ideal-Selbst kumuliert, führt zu einer gestörten Autoritätsbeziehung, die psychischem Missbrauch durch Motivationstrainer und Gurus Tür und Tor öffnet.[9]

[7] Vgl. Albert ELLIS, Rational-emotive Therapie. In: Christoph FEHIGE u. a. (Hg.), Der Sinn des Lebens, München: dtv 2000, S. 142f.
[8] Vgl. Christian SCHÜLE, Die Diktatur der Optimisten. DIE ZEIT, 25/2001.
[9] Vgl. Rudolf AFFEMANN, Starkult fängt im Kinderzimmer an, zitiert aus: H. FISCHER, Erziehungssituationen und Erziehungsprozesse, Düsseldorf: Cornelsen 1993, S. 117f.

AUFGABEN

1. Der Philosoph Günther ANDERS (1902–1992) kritisiert alle so genannten Sinn-Psychologen. Diese spüren bei ihren Mitmenschen das Gefühl der Sinnlosigkeit auf und behaupten, dieses Sinnlosigkeitsgefühl zu kurieren und dem Leben Sinn verleihen zu können. Trivialpsychologinnen und populistische Religionsphilosophen, neuerdings Motivationstrainer/innen, treten medienwirksam als Fachleute in Radio und Fernsehen auf und verkünden ihre Heilsbotschaften:
   - Jesus ist der Sinn des Lebens.
   - Du musst den Willen zum Sinn aufbringen, ihn selber suchen und finden. Jeder ist seines Sinnes Schmied.
   - Wenn wir nur einen rechten Willen zum Sinn aufbringen, haben wir das Ziel schon erreicht. Wo ein Wille ist, da ist ein Sinn.
   - Wer positiv denkt, hat alle Hindernisse schon übersprungen.

   a. Suchen Sie in den angeführten Heilsbotschaften logische Widersprüche.

   b. Versetzen Sie sich in die Lage einer/eines Arbeitslosen oder sozial Benachteiligten. Wie könnte es einem solchen Menschen ergehen, wenn er hört: *Der Wille zum Sinn ist das Brot zum Sattsein. Der Wille zum Sinn ist der Lottogewinn zum Reichtum. Der Wille zum Sinn ist die Garantie für einen neuen Job. Positives Denken ist die Garantie einer positiven Schularbeit.*[10]

2. Die Teilnehmer/innen befinden sich in der Mitte eines Raumes, der genug Bewegungsfreiraum bietet. Die Lehrperson oder eine Schülerin liest die Frage mit den vier Antwortmöglichkeiten vor; jeder Antwort wird jeweils eine Ecke des Raumes zugeordnet. Jedes Gruppenmitglied muss sich für jene Antwort = Raumecke, die ihm am ehesten entspricht, entscheiden. Wer sich gar nicht entscheiden kann, bleibt in der Mitte stehen. Nach der Entscheidung tauschen sich die TN jeder Ecke über ihre Gemeinsamkeiten aus. Auch einer allein kann eine Gruppe bilden. *Vorschläge zur Auswahl:*
   Wer ist (1) Einzelkind? (2) Sandwichkind? (3) Älteste oder (4) Jüngste?
   Wer verbringt seine Freizeit am liebsten mit (1) Sport? (2) Musik hören? (3) Fernsehen? (4) Freunden?
   Wer lernt zu Hause wöchentlich ca. (1) eine Stunde? (2) zwei Stunden? (3) drei Stunden? (4) mehr?
   Wer sieht täglich (1) weniger als eine Stunde fern? (2) eine Stunde? (3) zwei Stunden? (4) mehr?
   Wer ist (1) Raucher/in? (2) raucht heimlich? (3) raucht manchmal? (4) raucht gar nicht?
   Lieblingsspeisen – (1) Fleischspeisen? (2) Nudelspeisen? (3) Gemüse? (4) Fastfood?
   Welche Fernsehsendungen bevorzugst du? (1) Sportsendungen? (2) Krimis? (3) Soaps? (4) Talkshows?
   Wem vertraust du am meisten? (1) Lehrer/innen? (2) Richtern? (3) Ärztinnen? (4) Journalisten?
   Wer hört welche Musik am liebsten? (1) Heavymetal? (2) Hip hop? (3) Pop und Rock? (4) Klassik?
   Wofür verwendest du den PC? (1) Spiele? (2) Referate? (3) Chatten und Surfen? (4) Downloaden?

3. Gehen Sie in eine Buchhandlung oder recherchieren Sie im Internet „Ratgeber". Lesen Sie die Klappen- und Werbetexte. Schreiben Sie anschließend einen inneren Monolog einer Person, die sich von solchen Ratgebern Änderungen für ihr Leben verspricht.

[10] Vgl. Günther ANDERS, Die Antiquiertheit des Menschen. Band 2, München: Beck 1980.

4 Flow

Der in den USA lehrende Psychologe Mihaly CSIKSZENTMIHALYI beschäftigt sich in seinen umfangreichen empirischen Studien mit der Frage „Was ist ein gutes, glückliches Leben?".[11] CSIKSZENTMIHALYI geht von drei Grundannahmen aus:

1. In der Vergangenheit haben Dichter/innen sowie Philosophinnen und Philosophen wichtige Wahrheiten entdeckt, die für den Fortbestand der Menschheit von entscheidender Bedeutung sind. Diese Wahrheiten müssen zwar von jeder Generation aufs Neue entdeckt und interpretiert werden, aber diesen Vorrat an Gedanken zu ignorieren, wäre ein Akt kindischen Selbstbetrugs.
2. Die Menschheit bezieht ihre wichtigsten Informationen aus der Wissenschaft. Unsere Wissenschaften bringen jedoch ebenso viele abergläubische Vorstellungen und Missverständnisse zu Tage wie die Mythen der Alten. Bei allem kritischen Vorbehaltsdenken sollten wir jedoch nicht außer Acht lassen, dass die Wissenschaft den verlässlichsten Spiegel der Wirklichkeit darstellt. Diesen Sachverhalt sollten wir akzeptieren.
3. Wer verstehen möchte, was zum *richtigen Leben* gehört, sollte auf die Stimmen der Vergangenheit hören. Aber: In der Vergangenheit liegt keine Rettung, und die Gegenwart hält auch keine Lösungen bereit, imaginäre Zukunftssprünge sind noch weniger nützlich. Die einzige Chance zu entdecken, worauf es im Leben ankommt, liegt in dem geduldigen und behutsamen Bemühen, die reale Vergangenheit und die mögliche Zukunft zu verstehen.

4.1 Wahrnehmungsverarbeitung

Bei allen Menschen zu jeder Zeit gibt es Fakten der Lebenserfahrung, die sich sehr ähneln. Die Kreisläufe von Ausruhen und Schlafen, produktivem Tun, Konsumieren und Interagieren sind durch die Evolution ebenso determiniert wie unsere Sinneswahrnehmungen *Sehen, Hören etc.* Da unser Nervensystem auf Grund seines Aufbaus in ein und demselben Augenblick nur eine geringe Informationsmenge verarbeiten kann, vollzieht sich alles Erleben seriell: Eine Erfahrung folgt der anderen; wir können nur einen Bissen nach dem anderen schlucken, nur einem Lied zuhören, nur ein Buch lesen, nur ein Gespräch führen. *So sorgen die Beschränkungen bezüglich der Aufmerksamkeit, die bestimmt, welche Menge an psychischer Energie uns für das Erleben*

[11] Vgl. Mihaly CSIKSZENTMIHALYI, Lebe gut. Wie Sie das Beste aus Ihrem Leben machen, München: dtv 2001.

der Welt zur Verfügung steht, für ein festes Drehbuch, nach dem wir leben. Das Handeln der Menschen und die dafür aufgewendete Zeit bleiben im Verlauf der Geschichte und in unterschiedlichen Kulturen erstaunlich gleich, wenngleich es natürlich in den konkreten Ausformungen Unterschiede gibt.
Leben heißt, etwas durch Handeln, Fühlen und Denken zu erfahren. Da Erfahrungen in der Zeit stattfinden, ist die Zeit unsere knappste Ressource. Trotz der oben angeführten Einschränkungen, die in der menschlichen Natur liegen, bleibt ein Freiraum für ganz persönliche Entscheidungen, und deshalb sind wir in gewisser Weise Herr über unsere Zeit. Was also fangen Menschen mit ihrer Zeit an?
Nach Ansicht vieler Anthropologen verbringen erwachsene Männer in den technisch am wenigsten entwickelten Gesellschaften, beispielsweise Stammesangehörige in den brasilianischen Urwäldern oder in den afrikanischen Wüsten, kaum mehr als vier Stunden am Tag damit, ihren Lebensunterhalt zu bestreiten – die übrige Zeit verbringen sie mit Ausruhen, Plaudern, Singen und Tanzen, oder ganz einfach mit Tagträumen. Hingegen war es vor etwa hundert Jahren in westlichen Gesellschaften durchaus üblich, dass die Belegschaften in den Fabriken zwölf Stunden oder mehr arbeiteten. Der achtstündige Arbeitstag, der derzeit die Regel ist, liegt demnach zwischen diesen beiden Extremen.

Anthropologie = Wissenschaft vom Menschen und seiner Entwicklungsgeschichte

4.2 Flow-Erlebnisse

Wir können uns jede Form von Aktivität vorstellen, in einem Chor singen, einen Computer programmieren, tanzen, Karten spielen oder ein Buch lesen, ein mathematisches Problem lösen, jemandem beim Lernen helfen, intensiv studieren – gemeinsam ist solchen Momenten, dass das Bewusstsein voller Erlebnisse ist, die sich miteinander im Einklang befinden. Im Unterschied zu dem, was uns allzu oft im Alltag widerfährt, dass wir etwas tun, aber mit den Gedanken ganz woanders sind, befinden sich bei Flow-Erlebnissen unser Fühlen, unser Wollen und Denken in diesen Augenblicken in Übereinstimmung. Mit der Metapher des *Flow* wird das Gefühl mühelosen Handelns beschrieben, das sich in Augenblicken einstellt, die im Leben als besonders schön herausragen. Das Glück, das im *Flow* erfahrbar wird, haben wir selbst verursacht.

Voraussetzung für Flow-Erlebnisse sind Ziele und soziale Interaktion. Fehlen Ziele und andere Personen, mit denen man sozial interagieren kann, verlieren die meisten Menschen allmählich ihre Motivation und ihre Konzentration. Ihre Gedanken beginnen sich zu zerstreuen und richten sich auf Angst auslösende Probleme.

Vermutlich ist das Fernsehen, das im Durchschnitt von allen Freizeitbeschäftigungen die meiste psychische Energie beansprucht, die neueste Tätigkeitsform in der Erfahrung des Menschen. Nichts, was Männer und Frauen während der Jahrmillionen der Entwicklungsgeschichte bisher getan haben, war so passiv und suchtfördernd unter dem Aspekt, wie leicht es die Aufmerksamkeit des Menschen anzieht und gefangen hält.

Um diesen nicht wünschenswerten Zustand zu vermeiden, sucht die betreffende Person Zuflucht zu Strategien, die die Ursachen der Angst aus dem Bewusstsein verbannen sollen. Dies kann durch Fernsehen oder durch die Lektüre trivialer Literatur, durch Spielsucht oder Drogensucht geschehen.
Dies sind schnelle, leichte Wege, die das Chaos im Bewusstsein zwar kurzfristig verringern, gewöhnlich aber nur das Gefühl einer teilnahmslosen Unzufriedenheit hinterlassen.
Charakteristisch für Flow-Erlebnisse ist, dass Aktivitäten auf eindeutige Ziele ausgerichtet sind, klaren Regeln folgen und dass es sofortige Rückmeldungen gibt – also eine Reihe von Anforderungen, die von außen kommen und die unsere Aufmerksamkeit konzentrieren und unser Können herausfordern. Wenn man seine Freizeit nutzt, sind die Voraussetzungen für Flow vorhanden. Einfach nur über freie Zeit zu verfügen, ohne dass man sich einer bestimmten Aufgabe widmet, führt zu seelischer Entropie, bei der man sich lustlos und apathisch fühlt.

Entropie = (hier) Ungewissheit, Ratlosigkeit

Motivation – Zielsetzungen
⇩
realisierbare Ziele
⇩
Aktivitäten mit hohen Anforderungen, die große Fähigkeiten erfordern
⇩
Flow (Erlebnisse, die die Fähigkeiten ausreizen)
⇩
auf Flow basierendes Glück = Ordnung im Bewusstsein
(Unglück = Chaos im Bewusstsein)

4.3 Flow steigert Lebensqualität

Flow (= Erlebnisse mit hohen Anforderungen, die große Fähigkeiten erfordern) steigert die Lebensqualität und führt zu dem, was man als Glück bezeichnet. Jugendliche, die ihre Freizeit mehr mit Lernen oder anderen Aktivitäten und weniger mit passiver Freizeitgestaltung verbrachten, berichteten über mehr Flow-Erlebnisse; zudem lag das Niveau von Konzentration, Selbstachtung, Freude und Interesse bei ihnen signifikant höher als bei Jugendlichen mit wenig Flow-Erlebnissen.
Normalerweise wird die Aufmerksamkeit durch genetische Steuerungen, soziale Konventionen und in der Kindheit erlernte Gewohnheiten gelenkt. Daher sind nicht wir es, die entscheiden,

was wir wahrnehmen und welche Informationen unser Bewusstsein erreichen. Die Folge ist, dass unser Leben in keiner sinnvollen Bedeutung uns gehört; das meiste von dem, was wir erleben, ist bereits festgelegt. Im Laufe der Zeit wird unser Erleben dem Drehbuch folgen, das Biologie und Kultur für uns geschrieben haben. Es gibt nur einen Weg, sein Leben in die eigene Hand zu nehmen – zu lernen, wie wir unsere psychische Energie in Übereinstimmung mit unseren Absichten lenken können. Der spanische Philosoph Fernando SAVATER fasst es in eine einfache Formel: *Tu, was du willst!*

> Was will ich dir sagen mit dem *Tu, was du willst* als grundlegendem Motto dieser Ethik, an die wir uns herantasten wollen? Ganz einfach – auch wenn es dir schwer fallen wird: Du musst dich befreien von Befehlen und Gebräuchen, von Belohnung und Strafe, kurz von allem, was dich von außen lenken will, und du musst diese ganze Angelegenheit aus dir selbst heraus, aus deinem Gewissen und freien Willen entwickeln. Frage niemanden, was du mit deinem Leben anfangen sollst: Frage dich selbst.[12]

AUFGABEN

1. Unter *Kick* versteht man den schnellen Adrenalinstoß, das spontane Risiko, das kurzzeitige Steigern des Selbstwertgefühls. Unter *Flow* versteht man eine Erlebnistiefe, das Aufgehen in einer Tätigkeit, das Verschmelzen von Handlung und Bewusstsein. Zum Flow kann man bei jeder aktiven Tätigkeit kommen: beim Laufen, Lesen, Kochen, Küssen, Lernen.
   Diskutieren Sie folgende Fragen:
   - Worin liegt der Unterschied zwischen „Glück haben" und „glücklich sein"?
   - Was verstehen Sie unter „geglücktem" Leben?
   - Ordnen Sie die folgenden Tätigkeiten den angeführten Möglichkeiten zu:

	Kick	Flow	Angst	Langeweile
Vokabeln lernen	○	○	○	○
lesen	○	○	○	○
saufen	○	○	○	○
diskutieren	○	○	○	○
Computer spielen	○	○	○	○
Zimmer aufräumen	○	○	○	○
snowboarden	○	○	○	○
nichts tun	○	○	○	○

[12] Fernando SAVATER, Tu, was du willst. Ethik für die Erwachsenen von morgen, Weinheim: Beltz 2001.

2. Womit verbringen wir unsere Zeit? Fügen Sie die Prozentzahlen ein.

Produktive Tätigkeiten

Beruf, Schule oder Studium ______ %
Reden und Träumen während der Arbeit ______ %

Erhaltende Tätigkeiten

Hausarbeit (Kochen, Putzen, Einkaufen) ______ %
Essen ______ %
Körperpflege (Waschen, Anziehen etc.) ______ %
Auto fahren, Bus fahren, Rad fahren ______ %

Freizeitaktivitäten

Medienkonsum (Fernsehen) ______ %
Hobbys, Sport, Kino, Restaurant ______ %
Gespräche, Geselligkeit ______ %
Muße, Ausruhen[13] ______ %

3. Fügen Sie Tätigkeiten ein, die bei Ihnen Flow, Apathie etc. bewirken.[14]

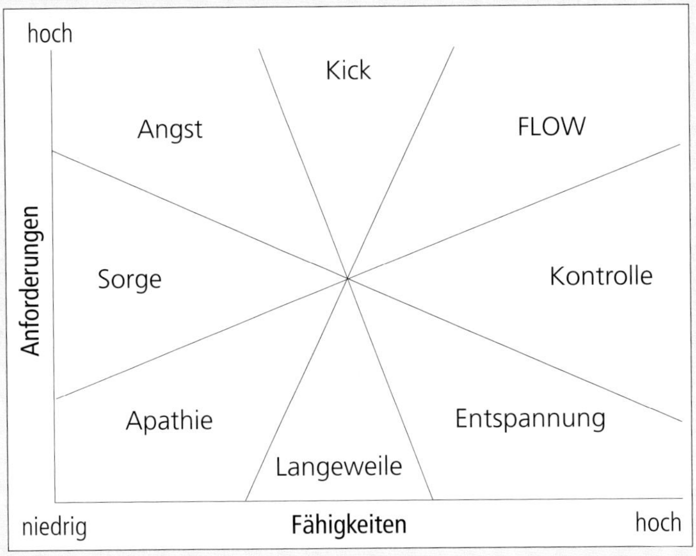

Flow = hohe Anforderungen, große Fähigkeiten

Entspannung = niedrige Anforderungen, große Fähigkeiten

Apathie = niedrige Anforderungen, geringe Fähigkeiten

Angst = hohe Anforderungen, niedrige Fähigkeiten

alle anderen entsprechend mittelwertig

Kick = Erregung

[13] Quelle: Mihaly CSIKSZENTMIHALYI, Lebe gut. Wie Sie das Beste aus Ihrem Leben machen, München: dtv 2001, S. 22.
[14] Quelle: Mihaly CSIKSZENTMIHALYI, Lebe gut, a. a. O., S. 47.

5 Philosophen und das Glück

ARISTOTELES (4. Jh. v. Chr.)

Für ARISTOTELES war die *Eudaimonia* (Glückseligkeit) das, wonach jede/r strebt, weil sie einen Selbstzweck darstellt, der nicht um eines anderen willen begehrt wird. Weil der Mensch ein *animal rationale* ist, erreicht er die Glückseligkeit nur, wenn er das ihm eigene Vermögen, eben die Vernunft, betätigt. Die Eudaimonia ist eine spezifische Tüchtigkeit (Tugend) des Menschen, die nur im Rahmen einer Gemeinschaft erreicht werden kann, die dem Menschen die Ausbildung seiner Tugenden, wie z. B. Gerechtigkeit und Klugheit, ermöglicht. Glückselig ist also, wer innerhalb der Polisgemeinschaft die von Natur aus in ihm liegenden Tugenden entfaltet. ARISTOTELES gab auch sehr konkrete Orientierungshilfen für ethisch relevante Entscheidungen:

- Ethische Entscheidungen müssen freiwillig, also ohne Zwang geschehen; sie müssen von der Vernunft geleitet sein und ein Ziel verfolgen.
- Ziel jeder Handlung ist ein Gutes, das von einem Individuum wegen der Eudaimonia angestrebt wird.
- Jede/r Einzelne muss selbst moralische Entscheidungen in Übereinstimmung mit der sie oder ihn umgebenden Gemeinschaft treffen. Zur Orientierung soll man die Theorie des Mittelwegs benutzen. Die goldene Mitte zeigt uns einen Orientierungsrahmen, weil nach ARISTOTELES das der Natur Entsprechende die richtige Mitte zwischen zwei negativen Extremen ist. Die richtige Mitte finde ich in Übereinstimmung mit meiner Umgebung (vernünftig, freiwillig): Moralische Einzelurteile sind dabei grundlegend, alle allgemeinen Regeln werden von den Einzelurteilen abgeleitet.
- Ethische Tugenden sind durch die Mitte zwischen zwei falschen Extremen bestimmt: Tapferkeit ist die Mitte zwischen Feigheit und Tollkühnheit; Großzügigkeit ist die Mitte zwischen Geiz und Verschwendung.

Die goldene Mitte ist kein statistischer Mittelwert, sondern ein Orientierungsrahmen. Bei einem Bergsteiger liegt beispielsweise der Mittelwert der Tapferkeit woanders als bei einem Spaziergänger mit Höhenangst.

EPIKUR

EPIKUR gilt als Vertreter des Hedonismus, allerdings meint er damit nicht Genuss um jeden Preis. EPIKUR definierte die Lust lediglich als das Freisein von Unlust. Wer im Leib keine Schmerzen und in der Seele keine Furcht spürt, hat die in sich selbst ruhende Lust erreicht. Ein solcher Zustand macht die Suche nach äußeren Lustempfindungen überflüssig. Maßstab für ein gelingendes Leben ist also das Freisein von Unlust. Während der Zustand physischer Schmerzfreiheit am besten durch eine strategische Reduktion auf

EPIKUR (341–270 v. Chr.) empfahl, sich von der Politik fern zu halten, um Seelenruhe zu ermöglichen.

die notwendigen Bedürfnisse erreichbar ist, kann die Seelenruhe (Ataraxia) am günstigsten durch den Sieg über die Furcht vor dem Tod und die Furcht vor den Göttern verwirklicht werden. Wichtigstes Ziel der epikureischen Philosophie ist die Befreiung des Menschen von seinen Ängsten.

Die Stoiker

Lucius Annaeus SENECA (4 v. Chr.–65 n. Chr.) war ein bedeutender Vertreter des Stoizismus.

Die Stoiker (benannt nach ihrem Versammlungsort *Stoa* = Säulenhalle) knüpften mit ihrem Glückskonzept unmittelbar an ARISTOTELES an und lehnten die Lust zu Gunsten der Tugend als Lebensprinzip ab. Als glückselig gilt nach stoischer Auffassung, wer gemäß der Natur lebt (secundum naturam vivere). Da die Natur durch eine göttliche Vernunft (Logos) bestimmt wird, heißt dies „vernünftig und im Einklang mit der kosmischen Ordnung leben". Vernünftig wiederum lebt nur, wer die Tugend zum Maßstab seines Handelns macht und seine Leidenschaften und Begierden zurückdrängt. Frei von Affekten wird der Mensch gleichgültig gegenüber dem, was ohnehin nicht zu ändern ist, z. B. naturbedingte Übel. Das stoische Lebensideal besteht somit in der Freiheit, sowohl vom äußeren Geschick unabhängig zu sein als auch den persönlichen Leidenschaften und Wünschen (apathia) zu widerstehen.

Tiefenpsychologie

Für FREUD bedeutete Glück die Befriedigung der Libido. Ganz im hedonistischen Sinn war für ihn das Lustprinzip die entscheidende Antriebsenergie, aber diesem aus dem Unbewussten (Es) kommenden Streben steht die Realität, besonders in Form von Kultur und Religion, entgegen und nötigt zu dauernden Kompromissen. Dem Realitätsprinzip zur Geltung zu verhelfen, ist Aufgabe des bewussten Seelenteils (Ich). Von daher ist Glück nur insoweit möglich, als der oder die Einzelne ein spezifisches Arrangement mit der Wirklichkeit trifft und das Maß der individuellen Libidoökonomie findet. Bevorzugter Bereich der Glücksgewinnung, aber auch Glücksverfehlung ist dabei die Sexualität. Hier kann Lust in einer auf den anderen bezogenen Weise erfüllend erfahren werden. Glückserfahrungen sind auch im Dasein für andere möglich, solange die eigene Libido dabei Befriedigung findet und Nächstenliebe nicht nur auf Grund des christlichen Gebotes praktiziert wird.

repressiv = hemmend, unterdrückend

Ähnlich wie FREUD stellt auch FROMM die repressiven Züge der modernen Kultur in den Vordergrund. Jedoch schätzte er die Möglichkeiten der Glücksgewinnung innerhalb dieser Kultur optimistischer ein. Es gilt, sich von der Fixierung der Bedürfnisse auf den Bereich der Konsumption zu lösen und ein freies, selbstbestimmtes Verhältnis zur Natur und zu den anderen Menschen zu gewinnen.

Konsumption: Verbrauch von Gütern und Dienstleistungen

Neuere Ansätze

Schon Aristoteles hatte festgestellt, dass Glück nicht dadurch erreicht wird, dass man glücklich sein will. Glück stellt sich allenfalls als Begleiterscheinung von gelungenen Handlungen oder erfüllenden Momenten ein. Diese psychologische Einsicht in den Mechanismus der Glücksgewinnung liegt fast allen neueren Glückstheorien zu Grunde. Auch kommen fast alle modernen Ansätze zu dem Schluss, dass ein bloß hedonistischer Glücksbegriff ebenso unzureichend ist wie ein Glückskonzept, das ohne Lustempfindungen auskommt.
Auf der Seite der Psychologie wird diese Auffassung sowohl von Abraham Maslow als auch von Mihaly Czikszentmihalyi vertreten. Czikszentmihalyi betonte, dass sich positive Erfahrungen im Allgemeinen als Begleitgefühl von freiwilligen Handlungen einstellen, mit denen man etwas Schwieriges und Wertvolles – zumeist gegen Widerstände – erreicht hat. Solche Erfahrungen fördern langfristig die Fähigkeit zur Selbstkontrolle, in welcher wiederum die Basis für Glück und Zufriedenheit mit seinem Leben liegt.
Der humanistisch orientierte Psychologe Maslow ortete Glück im Kontext der Hierarchisierung von Bedürfnissen. Auf der höchsten Stufe der Bedürfniserfüllung fällt Selbstverwirklichung mit Selbstlosigkeit zusammen.
Neueste philosophische Ansätze gelangen mittels der Analyse des Glücksbegriffs zu ähnlichen Einsichten wie die psychologischen Theorien. So betont Robert Spaemann die Bedeutung der Realität für wirkliche Glückserfahrung. Wüsste der Einzelne unterschwellig, dass all seine positiven Lustempfindungen nur auf einer Illusion beruhen, die die Wirklichkeit mit ihren Gefährdungsmomenten und Widerständen ausblendet, wäre auch kein wahrhaftes Glück möglich. Denn nur an einer Wirklichkeit, die uns Widerstand leistet, können wir unsere Kräfte entwickeln. Jede tiefere Freude im Leben hängt aber mit der Entwicklung von Kräften und Fähigkeiten zusammen.
Letztlich bleibt die Frage: Ist es der Sinn des Lebens, sich so gut wie möglich zu vergnügen (Hedonismus) oder durch Anstrengung Glück und Zufriedenheit zu suchen (Eudaimonismus)?
Es scheint ein Paradoxon des Hedonismus zu sein, dass unser Glück meist ein Nebenprodukt des Strebens nach etwas anderem ist. Wir erlangen offenbar das Glück nicht dadurch, dass wir

Paradoxon = Widerspruch

unseren Blick allein auf dieses richten. Es scheint eher so zu sein, dass sich durch bestimmte Aktivitäten im menschlichen Leben als *Nebenprodukt* Glück einstellt, z. B.:

- sich verlieben, heiraten, mit jemand anderem ausprobieren, was das Leben zu bieten hat; Kinder bekommen, sie beim Heranwachsen beobachten und fördern;
- arbeiten und im Beruf Befriedigung erfahren; Musik hören, Bilder anschauen, Bücher lesen;
- Pläne schmieden und sie in die Tat umsetzen; sich bemühen, gemäß den eigenen Absichten und Zielen etwas aus seinem Leben zu machen; durch jahrelange Übung und Fleiß sportliche, künstlerische oder wissenschaftliche Erfolge anstreben.

Philosophen	Ansichten zum Glück
PLATON	Glück ist die Unabhängigkeit von äußeren und inneren Zwängen.
ARISTOTELES	Alle Handlungen und Anstrengungen des Menschen verfolgen letztendlich das Ziel, glücklich zu werden.
EPIKUR	Glück ist die Abwesenheit von Schmerz, Unlust und Angst.
Stoiker	Nur ein tugendhaftes Leben kann zum Glück führen. Zu einem tugendhaften Leben gehören: seine Möglichkeiten entfalten, durch Leidenschaftslosigkeit Seelenruhe finden.
Arthur SCHOPENHAUER	Glück findet der Mensch dann, wenn er seinen Egoismus überwindet und sich im Mitgefühl verwirklicht.
Abraham MASLOW	Der Mensch durchläuft einen Prozess, von der Erfüllung der Grundbedürfnisse wie Essen und Trinken bis hin zur Selbstverwirklichung.
Mihaly CZIKSZENTMIHALYI	Glück stellt sich als Nebenprodukt einer Handlung ein, die hohe Anforderungen und große Fähigkeiten verlangt (= Flow).
Robert SPAEMANN	Nur realistische Zielsetzungen führen zum Glück.

Wissens-Check zu Kapitel 2

Sinn – Grenze – Ende

Sinnfragen sind immer mit dem *Wozu* einer Tätigkeit verknüpft. Wir konzentrieren uns auf ein Ziel. Solange wir aktiv dieses Ziel anstreben und beim Vorwärtsschreiten auch Erfolg haben, gibt es kein Sinnproblem. Wenn wir aber über unser Ziel nachdenken, könnte es uns so ergehen wie *Sisyphos* – letztlich birgt jeder menschliche Entwurf das Erreichen einer Grenze in sich: Ziel ist somit immer auch Grenze oder Ende.

Albert **Camus**: Das Absurde

Die schmerzliche Bewusstheit der Grenze hat der französische Schriftsteller und Philosoph Albert Camus im Mythos des Sisyphos verdeutlicht, seine existenzphilosophische Erkenntnis:

- Der Mensch muss sich vom Streben nach Illusionen verabschieden und sein Leben im Hier und Jetzt verwirklichen.
- Das Einzige, was der Mensch zur Verfügung hat, ist die Absurdität seiner Existenz: Die Vorstellung, dass alles einen Sinn hat, wird durch das Absurde Lügen gestraft. Der Mensch, der die Absurdität seiner Existenz erkennt, begreift, dass die Freiheit nicht existiert, dass der Tod die einzige Realität ist – der Mensch ist ein endliches Wesen.
- Gleichzeitig begreift der absurde Mensch auch: *Je mehr ich hoffe, je mehr ich mein Leben ordne, umso mehr Schranken schaffe ich, in die ich das Leben einzwänge. Das Absurde klärt mich über diesen Punkt auf: Es gibt kein Morgen – das ist die Begründung meiner tiefsten Freiheit.*

Der absurde Mensch lebt bewusst.

Viktor **Frankl**: Der Wille zum Sinn muss stimuliert werden.

Nach Viktor Frankl ist es am wichtigsten, den Willen zum Sinn zu stimulieren und dem Menschen konkrete Sinnmöglichkeiten anzubieten. Es ist lebenswichtig, auf ein Ziel zuzusteuern. *Wer ein Wozu zu leben hat, erträgt fast jedes Wie.* Deshalb wendet sich die Logotherapie auch an den Willen zum Sinn und versucht, ihn hervorzurufen, wann immer er im Unbewussten verborgen ist oder unterdrückt wird.

Moritz **Schlick**: Der größte Sinnkiller – die Zwecke

Der österreichische Philosoph Moritz Schlick sieht als größten Sinnkiller die Zwecke: Alles und jedes wird auf Zwecke ausgerichtet, alles wird instrumentalisiert. Der Mensch setzt sich Ziele, und während er diese verfolgt, beflügelt ihn die Hoffnung. Ist aber das Ziel erreicht, so folgt, nachdem das erste Triumphgefühl verraucht ist, unausweichlich eine Stimmung der Unzufriedenheit. Eine Leere bleibt zurück. Leben bedeutet Bewegung und Handeln, und wenn wir einen Sinn in ihm finden wollen, so müssen wir nach Tätigkeiten suchen, die ihren Zweck und Wert in sich tragen. Dieses Aufgehen in Tätigkeiten – ohne primären Zweck – nennen moderne Glücksforscher „Flow".

Kapitel 3: Gemeinschaft und Visionen

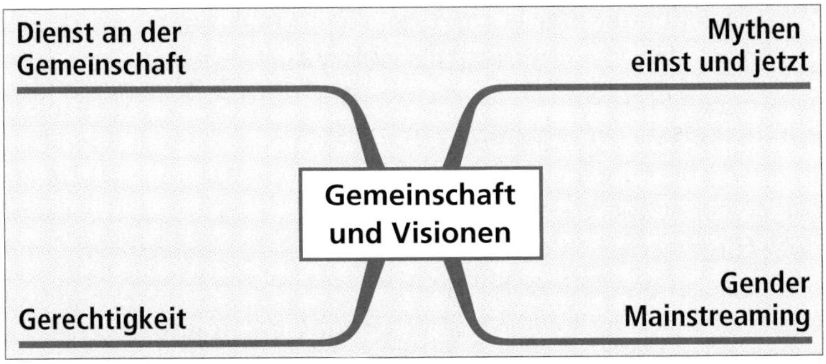

1 Mythos und Sehnsucht

Mythen aller Kulturen drücken in sprachlicher Form – zunächst mündlich, dann schriftlich fixiert – Wünsche und Sehnsüchte, Ängste und Neugier der Menschen aus.

- Der Götterhimmel symbolisiert den Wunsch nach Ordnung (= Kosmos) und hierarchischen Strukturen;
- Helden wie Odysseus verkörpern die Neugier des Menschen, seinen Forscherdrang; Helden zeigen mit ihren Taten, welche Gefahren und Chancen der Mensch ausreizen kann, wenn er an die Grenzen seiner Möglichkeiten geht.

Odysseus als Symbol für Neugier und Forscherdrang: Um den betäubenden Gesang der Sirenen hören zu können, ließ er sich an den Schiffsmast anbinden.

Mythos kommt aus dem Griechischen und bedeutet *Wort, Rede, Geschichte, Fabel, (sagenhafte) Erzählung, Götter- und Heldensage.* Er gilt als die älteste Form – in einer vorschriftlichen Kultur –, über Gottheiten zu sprechen.[1] Die Existenz der Welt und des Menschen wird auf das Handeln von göttlichen Wesen zurückgeführt.

Eine bekannte Personifizierung von Naturgewalten ist Zeus. Blitz, Donner und Regen erinnern an die ursprüngliche Naturgottheit.

Mythen hatten zunächst die Aufgabe, den Menschen die Welt mit ihren rätselhaften Phänomenen in bildhafter Form zu erklären. So wurden Götter und Helden zu den Verursachern des Unerklärlichen erkoren: Die Welt wurde so durchschaubar gemacht, dass komplexe Verstrickungen auf einfache Erklärungsmuster reduziert und „geheimnisvolle" Naturerscheinungen in Form von Personifizierungen erklärt wurden.

aitiologisch = begründend, die Ursachen betreffend

Ein bekanntes Beispiel für einen so genannten aitiologischen Mythos findet sich in der griechischen Mythologie, nämlich der Wechsel der Jahreszeiten. So glaubten die Griechen, dass der Wechsel der

[1] Vgl. Verena KAST, Mythos, Traum, Realität. Wien: Picus 2000. S. 27.

Jahreszeiten von der Göttin Demeter verursacht sei: Ihre Tochter Persephone wurde von Hades, dem Gott der Unterwelt, geraubt. Persephone muss Hades heiraten, muss aber nicht das ganze Jahr in der Unterwelt verbringen, für zwei Drittel des Jahres darf sie an die Oberwelt. Aus Trauer über die Abwesenheit ihrer Tochter lässt Demeter das Land während der Zeit ihrer Abwesenheit unfruchtbar werden – es ist Winter in der Oberwelt. Kehrt die Tochter jedoch im Frühjahr zurück, beginnt der Vegetationszyklus mit dem Frühjahr neu.

Vor allem der griechische Mythos entsteht auf dem Boden des Polytheismus. Er erzählt meist von anthropomorphen Göttinnen und Göttern und ihren Beziehungskonflikten untereinander. Die Beziehungen zwischen Menschen und Göttern zeigen sich konkret in verschiedenen Riten und Opferhandlungen. Durch das Ritual versucht der Mensch, Einfluss auf das Verhalten der Götter zu nehmen. Die Götter wiederum sind empfänglich für die Einflüsse von Seiten der Menschen, weil sie darauf angewiesen sind, dass die Menschen an sie glauben, ihnen Opfergaben darbringen, einen Tempel bauen etc. Rituelle Opferhandlungen sind also für die Götter genauso wichtig wie der göttliche Segen für die Menschen. Jeder hat seine Rolle auszufüllen, die ihm die Weltordnung zugedacht hat.

antropomorph = in Gestalt von Menschen

Der Mythos gibt aber auch Antworten auf spezielle existentielle Fragen der Menschen:

- Die Auflehnung gegen Macht- und Abhängigkeitsstrukturen: Personifiziertes Symbol dafür ist Prometheus, der den Menschen das Feuer brachte, damit sie teilweise von den Göttern Unabhängigkeit erlangten.
- Das gesamte Spektrum menschlicher Destruktivität: Personifiziertes Symbol ist Medea, die – um sich an ihrem treulosen Gatten Jason zu rächen – ihre (und seine) Kinder umbringt.
- Das tiefe Empfinden für Gerechtigkeit und Humanität: Personifiziertes Symbol ist Antigone, die gegen den Befehl eines egoistischen Herrschers ihren Bruder bestattet und dadurch ihr Leben riskiert.

AUFGABEN

1. Welche Wünsche und Sehnsüchte sind Ihrer Meinung nach in den folgenden mythischen Personen bildhaft ausgedrückt?
   Prometheus, Herakles, Ikarus, Odysseus, Ödipus, Antigone
2. Welche Wünsche und Sehnsüchte sind Ihrer Meinung nach in Filmen wie *Herr der Ringe* oder *Troja* ausgedrückt?

1.1 Schöpfungsmythen aus Asien

Sehr viele Schöpfungsmythen beginnen mit dem Nichts oder dem Chaos, das als bedrohlich und verwirrend empfunden wird. Aufgabe und Inhalt jeder Schöpfung ist es, dieses Chaos oder das Nichts zu überwinden und in eine Ordnung umzuwandeln. Der Mensch kann nicht im Chaos leben; er will immer die organisierte Welt. Aus dem Chaos entsteht der Kosmos.
Im Rigveda der Hindu-Religionen findet sich folgender Schöpfungshymnus, der das Nichts als Urstoff umschreibt:

Am Anfang gab es weder Sein noch Nichtsein.
Es gab weder den Luftraum noch den Himmel darüber.
Worin waren sie gehüllt? Wo? In wessen Schutz?
Gab es da Wasser, ungreifbar und tief?
Es gab weder Tod noch Todlosigkeit;
von Nacht und Tag war kein Zeichen zu sehen.
Dieses Eine atmete ohne Atem, durch seinen eigenen
Impuls. Sonst war nichts anderes da.
Dunkelheit war da und alles war von Dunkelheit umhüllt,
und alles war Wasser, unterschiedslos. Dann kam das,
was verborgen war durch die Leere, das Eine, sich entfaltend,
sich bewegend, durch die Kraft der Askese, zum Sein.
Am Anfang erschien die Liebe,
die die erste Samenzelle des Geistes war.
Die Seher, die in ihren Herzen mit Weisheit suchen,
entdecken das Geheimnis von Sein und Nichtsein.
Eine gekreuzte Linie trennte das Sein vom Nichtsein.
Was wurde darüber beschrieben, was darunter?
Samenträger gab es da und machtvolle Gewalten,
Stoßen von unten und Vorwärtsbewegung von oben.
Wer weiß wirklich, wer kann wagen, es zu sagen?
Woher wurde es geboren?
Woher wurde diese Schöpfung entlassen?
Selbst die Götter kamen nach der Schöpfung Entstehen.
Wer also kann sagen, woher sie ins Sein kam?[2]

Ein *chinesischer Schöpfungshymnus* beginnt mit dem Chaos. Am Anfang gab es nichts als Chaos. Und das Chaos war wie ein Nebel und voller Leere. Plötzlich kam mitten in diesen Nebel ein farbiges Licht. Aus diesem Licht entstanden alle Dinge. Der Nebel teilte sich. Das Leichte stieg auf und bildete den Himmel, und das Schwere sank hinunter und bildete die Erde. Jetzt kamen

[2] Rigveda 10, 129.

vom Himmel und der Erde starke Kräfte. Diese beiden Kräfte verbanden sich und brachten Yin und Yang hervor. Das weibliche Yin und das männliche Yang, die beide ungeheuer stark sind, sich aber gegenseitig bedingen. Jede für sich würde die Welt mit ihrer Gewalt zerstören, und das Chaos würde wiederkommen. Zusammen gleichen sie sich aus und halten die Welt in Harmonie. Aus Yin und Yang entstand alles: Die Sonne entstand aus Yang, der Mond aus Yin. Die vier Jahreszeiten und die fünf Elemente – Wasser, Erde, Metalle, Feuer und Holz – gingen aus ihnen hervor. Und auch die Menschen und alle anderen Lebewesen.[3]

1.2 Schöpfungsmythen der Indianer

Zu Beginn der Welt war die Erde von Wasser bedeckt. Aber es gab auch schon Lebewesen. Sie hausten hoch oben über dem Regenbogen. Dort herrschte ein schreckliches Gedränge, und die Tiere meinten: Hier ist es zu eng für uns, wir brauchen mehr Platz. Auch waren sie neugierig auf die Wasserwelt und beschlossen, den Gelbrandkäfer hinunter zu senden. Er flog über die Wasseroberfläche, ohne festes Land zu entdecken, tauchte in die Fluten und kam mit einem Erdklumpen beladen hervor. Durch Zauberkraft dehnte sich dieser nach allen vier Himmelsrichtungen aus, bis eine große Fläche entstand, die wir Erde nennen. Mit Lederseilen an den heiligen vier Spitzen der Weltenden von einer unsichtbaren Macht befestigt, schwamm die Erde wie eine große Insel über dem Wasser. Die Seile hingen an der Himmelsdecke, die aus hartem Bergkristall bestand. Anfänglich war die Erde flach, weich und sumpfig. Da die Tiere aber möglichst bald auf ihr leben wollten, schickten sie immer wieder Vögel aus. Diese fanden jedoch nirgends festes Land, auf dem man sich niederlassen konnte. Sie kehrten zurück und meldeten, dass die Erde noch viel zu morastig sei.

Schließlich entsandten die Tiere den Großvater Bussard. Er flog über Sümpfe und Tümpel, dicht über dem Boden, und entdeckte endlich eine Stelle, wo die Erde zu trocknen begann. Dort ließen sich in späterer Zeit Cherokees nieder. Der lange Flug ermüdete den Bussard so sehr, dass er immer tiefer sank, bis seine Flügel schließlich hier und da den Boden streiften. An solchen Stellen entstanden Täler, und dort, wo die Flügel morastigen Grund zusammenfegten, bildeten sich Berge. Die Tiere sahen das und sagten zueinander: Wenn er so weitermacht, wird die Erde nur noch aus Gebirgen bestehen. Deshalb riefen sie ihn zurück. Es dauerte noch lange, bis die Erde derart trocken war, dass die Tiere sie betreten

[3] Vgl. Sergius Golowin, Die großen Mythen der Menschheit, Freiburg: Herder 1998.

konnten. Noch immer war es dort pechfinster; es gab weder Sonne noch Mond. *Lass uns die Sonne holen, die sich hinter dem Regenbogen versteckt!* riefen die Tiere, zogen sie auf die Erde herunter und befahlen ihr, sich von Osten nach Westen zu bewegen.
Nach der Erschaffung von Pflanzen und Tieren schuf die unsichtbare Macht einen Mann und diesem eine Schwester. Der Mann stach die Frau mit einem Fisch und hieß sie, ein Kind zu gebären. Nach sieben Tagen gebar sie das Kind, und nach weiteren sieben Tagen ein zweites. Danach brachte die Frau alle sieben Tage ein Kind zur Welt, bis die unsichtbare Macht befürchtete, dass die Menschen auf der Erde zu zahlreich würden. Da bestimmte die unsichtbare Macht, dass eine Frau nur einmal im Jahr ein Kind gebären sollte.[4]

1.3 Schöpfungsmythen der Griechen

Im griechischen Kulturkreis berichtete HESIOD, ein Zeitgenosse HOMERS, über die Entstehung der Menschen. Nach HESIOD stand bei der Entstehung der Welt am Anfang das *Chaos*. Das Chaos (gähnende Leere) gebar zuerst *Erebos* (Dunkelheit) und *Nyx* (die Nacht). Dann entstand die breite und feste Erde, *Gaia*, sie ist der Ursprung allen Lebens. Gaia steht für Fruchtbarkeit: Diese Muttergottheit wurde als Symbol der Fruchtbarkeit mit üppigen Brüsten und übermäßig breiten Hüften dargestellt. Gaia tauchte aus dem Chaos hervor und gebar *Uranos* (das Himmelsgewölbe). Aus der Verbindung von Uranos und Gaia gingen die *Titanen* (Kronos, Atlas, Prometheus) und die *Kyklopen* (einäugige Riesen) hervor.

Prometheus (= der Vorausdenker)
Epimetheus (= der im Nachhinein denkt)

Prometheus war in der griechischen Mythologie der Wohltäter der Menschen. Dafür wurde er immer wieder von *Zeus* bestraft. In ältester Zeit gab es noch keine Menschen. Die Götter beschlossen, Wesen (Menschen und Tiere) zu schaffen, die die Erde bewohnen sollten. Zeus gab dem Titanen *Prometheus* und seinem Bruder *Epimetheus* den Auftrag, den Lebewesen auf der Erde Eigenschaften und Fähigkeiten zu verleihen. Epimetheus bat Prometheus, diese Aufgabe allein übernehmen zu dürfen. Da er aber – wie der Name schon sagt – nicht sehr klug war, vergab er alle Fähigkeiten und überlebensnotwendigen Dinge an die Tiere. Die Menschen ließ er nackt und schutzlos zurück. Um diesen Mangel auszugleichen, stahl Prometheus von *Athene* die Klugheit und von *Hephaistos* das Feuer. Zeus wurde darüber zornig und ließ Prometheus im Kaukasus an einen Felsen schmieden.

[4] Vgl. Amina AGISCHEWA/Ernst SCHWARZ (Hg.), Die Heilige Büffelfrau. Indianische Schöpfungsmythen, München: Goldmann 1998.

Eine zweite Geschichte erzählt die Entstehung von Mann und Frau. Ursprünglich gab es keine Trennung Himmel – Erde, Götter – Menschen, Mann – Frau. Eines Tages kam zu Epimetheus eine wunderschöne Frau namens *Pandora*; sie brachte eine Büchse mit, in der sich alle für das menschliche Leben charakteristischen Übel befanden – Leid, Krankheit, Betrug etc. Die beiden öffneten die Büchse, und alle Übel konnten entweichen, mit Ausnahme der bösen Vorahnung. Nun war der Mensch mit allem, was man als *Conditio humana* bezeichnet, konfrontiert – das Wissen um zukünftige Übel blieb ihm allerdings erspart.

Pandora (= von den Göttern mit allem beschenkt)

Unter *Conditio humana* versteht man die zum Menschsein gehörenden Bedingungen, also auch Leid, Krankheit etc.

Eine andere Geschichte zur Erschaffung des Menschen findet sich bei PLATON.

> Die Götter haben die Lebewesen aus Erde geformt; die verschiedenen Fähigkeiten sollten von Prometheus aufgeteilt werden; dieser überließ jedoch die Aufteilung seinem Bruder Epimetheus. So wurden alle Lebewesen entsprechend gut ausgestattet; die einen mit Schnelligkeit, die anderen mit Krallen und Zähnen zu ihrer Verteidigung, alle jedoch mit Fellen oder Federn, um in der Natur überleben zu können; nur für die Ausstattung des Menschen blieben keine Fähigkeiten übrig. Um das Überleben zu sichern, stahl Prometheus für die Menschen das Feuer, wodurch sie in der Lage waren, das Nötigste herzustellen. Ein Leben in der Gemeinschaft war jedoch zunächst nicht möglich. Die Menschen lebten anfangs verstreut; Städte gab es nicht. Also wurden sie von den wilden Tieren zu Grunde gerichtet, weil sie ja in jeder Hinsicht schwächer waren als diese. Die Fähigkeit, Werkzeuge herzustellen, war eine geeignete Hilfe für die Nahrungsbeschaffung, unzureichend jedoch im Kampf gegen die wilden Tiere. Denn die politisch-soziale Fähigkeit (ein Teil davon ist die Kriegskunst, also die Fähigkeit, gemeinsam zu kämpfen) besaßen sie noch nicht. Sie versuchten nun, sich zu versammeln und dadurch zu retten, dass sie Städte gründeten. Jedes Mal, wenn sie sich versammelten, taten sie einander Unrecht, weil sie ja nicht die politisch-soziale Fähigkeit dazu besaßen, sodass sie sich wieder zerstreuten und zu Grunde gingen. Zeus hatte nun Angst, dass unser Geschlecht gänzlich zu Grunde gehe, und er schickte Hermes, der den Menschen die Scheu vor dem Unrecht und das Gefühl für das Recht brachte, damit diese beiden sozialen Fähigkeiten Ordnungen der Städte und Bindeglieder für die Freundschaft seien. Zeus sagte: *Auf alle sollen diese Fähigkeiten verteilt werden und alle sollen Anteil haben; denn es können keine Städte entstehen, wenn nur wenige an ihnen Anteil haben.*[5]

[5] Referiert nach PLATON, Protagoras 322a ff.

AUFGABEN

1. **Vergleich**
   Vergleichen Sie die Mythen zur Entstehung der Welt und des Menschen. Wo liegen die Unterschiede zwischen dem asiatischen, indianischen und griechischen Verständnis vom Menschen?
2. **Der Mensch als Mängelwesen**
   In welcher Hinsicht ist der Mensch ein Mängelwesen? Wie gleicht er seine Mängel im Vergleich zu den Tieren aus?
3. **Der Mensch als soziales Wesen**
   Welche notwendigen Voraussetzungen (im Text) sind für den Menschen als *soziales Wesen* unabdingbar? Sind diese Voraussetzungen heute auch noch wichtig?

1.4 Schöpfungsmythen in der Bibel

Die in unserem Kulturkreis bedeutendsten Schöpfungsmythen stehen in der Bibel. Der folgende Bericht wurde am Königshof in Jerusalem im 10. Jh. v. Chr. von einem unbekannten Schreiber aufgezeichnet. Er verwendete für Gott den Begriff „Jahwe", daher wird der Schreiber auch *Jahwist* genannt.

Zur Zeit, da Gott, der Herr, Erde und Himmel machte, gab es auf der Erde noch keine Feldsträucher und wuchsen noch keine Feldpflanzen; denn Gott, der Herr, hatte es auf die Erde noch nicht regnen lassen, und es gab noch keinen Menschen, der den Ackerboden bestellte; aber Feuchtigkeit stieg aus der Erde auf und tränkte die ganze Fläche des Ackerbodens.
Da formte Gott, der Herr, den Menschen aus Erde vom Ackerboden und blies ihm in seine Nase Lebensatem; so wurde der Mensch zu einem lebendigen Wesen.
Dann legte Gott, der Herr, in Eden, im Osten, einen Garten an und setzte dorthin den Menschen, den er geformt hatte. Gott, der Herr, ließ aus dem Ackerboden allerlei Bäume wachsen, verlockend anzusehen und mit köstlichen Früchten. … Gott, der Herr, nahm den Menschen und setzte ihn in den Garten von Eden, damit er ihn bebaue und hüte. … Dann sprach Gott, der Herr: Es ist nicht gut, dass der Mensch allein bleibt. Ich will ihm eine Hilfe machen, die ihm entspricht.
Gott, der Herr, formte aus dem Ackerboden alle Tiere des Feldes und alle Vögel des Himmels und führte sie dem Menschen zu, um zu sehen, wie er sie benennen würde; und wie der Mensch jedes lebendige Wesen benannte, so sollte es heißen. Der Mensch gab Namen allem Vieh, den Vögeln des Himmels und allen Tieren des Feldes. Aber eine Hilfe, die dem Menschen entsprach, fand er nicht.
Da ließ Gott, der Herr, einen tiefen Schlaf auf den Menschen fallen, sodass er einschlief, nahm eine seiner Rippen und verschloss die

Stelle mit Fleisch. Gott, der Herr, baute aus der Rippe, die er vom Menschen genommen hatte, eine Frau und führte sie dem Menschen zu. Und der Mensch sprach: „Das endlich ist Bein von meinem Bein und Fleisch von meinem Fleisch. Frau soll sie heißen; denn vom Mann ist sie genommen." Darum verlässt der Mann Vater und Mutter und bindet sich an seine Frau, und sie werden ein Fleisch. Beide, Adam und seine Frau, waren nackt, aber sie schämten sich nicht voreinander.

Der jüngere Schöpfungsbericht, der um 550 v. Chr. entstand, sah den Menschen als Ebenbild Gottes:

Dann sprach Gott: Lasst uns Menschen machen als unser Abbild, uns ähnlich. Sie sollen herrschen über die Fische des Meeres, über die Vögel des Himmels, über das Vieh, über die ganze Erde und über alle Kriechtiere auf dem Land.
Gott schuf also den Menschen als sein Abbild; als Abbild Gottes schuf er ihn. Als Mann und Frau schuf er sie.
Gott segnete sie und Gott sprach zu ihnen: Seid fruchtbar und vermehrt euch, bevölkert die Erde, unterwerft sie euch und herrscht über die Fische des Meeres, über die Vögel des Himmels und über alle Tiere, die sich auf dem Land regen.[6]

Eva = die Lebendige, die Leben Gebende

Im Mittelmeerraum gab es wahrscheinlich 2000 v. Chr. Muttergesellschaften. Sowohl Zeugnisse der minoischen Kultur auf Kreta als auch Bibelstellen des Alten Testaments weisen darauf hin.

AUFGABEN

1. **Eva als Lebensgöttin**
Eine feministische These besagt, dass Eva ursprünglich die Lebensgöttin, die göttliche Urmutter gewesen sei, die durch Jahwe und Adam in patriarchalischer Weise entmachtet wurde. Überlegen Sie, wie eine matriarchalische Vorstellung vom Menschen und seiner Bestimmung ausgesehen haben könnte.
2. Diskutieren Sie den Text der Theologin Dorothee Sölle:
Es ist nicht wichtig, den Menschen als das physische Ebenbild Gottes zu betrachten; entscheidend ist, dass wir fähig sind, wie Gott zu handeln: machtvoll, Leben erweckend, kreativ, verändernd. ... Das sind Erfahrungen, die wir kennen, die in den wichtigsten Erfahrungen unseres Lebens präsent sind, etwa in geglückter Sexualität, in geglückter, uns mit uns selber neu bekannt machender und verbindender Arbeit. ... Gesundheit, die Freud bekanntlich so definiert, dass wir arbeits- und liebesfähig werden. ... Die jüdische Tradition hat aus der Ebenbildlichkeit eine Lehre von der möglichen Nachahmung Gottes in unserem Handeln entwickelt. Gott nachahmen im Sinne der jüdischen Tradition heißt *Nackte kleiden*, es heißt *Hungrige speisen*, wie Gott es tat. Es heißt *Gerechtigkeit herstellen* und *nicht in der Machtlosigkeit verharren*.[7]

[6] Gen 2, 4b–25 und Gen 1, 26–28
[7] Dorothee Sölle, Politische Theologie, Stuttgart: 1982, S. 193f.

2 Mythos und Evolutionstheorie

Die Idee der Evolution spaltet bis heute die Menschen, vor allem fundamentalistische Strömungen mit christlichem Wahrheitsanspruch stehen der Evolutionstheorie skeptisch gegenüber.

Unser Erkenntnisapparat ist das Ergebnis der biologischen Evolution. Die subjektiven Erkenntnisstrukturen passen auf die Welt, weil sie sich im Laufe der Evolution in Anpassung an diese reale Welt herausgebildet haben. Dieser Gedanke findet sich bereits in DARWINS Tagebüchern. Er hatte PLATON gelesen und die Ansicht kennen gelernt, dass Verstehen etwas mit seelischen Bildern, Ideen zu tun hatte, die es schon immer gab, die also vor den Menschen da gewesen sind.

Konrad LORENZ formulierte diesen Gedanken prägnant: Es gibt angeborene Lehrmeister, die von vornherein (a priori) da sind, die sich aber im Laufe der Stammesgeschichte (phylogenetisch) an der Erfahrung sukzessive entwickelt und bewährt haben.

Unsere Anschauungsformen stimmen mit der Realität auf dieser Welt aus denselben Gründen überein, weshalb die Form des Pferdehufes auf den Steppenboden und die Fischflosse ins Wasser passt. Zwischen der Anschauungsform und der Realität besteht genau dieselbe Beziehung, die zwischen Organ und Außenwelt, zwischen Auge und Sonne, zwischen Fischflosse und Wasser besteht.

Nach heutiger Auffassung hat sich der *Homo erectus* langsam entwickelt und eine Million Jahre lang als eine gut an die Umwelt angepasste Männergesellschaft gelebt, in der Frauen wenig zu sagen hatten. Man stand auf zwei Beinen, um die Hände frei zu haben und dem Gehirn die Chance zu geben, besser mit der Hitze fertig zu werden. Vor rund 500 000 Jahren verschwindet der *Homo erectus* und wird unter anderem durch den Neandertaler ersetzt, der eine erste Form von Humanität zeigt. Er versorgt verkrüppelte (rachitische) Artgenossen – er hat also Mitleid, was die Wahrnehmung des anderen voraussetzt –, und er bestattet seine Toten. Dieses Verhalten hat nichts mit einer Anpassung an die umgebende Natur zu tun. Hier entsteht etwas, das mit menschlichen Werten, mit Kultur und Ästhetik zu tun hat. Der Selektionsvorteil kann nur beim Menschen selbst liegen, und die Frage ist, wer oder was den dazugehörenden Druck ausgeübt hat.

Die Antwort ist – mit der weiblichen Wahl als Vorgabe – einfach: Es waren die Frauen. Nehmen wir an, die Evolution hat Bedingungen geschaffen, die ihnen die Freiheit des Wählens gab, wie haben sie sich dann entschieden? So, dass das Verhalten (Benehmen) entsteht, das sich bei den Neandertalern zeigt und das wir mit Menschlichkeit verbinden. Die Frauen wählen solche Männer, bei denen sie ein Gefühl für Verantwortung wahrnehmen, bei denen sie spüren, dass hier jemand ist, der Mitgefühl zeigt und die Interessen von anderen mitberücksichtigt, wenn Entscheidungen zu treffen sind. Wenn dieses Szenario zutrifft, dann wäre die Entwicklung zum Menschen möglich geworden, weil Frauen erstens gelernt hatten, Männer wahrnehmend zu bewerten, und weil sie zweitens die Macht bekommen hatten, ihren Willen durchzusetzen. Wir nehmen an, dass diese Situation dadurch möglich wurde, dass die natürliche Selektion ihre Mittel ausgereizt hatte und die betroffene Art bzw. ihre Mitglieder von der Umwelt mehr oder weniger unabhängig geworden waren. Konkret hatte dies – wie oben angeführt – zu kleinen Familien mit langen Erziehungszeiten für Kinder geführt, und an dieser Stelle musste die Evolution dafür sorgen, bei den starken und ausdauernden Männern, die ja zur Jagd gehen mussten, um ihre Familien zu ernähren, zusätzlich die Fähigkeit des verantwortlichen und rücksichtsvollen Handelns zu entwickeln.[8]

8 Ernst Peter FISCHER, Die andere Bildung. Was man von den Naturwissenschaften wissen sollte, München: Ullstein 2001.

3 Mythos heute

Der Philosoph Hans BLUMENBERG bezeichnet die *Absolutheit der Wirklichkeit*, die durch die Naturwissenschaft und ihre Forschungsergebnisse bedingt ist, als die große Herausforderung des Menschen. Der Mensch wird sich seiner Bedeutungslosigkeit bewusst angesichts eines Kosmos, der rücksichtslos und gleichgültig gegenüber dem Menschen ist. Vor allem die europäische Kulturgeschichte kann als Versuch verstanden werden, in Form von Mythen, Religion und Geisteswissenschaft dem Absolutheitsanspruch der Naturwissenschaften entgegenzutreten.[9]

Dass das Interesse für Mythen gerade in den letzten Jahren groß ist, zeigt ein Blick auf die Literatur: Botho STRAUSS, Christa WOLF, Christoph RANSMAYR, Michael KÖHLMEIER. Auch die Kinohits *Harry Potter*, *Herr der Ringe*, *Troja* etc. deuten darauf hin, dass Mythen „in" sind. Woher kommt das neu erwachte Bedürfnis nach Mythen? Ist es der Wunsch des modernen Menschen nach Selbsterkenntnis und Weltdeutung? Ist es eine Sehnsucht nach dem Unerklärlichen, das durch das Zeitalter von Aufklärung, Wissenschaft und Fortschritt, Informationsflut und Technisierung „bedroht" scheint? Zeigt sich im gewachsenen Interesse an Mythen der Wunsch nach Geheimnisvollem?

Botho STRAUSS (geb. 1944) schrieb u. a. *Ithaka. Schauspiel nach den Heimkehr-Gesängen des Odysseus.*

Christa WOLF (geb. 1929) schrieb *Kassandra* und *Medea.*

Christoph RANSMAYR (geb. 1954) schrieb den Roman *Die letzte Welt* nach mythischen Stoffen von OVID.

Michael KÖHLMEIER (geb. 1949) ist der bekannteste Mythenerzähler unserer Zeit; u. a. schrieb er die Romane *Telemach* und *Kalypso.*

Eine Argumentationslinie zieht sich wie ein roter Faden durch die Mythenforschung: Die Menschen seien auf der Suche nach Lebenssinn, nach einem überschaubaren Weltbild, nach Ordnung mit dem Wunsch, ihr Leben als individuelles Schicksal zu verstehen, nicht als Aneinanderreihung von zufälligen Ereignissen, wie die Erkenntnisse moderner Hirnforschung nahe legen. Die Wiederkehr des Mythos wäre mit den Sinnverlusten der Moderne zu erklären. Die rationalen Erklärungsmuster der Naturwissenschaft, die sich immer nur auf kleine Teile des Kosmos beziehen, haben die umfassenden, kreativen Erklärungsmuster der Mythen offensichtlich nicht überflüssig gemacht.

> Die Menschen bezahlen die Vermehrung ihrer Macht mit der Entfremdung von dem, worüber sie Macht ausüben. Die Aufklärung verhält sich zu den Dingen wie der Diktator zu den Menschen. Er kennt sie, insofern er sie manipulieren kann.[10]

Demnach ist unsere Macht zugleich unsere Ohnmacht, die alte Angst vor der Übermacht wird zur neuen Angst vor dem eigenen

[9] Vgl. Hans BLUMENBERG, Arbeit am Mythos. Frankfurt / Main: Suhrkamp 1979, S. 9.
[10] Max HORKHEIMER / Theodor W. ADORNO, Dialektik der Aufklärung – Philosophische Fragmente, Frankfurt / Main: Fischer 1969, S. 15.

Aufklärung: die im 18. Jh. beginnende Weltsicht, die den Menschen als vernünftiges Wesen sieht, das einen freien Willen besitzt

Scheitern, für das wir nun selbst verantwortlich sind, aus alten Zwängen erwachsen also neue, die Freiheit der Aufklärung ist degradiert zur Illusion.
Der Fortschritt von Wissenschaft und Technik brachte nicht nur viele positive Ergebnisse (z. B. Arbeitserleichterungen, mehr Freizeit), sondern bewirkte auch, dass der Mensch sich vielen Regeln und Sachzwängen passiv unterziehen muss, vielen äußeren Anforderungen gehorchen muss. Man denke an die vielen Stunden von oft sinnloser Arbeit, die erst die positiven Ergebnisse wie „mehr Freizeit" ermöglichen. Der Preis des Wohlstandes wird immer höher, das Tempo immer schneller. Ohne Zeitmanagement und Freizeitplanung scheint es nicht mehr zu *gehen*. Minutiöse Rationalisierung greift von der Berufswelt immer stärker auch ins Privatleben über. Wir verkommen zu passiven Rädchen im Getriebe der Leistungs- und Freizeitindustrie.
So gesehen hat sich die Situation des modernen Menschen also nicht verbessert. Im Gegenteil: Was uns heute offensichtlich stärker fehlt, ist das Vertrauen, dass wir unseren Lebensaufgaben gewachsen sind, dass wir *die Geister, die wir riefen*, bezwingen können, weil uns der Blick auf das Ganze verloren geht, weil uns keine Orientierung, keine Vision aus unserer Passivität reißt. Wir rennen umher wie aufgestörte Ameisen und wissen nicht mehr, wohin.
Tatsache ist, dass naturwissenschaftliche und rein auf Vernunft ausgerichtete Problemlösungsverfahren nur Teilbereiche unseres Lebens erleichtern können, in den meisten Bereichen jedoch versagen: Sie bieten keine Antworten auf Sinnfragen, keine Lösung bei Problemen der Gemeinschaft, keine Hilfe bei Fragen der Identität. Tatsache ist auch, dass die Beschäftigung mit Mythen keine direkte Problemlösung für unsere komplexe Welt liefert.
Was können wir uns von der Beschäftigung mit Mythen erwarten? Vielleicht eine kreative Sichtweise für Probleme; ein Angebot an Symbolwelten, in denen existentielle Probleme mit fantasievoller Leichtigkeit und naiver Intuition gelöst werden.
Jeder Mensch hat ein mythisches Bedürfnis, d. h. Probleme und Phänomene nicht nur rational und logisch zu erklären, sondern auch geheimnisvoll, idealisierend, unrealistisch, visionär.

3.1 Mythos der Unsterblichkeit

Der Mythos von der Unsterblichkeit kommt in allen zivilisierten Kulturen vor. Er ist Ausdruck einer Todesverdrängung, der Sehnsucht nach ewigem Leben.

- Mythische Helden und Heldinnen erhalten Unsterblichkeit auf Grund besonderer Taten.

- Andere werden nach ihrem Tod in den Himmel aufgenommen und leben dort ewig. Diese Aufnahme in die Welt der Göttinnen und Götter nennt man Apotheose.
- Dichter/innen und Künstler/innen machen sich mit ihren Kunstwerken unsterblich.

Heute findet die Verdrängung des Todes und die Sehnsucht nach Unsterblichkeit in Form eines ausgeprägten Jugendlichkeitskultes statt. Die Generation der Erwachsenen und alten Menschen bemächtigt sich der jugendlichen Attribute, was durch die Mode und mediale Verbreitung gefördert wird.
Jugendkultur ist nicht mehr der Kampf gegen eine übermächtige Erwachsenenwelt, sondern Motor und Lieferant für alle möglichen und unmöglichen Strömungen von Unsterblichkeitswahn. Die Jugend ist in der Position der Kulturträger/innen und Trendsetter/-innen. Damit ist eine Veränderung in den hierarchischen Gesellschaftsstrukturen feststellbar: Wer jung ist, ist „in"; wer alt ist, ist „out". *Wer die Macht hat, Symbole zu definieren, hat Macht über andere.*[11]
Mit der Macht der Symbole ist der große Bereich der Werbung gemeint: *Wer große Menschenmassen gewinnen will, benutzt den Schlüssel zu ihren Herzen, zu ihrem Unbewussten. Wenn das Zwischenhirn spricht, bringt es den Neocortex (Großhirn) zum Schweigen.* Im Zwischenhirn sitzen die genetisch programmierten Verhaltensnormen wie Furcht, Sexualität, Rangordnungsbedürfnis etc. Alle instinktiven Gefühle und Emotionen können durch propagandistische Maßnahmen, sprich Symbolisierungen und Mythisierungen angesprochen werden. Eine der Formeln für Werbemanager/innen lautet: *Wenn wir die Menschen erst einmal dazu bringen, konstruktiv unzufrieden zu sein, dann haben wir Fortschritt und Wachstum zu einem Sieg verholfen.*

AUFGABEN

1. Suchen Sie Werbungen, in denen die Ideologie der ewigen Jugend und Unsterblichkeit propagiert wird. Analysieren Sie eine Woche lang verschiedene Fernsehmagazine (z. B. Willkommen Österreich) in Bezug auf Beiträge, die ewige Jugend und Fitness versprechen (Schönheitsfarmen, Biosäfte etc.).
2. Vergleichen Sie Fotos Ihrer Großmütter und Ihrer Mutter. Wie haben sich Kleidung und Aussehen verändert? Wie sehen Menschen über sechzig heute im Vergleich zu früher aus?

[11] Vgl. Claudia Zötsch, Powergirls und Drachenmädchen, Münster: Unrast 1999, S. 97.

Glockenhosen – vor 30 Jahren „in", 2005 noch „in", wann nicht mehr „in"?

3.2 Ende der Individualität?

Für Identitätsfindung ist sowohl eine Abgrenzungs- als auch eine Anpassungsleistung an eine Gruppe notwendig. Die Abgrenzung ermöglicht das Finden des Eigenen, der eigenen Individualität in der Unterscheidung vom anderen. Die Anpassung fördert die Übernahme der Perspektive anderer, Mitgefühl und Kooperation.

In unserer Gesellschaft wird die Identitätsfindung Jugendlicher von der Konsumindustrie gierig auf neue Trends hin ausspioniert. Die Jugend wird – um sich abgrenzen zu können – gleichsam gezwungen, neues Trendfutter zu produzieren, eine neue Modewelle zu kreieren und damit erneut die Verkaufszahlen und Einschaltquoten anzukurbeln: Die Jugend als Melkkuh und Idol.

Besonders augenfällig werden diese Grundmechanismen der Konsumindustrie in den Symbolwelten der Mode, besonders der Markenkleidung und der Musik. Es ist für Jugendliche von essenzieller Bedeutung, das Outfit, die Musikströmung zu wählen, die in der eigenen „Szene" im Trend sind. Verpönt ist es, dem „Mainstream" zu folgen. Wenn der eigene Trend wieder zum Massengeschmack wird, muss gewechselt werden. Dabei darf man nicht vergessen, dass diese Symbolwelten von der Konsum- und Medienindustrie bis ins kleinste Detail aufbereitet und auf ausgeklügelte Art und Weise ausgeschlachtet werden. Zur CD gibt es natürlich Videoclips, die die Symbole transportieren und auf ein ausgesuchtes Lebensgefühl zugeschnitten sind.[12]

Angesichts dieser Vereinnahmung der Jugendkultur durch Vermarktungsstrategien, die Jugendsymbolik zu künstlichen Trends hochstilisieren, wird es für die Jugend nicht leichter, ihre tatsächlich eigenen Symbole zu erkennen und zu bewahren.

3.3 Wirkung der Werbung

Werbung wird zwar wahrgenommen, ihre Wirkung wird aber nicht durchschaut. Durch die Werbung werden Gefühle, Assoziationen und Denkvorgänge hervorgerufen, die unbewusst, ohne jede gedankliche Kontrolle ablaufen.

Werbung mit Leitbildern

Für bestimmte Zielgruppen wie Jugendliche oder Hausfrauen wird durch völlig weltfremde und unerreichbare Leitbilder extremer Nachahmungsdruck erzeugt. Beispiele:

[12] Vgl. Claudia Zötsch, a. a. O., S. 97ff.

- Das superschlanke Model, das begehrt und erfolgreich ist,
- die Powerfrau, die Karriere, Familie, Haushalt „schmeißt" und daneben noch Zeit fürs Fitnesscenter findet,
- der junge Aktienguru, der durch Nichtstun reich wird.

Bei all diesen Beispielen geht es darum, positive Gefühle mit einem Produkt zu koppeln und die Konsumenten dadurch zu konditionieren. So wird z. B. der Name eines bestimmten Parfüms nach mehrmaliger Betrachtung des betreffenden Werbeplakats automatisch mit den dargestellten Personen verknüpft. Die Beeinflussung läuft unbewusst.

Vgl. die Konditionierung durch Wiederholung beim Pawlow'schen Hund.

Erfindung von Wünschen

Wenn wir an die Erfindung der Waschmaschine denken, so war diese Erfindung von praktischem Nutzen – ohne Frage eine Arbeitserleichterung. Heute ist der praktische Nutzen eines Artikels nicht mehr wichtig. Um ein nicht-nützliches Produkt verkaufen zu können, muss man es entsprechend kommunizieren, d. h., die Werbung muss die Wünsche der Konsumenten erfinden, die Konsumenten zum Konsum motivieren, ihnen einreden, dass dieses Produkt wichtig ist.

AUFGABEN

1. Sie haben fünf Wünsche frei. Es müssen nicht materielle Konsumwünsche sein. Tragen Sie diese in der Reihenfolge ihrer Wichtigkeit in eine Liste ein. Vergleichen Sie anschließend die Ergebnisse in der Gruppe.
2. Gefühle: Suchen Sie aus den mitgebrachten Zeitungen drei Werbesujets aus und schreiben Sie ein Gefühlsprotokoll:
   Wenn ich diese Werbung betrachte, fühle ich mich …

3.4 Mythos Frau

Frauen kommen in der Werbung in verschiedenen Schattierungen vor. Einer der wichtigsten Frauenmythen neben Gaia (Erde) ist der Mythos von Aphrodite.

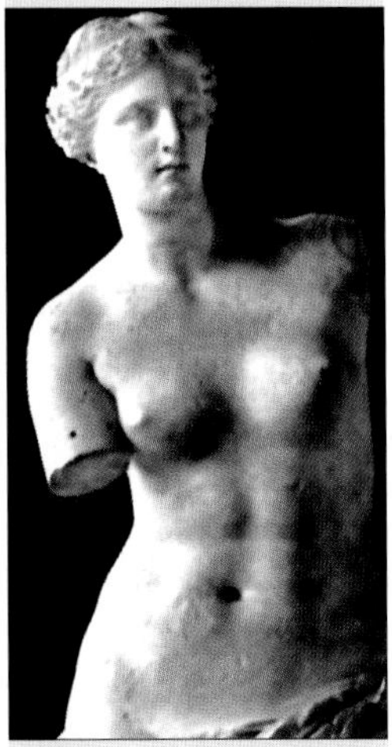

Göttin der Liebe und Schönheit – Aphrodite (Venus)

Zunächst ist Chaos entstanden, doch gleich danach Gaia, mit breiten Brüsten, der sichere Wohnsitz für alle Götter am Olymp und für die Götter der Unterwelt. Sie ist auch Wohnsitz für Eros, den schönsten unter den unsterblichen Göttern: Eros bezwingt den besonnenen Sinn und das planende Denken aller Wesen, egal, ob es Götter oder Menschen sind.
Aus Gaia entstand Uranos, das Himmelsgewölbe. Gaia und Uranos hatten viele Kinder, u. a. Kronos. Kronos entmannte seinen Vater Uranos. Aus seinen Spermien, die ins Meer fielen, wuchs eine Jungfrau empor. Auf der Insel Zypern entstieg sie dem Meer – Aphrodite, die schaumentsprossene Göttin, bekränzt mit den Blüten der Insel Kythera. Aphrodite wird sie genannt, weil sie aus *Aphros*, dem Schaum des Meeres, entstieg. Die lieblich lächelnde Aphrodite ist eng verbunden mit Reiz und Liebesbegehren, weil Eros seit Anbeginn ihr Begleiter ist.
Dann stieg sie zu den Göttern empor und empfing von Anfang an Ehre unter den sterblichen Menschen und auch den ewigen Göttern. Jugendliches Gehabe, Gelächter, Spiele der Täuschung, Lockung und süßeste Lust und die Wonne der Liebe gehören zu ihren charakteristischen Merkmalen.

Aphrodite begeht mit Ares Ehebruch
„Komm, Geliebte, zu Bett, der süßen Ruhe zu pflegen! Denn Hephaistos ist nicht daheim." So sprach Ares, und ihr war sehr willkommen die Ruhe. Sie bestiegen das Bett und schliefen miteinander. Plötzlich wurden sie von dem eisernen Netz des klugen Erfinders Hephaistos umschlungen, sie vermochten kein Glied zu bewegen oder zu heben. Aber sie merkten es erst, da ihnen die Flucht schon gehemmt war.
Jetzt näherte sich der hinkende Feuerbeherrscher. Früher als geplant ging er mit tief bekümmerter Seele nach Hause. Rasende Eifersucht ergriff ihn. Er schrie laut auf, und alle Götter hörten ihn: „Vater Zeus und ihr anderen Götter, kommt und schaut den abscheulichen Frevel, wie mich Aphrodite mit dem Bösewicht Ares betrügt. Und zwar deshalb, weil jener schön ist und gerade Beine hat, ich aber ein Krüppel bin."[13]

[13] Frei nach HESIOD, Theogonie und HOMER, Odyssee 8.

AUFGABEN

1. **Aphrodite**
   Wie wird Aphrodite in den Texten beschrieben? Fassen Sie die wichtigsten Charakteristika zusammen.
2. **Analyse**
   Analysieren Sie die Frauenbilder der folgenden Abbildungen. Welche Parallelen stellen Sie zur Charakterisierung von Aphrodite fest?

3. **Vergleich**
   Wie werden Männer und Frauen in der Werbung dargestellt? Vergleichen Sie anschließend Ihre Ergebnisse mit den Rollenbildern bei LuciLectric.

Was is'n das für ein wundervoller Hintern,
der da nebenan am Tresen steht,
und der Typ, der da am Hintern noch mit dran ist,
hat sich grade zu mir umgedreht,
und ich lach ihm zu, oh prima,
den nehm ich nach Hause mit,
und da lehn ich mich zurück
und lass dem Mann den ersten Schritt.
Mir geht's so gut, weil ich ein Mädchen bin,
weil ich ein Mädchen bin.
Komm doch mal rüber Mann und setz dich
zu mir hin,
weil ich 'n Mädchen bin, weil ich 'n Mädchen bin.
Keine Widerrede Mann,
weil ich ja sowieso gewinn, weil ich 'n Mädchen bin.
Und der Hintern kauft mir viele schöne Sachen
und dann lädt er mich zum Essen ein.
Klar lass ich mich auch ganz ohne Kohle küssen,
doch wenn er meint, das muss so sein,
sag ich nicht nein.
Ich bin so froh, dass ich ein Mädchen bin,
dass ich ein Mädchen bin.
Komm doch mal rüber Mann und setz dich
zu mir hin,
weil ich 'n Mädchen bin, weil ich 'n Mädchen bin.
Keine Widerrede Mann, weil ich ja sowieso
gewinn,
weil ich 'n Mädchen bin …

Rollenbilder in der Werbung		Rollenbilder bei LuciLectric: Mädchen	
Bild des Mannes	Bild der Frau	Bild des Mannes	Bild der Frau

4 Gender Mainstreaming

Das Englische unterscheidet sprachlich zwischen *sex*, dem biologischen Geschlecht, und *gender*, dem sozialen Geschlecht. Mit Gender sind die gesellschaftlichen Geschlechterrollen gemeint, die Vorstellungen und Erwartungen, wie Frauen und Männer sind bzw. sein sollen. Die Geschlechterrollen können sich im Lauf der Zeit ändern und sind innerhalb und zwischen den Kulturen sehr unterschiedlich.[14]

Mainstreaming (in den Hauptstrom bringen) heißt, dass ein bestimmtes Denken und Handeln in den Hauptstrom der Gesellschaft und Politik übernommen und zu einem selbstverständlichen Handlungsmuster wird.

Gender Mainstreaming ist eine Strategie, die die Gleichstellung von Frauen und Männern zum Ziel hat. *Gender Mainstreaming* bedeutet, bei allen Planungs- und Entscheidungsschritten immer zu überprüfen:

- Wie sieht das Geschlechterverhältnis in dem betreffenden Bereich aus?
- Wie wirkt sich das geplante Vorhaben auf die Situation von Frauen und Männern aus?
- Wie kann ein Beitrag zur Förderung der Gleichstellung geleistet werden?

Geschlecht ist in unserer Gesellschaft nicht nur ein individuelles Personenmerkmal. Für Frauen und Männer gibt es unterschiedliche Rollen und Positionen, die mit bestimmten Erwartungen, Normen und Werten verbunden sind. Frau oder Mann zu sein, ist ein entscheidendes Kriterium dafür, welchen Platz wir in der Gesellschaft einnehmen und welche Lebensbedingungen wir haben.

- Das *biologische Geschlecht (sex)* bezeichnet den biologischen Unterschied zwischen weiblichen und männlichen Körpern.
- Das *soziale Geschlecht (gender)* bezeichnet die gesellschaftlichen Geschlechterrollen; die Vorstellungen und Erwartungen darüber, wie Frauen und Männer sind bzw. sein sollen. Weibliche und männliche Rollen ändern sich im Lauf der Zeit und sind sowohl innerhalb als auch zwischen den verschiedenen Kulturen unterschiedlich.

[14] Die folgenden Ausführungen orientieren sich vor allem an http://www.gem.or.at.

Gender Mainstreaming verfolgt das Ziel der Chancengleichheit.

- Chancengleichheit heißt, dass Frauen und Männer die gleichen Chancen haben, im wirtschaftlichen, politischen, sozialen und kulturellen Leben nach ihrer freien Entscheidung zu partizipieren.
- Chancengleichheit besteht erst, wenn die tatsächliche Gleichstellung von Frauen und Männern in allen gesellschaftlichen Bereichen erreicht ist. Erst wenn Frauen und Männer die gleichen Start- und Rahmenbedingungen haben, haben sie die gleichen Chancen. Solange z. B. Frauen in Führungspositionen in der Minderheit sind, müssen sie besonders darum kämpfen, dorthin zu kommen. Und wenn sie es geschafft haben, müssen sie ihre Fähigkeiten und Leistungen besonders unter Beweis stellen.
- In einer geschlechtsstrukturierten Gesellschaft gibt es keine Chancengleichheit zwischen Frauen und Männern, weil die Wahl der Lebensführung – z. B. Beruf und Karriere – eine vorgeprägte Wahl innerhalb bestimmter Rahmenbedingungen ist und die Chancen, die individuelle Wahl der Lebensführung zu verwirklichen, vom Geschlecht beeinflusst sind. Durch kulturelle Leitbilder und Normen sowie ungleiche Erwerbschancen im Arbeitsmarkt beispielsweise sind Wahlmöglichkeiten und Entscheidungen vergeschlechtlicht.

partizipieren = teilhaben

4.1 Alles Evolution?

Psychologen[15] und Sprachforscherinnen[16] beschäftigen sich in den letzten Jahren intensiv mit Fragen der weiblichen und männlichen Identität, ihren gesellschaftlichen Rollen und den unterschiedlichen Wahrnehmungs- und Verhaltensmustern. Ziel all dieser Forschungen ist es, Konflikte in der Beziehung zwischen Frau und Mann offen zu legen und Lösungsmuster zu entwickeln. Die Paartherapeuten Allan und Barbara Pease[17] schrieben zu diesem Thema mehrere Bestseller in der Art von *Männer sind anders, Frauen auch*. Das Erfolgskonzept ist recht einfach:

1. Man nehme typische Witze über Männer und Frauen.
   Wie nennt man einen Mann, der 90 Prozent seiner Denkfähigkeit verloren hat? – Witwer.

[15] Vgl. John Gray, Männer sind anders, Frauen auch, München: Goldmann 1998; John Gray, Mars sucht Venus, Venus sucht Mars, München: Goldmann 2000.
[16] Vgl. Teborah Tannen, Du kannst mich einfach nicht verstehen. Warum Männer und Frauen aneinander vorbeireden, München: Goldmann 2004.
[17] Vgl. Allan und Barbara Pease, Warum Männer nicht zuhören und Frauen schlecht einparken, München: Ullstein 2000; Allan und Barbara Pease, Warum Männer lügen und Frauen immer Schuhe kaufen. Ganz natürliche Erklärungen für eigentlich unerklärliche Beziehungen, München: Ullstein 2002.

Was ist ein Mann im Salzsäurefass? – Ein gelöstes Problem.
Eine Frau muss nur einen Mann kennen, um alle Männer zu verstehen; ein Mann dagegen mag alle Frauen kennen – und wird keine verstehen.
Es gibt zwei Theorien, wie man mit Frauen streiten sollte. – Keine funktioniert.

2. Man nehme eine leicht verständliche Pseudotheorie und erkläre alle Unterschiede zwischen Frau und Mann evolutionsgeschichtlich – der Mann als Jäger und die Frau, die sich in der Höhle um alles kümmern musste.

Warum kaufen Männer nicht gern ein?
Das Dasein als Mann hat den Vorteil, dass man sich zwei Anzüge, drei Hemden, einen Gürtel, drei Krawatten und zwei Paar Schuhe in weniger als acht Minuten kaufen kann.
Die Gründe sind offensichtlich, wenn man sich mit der unterschiedlichen Entwicklungsgeschichte von Mann und Frau und der damit verbundenen unterschiedlichen Vernetzung ihrer Gehirne beschäftigt. Das Dasein als Jäger ließ bei den Männern eine Art Tunnelblick entstehen, mit dem sie sich auf schnellstem Weg direkt von A nach B bewegen können. Die zahlreichen Zickzackbewegungen zwischen anderen Kauflustigen und von Laden zu Laden, zu denen man bei einer Einkaufstour gezwungen ist, sind dem Mann unangenehm, weil eine Richtungsänderung bei ihm eine bewusste Entscheidung verlangt. Frauen mit ihrer breiteren, peripheren Wahrnehmung kreuzen dagegen mit Leichtigkeit durch ein überfülltes Einkaufszentrum und brauchen beim Einkaufen natürlich wesentlich länger.[18]

4.2 Zwei-Sprachen-Theorie

Ausführlich und ernsthafter haben sich der Familientherapeut John Gray und die Linguistikprofessorin Deborah Tannen mit den Konflikten zwischen Mann und Frau beschäftigt. Sie gehen in ihrer Theorie davon aus, dass zwei verschiedene Sprachen, Berichtssprache und Beziehungssprache, aufeinander treffen, was zu Missverständnissen zwischen den Geschlechterkulturen führen kann.

- Frauen haben eine *Beziehungssprache*, einen Gesprächsstil, bei dem es vor allem darum geht, Streit zu vermeiden und Einverständnis und Intimität herzustellen: *Sollen wir vielleicht …, Was hältst du von …, Lass uns doch …*
- Frauen sind bemüht, Gespräche in Gang zu halten; sie vermeiden offene Aggression und Konfrontation. Frauen diskutieren

[18] Vgl. Allan und Barbara Pease, a. a. O.

eher miteinander, um Erfahrungen auszutauschen und seelische Unterstützung anzubieten.

- Männer hingegen benutzen Sprache vorwiegend, um Informationen auszutauschen und Hierarchien auszuhandeln. Statt Fragen zu stellen, stellen sie fest. Sie lieben es, mit Wissen zu imponieren.
- Männer stellen Fragen, um Informationen zu bekommen; sie sehen in der Konfrontation ein Instrument, die Konversation voranzutreiben. Männer interpretieren Gespräche über Probleme als Bitte, Lösungsvorschläge für das Problem zu machen.

Über den Ursprung dieser Verschiedenheiten sind sich die Forscher uneinig. Eine Theorie besagt, dass die Unterschiede in den Beziehungen zur Mutter wurzeln: Während Buben diese als körperlich grundverschieden erleben, fühlen sich Mädchen ihr physisch und emotional eng verbunden. *Viele Frauen leben seit ihrer Kindheit mit der unerfüllten Illusion einer Verschmelzung von Ich und Du.* Männer hätten früh gelernt, dass das Einssein selbst mit der engsten Bezugsperson unmöglich ist, und hätten daher normalerweise weniger und klarer abgegrenzte Wünsche an ihre Partnerinnen als umgekehrt.

Dieser Urkonflikt sei in vorindustriellen Zeiten nicht zum Ausbruch gekommen. Heute aber, in unserer Gesellschaft mit einer strikten Aufgabenverteilung, besteht der Anspruch, dass Beziehungen vor allem durch Gefühle zusammengehalten werden; zugleich soll der Partner im Haushalt, bei der Kindererziehung und in der Freizeit alle Erwartungen erfüllen. Die Folge: Die Menschen müssen mehr miteinander bereden, und jedes Missverständnis wird als Bedrohung der Liebe empfunden.

Das Industriezeitalter beginnt ca. 1850.

Die sprachlichen Verschiedenheiten werden in weiterer Folge durch soziokulturelle Gegebenheiten verstärkt:

- Mädchen bevorzugen kleine, intime Gruppen, mimen Mutter und Kind, helfen einander beim Verkleiden. Sprache ist Teil ihres Spiels; sie dient dem Austausch von Gedanken und Ideen, dem Aufbau von Beziehungen.
- Buben dagegen kämpfen bei Fußball, Cowboyspielen oder Wettrennen eher um körperliche Überlegenheit. In den hierarchisch organisierten „Bubenbanden" helfen konfrontative Sprachstile, sich zu behaupten: Befehle, Geschrei, Schimpfworte.
- Mädchen suchen untereinander zwar häufiger Nähe und Gleichheit, kennen aber durchaus auch verbale Formen der Aggression: üble Nachrede und emotionalen Druck, um jemanden aus der Gruppe auszuschließen.

AUFGABEN

1. Ordnen Sie die Aussagen und Statements zu.

Das ist doch nicht so schlimm.	M oder F
Wie kannst du das behaupten? Vorige Woche habe ich einen ganzen Tag mit dir verbracht. Es war doch wunderbar.	M oder F
Du hättest mich vorher anrufen sollen. Ich kann nicht alles stehen und liegen lassen und mit dir zum Mittagessen gehen.	M oder F
Du hast schon wieder vergessen, es mitzubringen. Vielleicht solltest du es an eine bestimmte Stelle legen, damit du es nicht vergisst.	M oder F
Würdest du jetzt einmal zur Sache kommen?	M oder F
Deine Haare sind schon wieder ganz schön lang.	M oder F
Warum warten wir eigentlich auf einen Tisch? Hast du keinen reserviert?	M oder F
Natürlich bist du mir nicht egal. Deine Behauptung ist doch lächerlich.	M oder F
Diese Töpfe sind immer noch nass. Sie werden nach dem Trocknen Flecken haben.	M oder F
Durch Einschüchterung kommt man zum Sieg.	M oder F

2. Schätzen Sie zunächst für sich allein die Interessen in Prozent, anschließend einigen Sie sich in der Gruppe auf eine Zahl.

Interessen	der Frauen	der Männer
Gesundheit		
Kunst und Kultur		
Wirtschaft		
Kochen		
Reisen		
Politik		
Garten		
Kapitalanlagen		
Sport		
Autos		
Wohnen		
Wissenschaft		
Bücher		
Computer		
Heimwerken		
Mode		

5 Gerechtigkeit

Die Frage der Gerechtigkeit rückt mehr und mehr ins Zentrum politischer Entscheidungen. So hat amnesty international im Jahresbericht 2002 festgestellt, dass in 106 Ländern – darunter vielen demokratischen Staaten – die Menschenrechte massiv verletzt und Menschen mit verschiedenen Methoden gefoltert wurden.

- Die Anti-Folter-Konvention ist vom US-Präsidenten nach wie vor nicht unterschrieben.
- In den Industriestaaten sind 80 Millionen Menschen von karitativen Einrichtungen abhängig, die Ausgabe von Essen ist für sie überlebensnotwendig.
- Für den Irakkrieg wurden von März bis April 2003 70 Milliarden Dollar ausgegeben. Eine einzige computergesteuerte Bombe kostet 370 000 Dollar, ein Marschflugkörper 1,3 Millionen, ein B-2-Kampfbomber 2,1 Milliarden. Der Betrieb eines US-Flugzeugträgers verschlingt im Monat 13 Millionen Dollar.[19] Für dieses Geld könnten Millionen Kinder in der Dritten Welt gegen Polio, Masern und Tetanus geimpft werden.
- Von den 6,2 Milliarden Menschen auf der Welt leben 4,6 Milliarden in den Entwicklungsländern. Ein Drittel der Erdbevölkerung muss mit 1,5 Dollar am Tag auskommen. Das ist weniger, als die Menschen in den Industrieländern täglich für Hundefutter ausgeben.
- Während in den Entwicklungsländern die Menschen verhungern, haben in den Industrieländern die Leute Probleme mit Übergewicht. Wellness- und Diät-Gurus verdienen ein Vermögen, weil sich ein kleiner Teil der Erdbevölkerung krank isst.
- In Deutschland müssen Gemeinden den Großfirmen Steuern zurückzahlen und dafür Kindergärten, Einrichtungen für Behinderte, Kultureinrichtungen etc. schließen.

Fragen der Gerechtigkeit, der sozialen Gerechtigkeit, sind gerade für eine Demokratie überlebensnotwendig. Die Charakteristika einer modernen Demokratie sind:

1. Das Volk ist der Souverän.
2. Mehrheitsentscheidungen gelten.
3. Die Qualität einer Demokratie zeigt sich darin, wie sie mit Minderheiten umgeht. Zeigt sich Solidarität und Humanität oder verkommt Demokratie zu Intoleranz?

[19] Vgl. Heiner GEISSLER, Was würde Jesus sagen? Die politische Botschaft des Evangeliums, Berlin: Rowohlt 2004, S. 49.

5.1 Grundpositionen zur Gerechtigkeit

Philosophen geben auf die Frage, was gerecht ist, verschiedene Antworten:

- PLATON (4. Jh. v. Chr.) stellt sich die Frage, wie ein Staat organisiert sein muss, damit sich der Einzelne möglichst gut entfalten kann. Die Menschen teilen die Arbeit untereinander auf – der Bauer versorgt mit seinen Lebensmitteln nicht nur sich selbst, sondern auch andere, ebenso der Schuster etc. –, weil sie in Bezug auf ihr Wesen und ihre Anlagen unterschiedlich begabt sind. Der Mensch muss im Staatsgefüge die Möglichkeit haben, seinen Fähigkeiten entsprechende Tätigkeiten auszuüben. Gerechtigkeit zeigt sich dann, wenn jeder gemäß seinen Fähigkeiten handeln kann und wenn die gegenseitige Hilfestellung (der eine hilft mit seinen Fähigkeiten dem anderen) im Erfüllen der Grundbedürfnisse geleistet wird. Gerechtigkeit ist also „jedem das Seine".
- ARISTOTELES (4. Jh. v. Chr.) orientiert sich an der Tugend der Mitte und definiert Gerechtigkeit als Gleichheit bzw. Ausgleich. Wenn wir heute von *sozialer Gerechtigkeit* sprechen, verknüpfen wir die platonische und aristotelische Gerechtigkeitsauffassung: Jeder zahlt Steuern (Prinzip der Gleichheit = Jedem das Gleiche), allerdings gestaffelt nach seinen Möglichkeiten (Prinzip der Differenzierung = Jedem das Seine).

AUFGABEN

1. Diskutieren Sie die folgenden Behauptungen.

1. Von Natur ist nichts gerecht oder ungerecht.	
2. Gerechtigkeit ist ein Trug. Es gibt nichts als Gewalt.	
3. Jedem das Seine fordert die Gerechtigkeit, jedem das Gleiche der Neid.	
4. Eine gerechte Gesellschaft wäre eine solche, der jedes Mitglied zustimmen könnte, auch wenn es über seine eigene Stellung in dieser Gesellschaft noch nichts wüsste.	
5. Die Gerechtigkeit einer Gesellschaft lässt sich danach bewerten, welche Chancen sie ihren Randgruppen einräumt.	
6. Es ist nötig, die Ungleichheit aufrechtzuerhalten, um Kapital zu erzeugen.	

2. **Gyges und sein Ring**
Gyges war ein Hirte im Dienste des damaligen Herrschers von Lydien (Kleinasien). Infolge starken Regens und eines schweren Erdbebens entstand ein Riss in der Erde. Diese Erdöffnung befand sich zufällig genau dort, wo er seine Tiere weidete. Als Gyges sie sah, wunderte er sich und stieg in die höhlenartige Öffnung hinab. Da sah er, unter anderen wunderbaren Sachen, auch ein hohles bronzenes Pferd mit Türen. Im Bauch des Pferdes erblickte er einen Leichnam, größer als ein Mensch. Dieser hatte sonst nichts an sich als an der Hand einen goldenen Ring. Gyges nahm den Ring, steckte ihn an seinen Finger und stieg wieder aus der Höhle.
Bei der üblichen Zusammenkunft der Hirten, bei der sie dem König den Monatsbericht über ihre Herden erstatteten, war auch Gyges dabei, mit dem Ring am Finger. Wie er so unter den anderen saß, drehte er zufällig den Ring gegen sich, das heißt dem Innern der Hand zu; da wurde er für die neben ihn Sitzenden unsichtbar, und sie sprachen von ihm als einem Abwesenden. Gyges wunderte sich, fasste wieder den Ring an und drehte dessen Kasten nach außen, und darauf war er wieder sichtbar. Er machte mit dem Ring noch mehrere Versuche – tatsächlich, es funktionierte: Immer wenn er den Ring nach innen drehte, wurde er unsichtbar. Nach dieser Entdeckung setzte er alles daran, ein Gesandter des Königs zu werden, was ihm auch gelang …[20]
   a. Stellen Sie diese Geschichte szenisch dar. Schreiben Sie ein kleines Drehbuch. Finden Sie einen Schluss.
   b. Was ist das Resümee der Geschichte? Wenn es nun zwei solcher Ringe gäbe und den einen der Gerechte sich ansteckte, den andern der Ungerechte, wäre der Gerechte von so starker Festigkeit, dass er bei der Gerechtigkeit bliebe und es über sich gewänne, fremden Gutes sich zu enthalten und es nicht zu berühren, trotzdem er ohne Scheu sogar vom Markte wegnehmen dürfte, was er wollte, und in die Häuser hineingehen und beiwohnen, wem er wollte, und morden und aus dem Gefängnis befreien, wen er wollte, und überhaupt handeln wie ein Gott unter den Menschen?

3. **Gyges und sein Ring von Friedrich Hebbel**
Informieren Sie sich über das Stück. Schreiben Sie eine kurze Inhaltsangabe.

5.2 Gleichheit oder Ungleichheit?

Der amerikanische Philosoph John Rawls (1921–2002) beginnt seine politische Gerechtigkeitstheorie mit einem Gedankenexperiment. Er geht von einem Urzustand aus, in dem alle Menschen vernünftig und gleich sind. Man muss fragen, welche

[20] Frei nach Platon, Politeia 2, 359c–360d.

Grundsätze die Mitglieder einer Gesellschaft selbst für die Gestaltung ihrer gemeinsamen Institutionen wählen würden, wenn sie unter fairen Bedingungen darüber zu entscheiden hätten.

> Stellen wir uns vor, wir wären Mitglied eines Parlaments, das alle Gesetze einer zukünftigen Gesellschaft beschließen soll. Wir müssen gemeinsam mit den anderen Parlamentariern alles bedenken, denn sobald die Gesetze unterschrieben sind, sterben wir. Kurze Zeit später erwachen wir – welch Wunder – genau in der Gesellschaft wieder, deren Gesetze wir vorher gemacht haben.[21]

Wir müssen also alles vorher bedenken, denn wir haben keine Ahnung, in welchem sozialen Umfeld wir aufwachen werden und welche gesellschaftliche Position wir einnehmen werden. Hinter dem „Schleier der Unwissenheit" soll darüber beraten werden, nach welchen Grundsätzen eine Gesellschaft strukturiert werden soll.
Voraussetzung für die Fairnesstheorie ist ein Menschenbild, das eine moralische Person voraussetzt. Als Ergebnis entsteht eine wohlgeordnete Gesellschaft, in der die Bürger/innen freiwillig tun, was die Institutionen von ihnen verlangen, weil diese nur das fordern, was ihnen die Bürger/innen vorher schon aus eigenem Interesse bei der Gründung gegeben haben: Fairness zeigt sich in Form von Solidarität. Soziale und ökonomische Ungleichheiten sind dann zulässig, wenn sie zum größten zu erwartenden Vorteil für die am wenigsten Begünstigten führen.

Der amerikanische Philosoph Robert Nozick (1938–2002) ist ein Vertreter des Neoliberalismus.[22] Er propagiert den *minimal state* und setzt sich kritisch mit der Fairnesstheorie von Rawls auseinander. Jeder Mensch hat grundsätzlich zwei Möglichkeiten, auf gerechte Weise zu Besitz zu kommen:

1. Er hat den Besitz rechtmäßig geschaffen oder sich angeeignet, ohne dass dieser vorher jemand anderem gehört hatte.
2. Er hat den Besitz durch eine rechtmäßige Transaktion (Handel, Geschenk etc.) mit einer anderen Person erworben.

Gerecht ist jeder Zustand, der aus einem anderen gerechten Zustand durch eine dieser zwei Aktionen herbeigeführt wurde. Unwichtig sind hingegen moralische Verteilungskriterien oder Gleichheitsgrundsätze. Nozick ist der Ansicht, dass die Zusammenarbeit zwischen besser und schlechter gestellten sozialen Gruppen frei

21 John Rawls, Eine Theorie der Gerechtigkeit, Frankfurt/Main: Suhrkamp 1993.
22 Vgl. Robert Nozick, Anarchie, Staat, Utopie, München: Mvg-Verlag 1976.

und unreglementiert bleiben muss. Schließlich profitieren alle Gruppen von einer Zusammenarbeit. Im freien Spiel der Kräfte profitieren nach NOZICK die unteren Schichten mehr als die oberen, denn die oberen Schichten brächten neue Erfindungen und Know-how ein, wovon die unteren Schichten Nutzen ziehen, ohne dafür etwas geleistet zu haben. Daher warnt er ausdrücklich davor, diese Art von Vertrag im Namen der Fairness sozialer zu gestalten, denn damit profitierten die noch mehr, die sowieso schon den größten Nutzen davontrügen. Würde sich der Staat reglementierend einmischen, würden die sozial Schwachen auf Kosten der sozial Starken noch mehr profitieren.

- Der Mensch hat ein Recht auf seine naturgegebenen Privilegien, auch darauf, diese Privilegien zu erhalten. Dieses Recht kann nicht durch moralische Bedenken verändert werden.
- Diese naturgegebenen Vorteile kommen der Gesellschaft wieder zu Gute, denn die anderen Menschen profitierten im Handel und in der Zusammenarbeit mit dem Privilegierten von seinen Vorteilen. Sollte ihr entstehender Profit dabei zu klein werden, können sie die Zusammenarbeit aufkündigen.

Menschenbild des Neoliberalismus

Der Neoliberalismus geht von einem negativen Menschenbild aus, das auf der Annahme basiert, dass jeder Mensch, vor allem in öffentlichen Ämtern, versuchen wird, sich oder Personen aus seinem Umkreis zu bevorzugen. Deshalb müsse sich zwangsläufig Korruption entwickeln. Diese Entwicklung kann nur durch eine Reduzierung des öffentlichen Sektors und die absolute Selbststeuerung des Marktes verhindert oder eingeschränkt werden. Die Optimalvorstellung des Menschen im Neoliberalismus gleicht der Situation Robinson Crusoes, der, allein auf seiner Insel, weder durch Menschen, Behörden noch Vorschriften eingegrenzt wird. Die Begrenzung ergibt sich nur aus den natürlichen Umständen.

Für moderne Staaten wird ein Mindestmaß an Einschränkungen akzeptiert, z. B. Schutz des Individuums, Verhinderung von Diskriminierung und Sicherstellung der notwendigen Rahmenbedingungen eines freien Marktes.

Soziale Maßnahmen haben für den Neoliberalismus weitgehend keine Bedeutung, sie werden vielmehr als Diskriminierung derer verstanden, die nicht davon profitieren. Nach der Theorie des Neoliberalismus führt eine *Gleichbehandlung* bei freien Märkten automatisch zu sozialer Gerechtigkeit. Soziale Gerechtigkeit bedeutet für den Neoliberalismus nur Chancengleichheit. Der Staat ist somit von sozialer Verantwortung entbunden.

AUFGABE

Diskutieren Sie die Vor- und Nachteile der beiden Gerechtigkeitstheorien von RAWLS und NOZICK.

- Wie leben Kranke und Behinderte in einem neoliberalen Staat?
- Wie schauen die Rohstofftransaktionen zwischen Industrie- und Entwicklungsländern aus?
- Führt NOZICKS Staat zu einem Kastenwesen?
- Verarmt der *minimal state* dadurch, dass er immer mehr Arme erzeugt?

5.3 Jugendkriminalität

Bekannt gewordene Fälle in Österreich		Jahr 2002	Jahr 2003	Veränderung in %
Deliktgruppen[23]	strafbare Handlungen gegen Leib und Leben (Mord, Körperverletzung)	84 221	86 494	+ 2,7
	strafbare Handlungen gegen die Freiheit	14 640	14 385	− 1,7
	strafbare Handlungen gegen fremdes Vermögen (Sachbeschädigung, Diebstahl, Raub)	427 730	466 888	+ 9,2
	strafbare Handlungen gegen die Sittlichkeit (Vergewaltigung, sexueller Missbrauch)	3460	3773	+ 9,0
	strafbare Handlungen gegen den Geldverkehr	3036	6006	+ 97,8
	sonstige strafbare Handlungen nach dem StGB	33 398	39 424	+ 18,0
	Delikte nach strafrechtlichen Nebengesetzen	25 099	26 316	+ 4,8
	gesamt	591 584	643 286	+ 8,7

Wie in anderen Ländern ist auch in Österreich die Kinder- und Jugendkriminalität im Steigen. *Kinder geben weiter, was sie selbst erleben*. So betrachtet wird Kinder- und Jugendkriminalität von Erwachsenen produziert. Für Jugendkriminalität gibt es vor allem drei Risikofaktoren: Schulabbruch, gewalttätige Eltern und Arbeitslosigkeit. Treffen zwei der Faktoren zusammen, werden Jugendliche zu 15 % mehrfach straffällig.

[23] Quelle: www.bmi.gv.at/kriminalstatistik

In Österreich stieg der Anteil angezeigter Jugendlicher und Kinder zwischen 1990 und 1998 von 11,5 % auf 16,2 %. Die Zahl krimineller Kinder unter 14 Jahren hat sich verdreifacht. 1998 wurden 3774 Kinder zwischen 10 und 14 angezeigt, knapp 30 000 Jugendliche zwischen 14 und 19, erwachsene Verdächtige gab es 171 000. Bestimmt wird der Trend von Vermögensdelikten, vor allem Ladendiebstählen. Das Risiko, in Kaufhäusern beim Stehlen erwischt zu werden, unterschätzen die Jugendlichen.
Drogendelikte sind ein weiterer Faktor für die steigende Jugendkriminalität. Der Anteil Jugendlicher an der Zahl aller Verdächtigen stieg bei Verbrechen nach dem Suchtmittelgesetz zwischen 1990 und 1998 von 2,2 % auf 15,4 %; bei Vergehen von 10,6 % auf 27,5 %. Die Zahl der angezeigten Drogendelikte hängt davon ab, wie intensiv Polizei und Gendarmerie daran arbeiten.
Im Jahr 1990 waren bundesweit 39,2 % der Straßenräuber jünger als 19, 1998 waren es 65,7 %. Der ständig steigende Anteil Jugendlicher beim Straßenraub lässt sich nicht durch bessere Überwachung erklären, auch die Anzeigenbereitschaft dürfte nicht im gleichen Ausmaß gestiegen sein.
„Kinder und Jugendliche sind gewaltbereiter als früher", sagt Helga Grabner, Gruppenführerin der Jugendpolizei von Salzburg. „Sie dämpfen Zigaretten auf der Haut ihrer Rivalen aus. Nach Raufereien in Volksschulen wird oft die Rettung gebraucht. Aber die Gesellschaft ist sensibler geworden. Früher sind viele Delikte Jugendlicher nicht angezeigt worden."
„Einzelfälle erschüttern die Bevölkerung. Die Gefangenenzahl am Jugendgericht Wien liegt aber seit Jahren gleichbleibend bei ca. 60 Häftlingen. Demnach begehen Jugendliche heute kaum schwerere Delikte als früher", sagt Udo Jesionek, ehemaliger Präsident des Jugendgerichtshofs Wien.
Es ist sicher, dass heute die Jugendszene vielschichtiger geworden ist, entsprechend auch die Szene für Jugendkriminalität. Laut einer Studie von T-Factory und Fessel & GfK erklärten sich 81 % der männlichen und 71 % der weiblichen Jugendlichen zu einer Szene gehörig. Die Heranwachsenden bekennen sich zu zwei, drei Szenen gleichzeitig und sympathisieren mit einer ganzen Palette von Szenen. Im Vordergrund stehen Fankulturen (Fußball, Musik), körperbezogene Funkulturen (Skaten, Mountainbiken und Snowboarden), Computerfreaks und Tierschützer/innen. Unmodern und out sind Politik, Esoterik und Religion, auch rechts- und linksradikale Gruppen. Heute sind Skinheadgruppen zur Minikultur geschrumpft. Mit Graffitisprayern sympathisieren nur 7 % der österreichischen Jugendlichen.

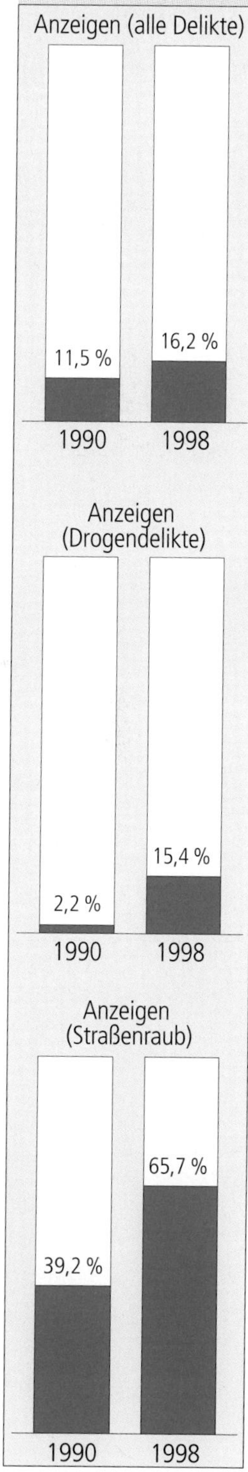

Die Gesellschaft – so Experten – müsste gezielt bei gefährdeten Personen ansetzen. Dazu gehören vor allem Jugendliche, die zu Hause täglich Gewalt erleben. Konflikte enden nach ihren Erfahrungen mit Gewaltausbrüchen des Stärkeren. Ihnen muss gezeigt werden: *Auseinandersetzungen löst man durch Gespräche, nicht durch Gewalt.*

Sind Jugendliche krimineller als früher?
Das lässt sich aus der Kriminalstatistik allein nicht ablesen. Die Zunahme bei jugendlichen Verdächtigen könnte an einer gestiegenen Anzeigebereitschaft liegen. Wenn früher der Lärm aus der Nachbarwohnung gestört hat, ist der Betroffene zum Nachbarn gegangen und hat ihn gebeten, leiser zu sein. Heute ruft er die Polizei. Genauso verhält es sich bei Straftaten Jugendlicher. Ein weiterer Grund für die steigende Jugendkriminalität laut Statistik könnte das Kontrollverhalten der Gesellschaft sein. Als in den USA zwei Jugendliche in ihrer Schule ein Blutbad angerichtet hatten, reagierte der Staat mit Überwachungskameras. Die Folge: Die Zahl der registrierten Delikte steigt, weil Straftaten aufgedeckt werden, die vorher unentdeckt geblieben sind.

Was sind die Ursachen von Gewalttaten Jugendlicher?
Die Ursachen sind vielschichtig. Ein hoher Risikofaktor sind gewalttätige Eltern. Kinder, die nichts anderes sehen als Konfliktlösungen mit Prügel, verhalten sich im Leben genauso. Sie haben eine geringere Frusttoleranz, rasten bei Kleinigkeiten aus. Alkohol und aufgeladene Situationen, etwa bei einem Fußballspiel im Stadion, können Auslöser von Gewalt sein. Gewaltvideos und -computerspiele lösen zwar Gewalt nicht aus, aber sie steuern die Gewaltbereitschaft. Die Entladungstheorie, wonach sich das Gewaltpotenzial durch das Ausleben von Fantasien abbaut, ist widerlegt – das Gegenteil ist erwiesen: Gewaltvideos zeigen Gewalt als Lösung – ein Verhaltensmuster, das die Jugendlichen kopieren.

Wie lässt sich Jugendgewalt verhindern?
Indem wir Jugendlichen ein Repertoire mitgeben, mit dem sie Konflikte ohne Gewalt lösen: sich entspannen, sich ablenken, argumentieren. Wenn sie immer nur vorgelebt bekommen, Streit endet mit Gewalt, werden sie nichts anderes kennen. Vor allem sollten wir ihnen Selbstvertrauen vermitteln. Wer an sich glaubt, braucht keine Gewalt, um sich zu beweisen.[24]

[24] Antworten von Gerhard Brenner und Friedrich Schmidl, zitiert aus: http://www.bmi.gv.at/oeffentlsicherheit/2000/03/artikel_5.asp

AUFGABEN

1. **Einschätzübung**
   Schätzen Sie, welches Strafausmaß für welches Delikt in Österreich vorgesehen ist. Stimmt Ihr Rechtsempfinden mit den Gesetzen überein?

Mord	____________
Tötung eines Kindes bei der Geburt	____________
Tötung auf Verlangen	____________
Mitwirkung an Selbstmord	____________
fahrlässige schwere Körperverletzung	____________
absichtliche schwere Körperverletzung	____________
fahrlässige Tötung	____________
Quälen Schutzbedürftiger	____________
Raufhandel	____________
Unterlassung der Hilfeleistung	____________
Im-Stich-Lassen eines Verletzten	____________
schwerer Diebstahl	____________
Raub	____________
Betrug	____________
Untreue	____________
Erpressung	____________
Veruntreuung und Unterschlagung	____________
üble Nachrede, Beleidigung	____________
Verletzung des Briefgeheimnisses	____________
sexueller Missbrauch von Unmündigen	____________
sexueller Missbrauch von Jugendlichen	____________
pornografische Darstellungen mit Unmündigen	____________
Besitz geringer Mengen von Suchtgift	____________
falsche Beweisaussage und Meineid	____________

2. **Was ist für Sie Gewalt?**
   Erstellen Sie in Gruppenarbeit eine Liste (anschreien, Sachen zerstören, auslachen, beschimpfen etc.)

3. **Einschätzübung**

	wahr / nicht wahr
a. Gewalt gibt es nur in Problemfamilien.	________
b. Männer misshandeln Frauen, weil sie in ihrer Kindheit misshandelt wurden.	________
c. Männer unterscheiden genau, zu wem sie gewalttätig sind und zu wem nicht.	________
d. Eine „gesunde Watschen" hat noch nie jemandem geschadet.	________
e. Kinder vergessen Gewalt schnell.	________
f. Kinder müssen mit Härte erzogen werden.	________
g. Frauen suchen sich Männer, die sie misshandeln.	________

5.4 Gewaltfreie Kommunikation

Menschen verletzen Menschen durch Worte. Worte hinterlassen Narben. Dies kann gewollt sein, dann wird bewusst Gewalt ausgeübt. Aber auch trotz friedvoller Absicht führt zwischenmenschliche Kommunikation häufig zu Missverständnissen. Der Konfliktforscher Marshall ROSENBERG entwickelte einen Leitfaden für gewaltfreie Kommunikation:[25]

1. Die vom Konflikt betroffene Person beschreibt den Anlass für den Konflikt: *In der letzten Woche bist du drei Mal zu spät gekommen.*
2. Anschließend drückt sie das Gefühl aus, das jetzt vorhanden ist: *Ich bin traurig, weil ich mich nicht auf dich verlassen kann.*
3. Jetzt drückt die Person das positive Gefühl aus, das durch den Konflikt frustriert wurde: *Ich brauche Verlässlichkeit.*
4. Es wird eine Bitte formuliert, die mit einer konkreten Handlung verbunden ist: *Ich möchte dich bitten, unsere Vereinbarung einzuhalten, weil ich eine Menge Energie investiert habe.*

Ungeeignet wäre:
Jetzt kommst du schon wieder zu spät.

Ungeeignet wäre:
Wir hatten doch etwas anderes ausgemacht.

Ungeeignet wäre:
Du bist rücksichtslos.

Ungeeignet wäre:
Mit dir kann man sowieso nie ordentlich zusammenarbeiten.

Eine Bitte ist keine Forderung: *Erfülle sie mir bitte nur, wenn du sie mir gern und freiwillig erfüllen magst.* Die größte verändernde Kraft in menschlichen Beziehungen ist nach ROSENBERG die Großzügigkeit.

Wolf und Giraffe

ROSENBERG bedient sich zweier Tierfiguren, die in den Märchen für das *Gute* und das *Böse* stehen. Das *Gute* wird versinnbildlicht durch die Giraffe, ein Tier mit einem großen Herzen und mit größtem Weitblick. Das *Böse* ist das Dunkle in uns, unser Schatten, der in unserer Kultur durch den Wolf dargestellt wird. Beide Tiere werden durch Handpuppen repräsentiert. Auf der einen Hand befindet sich der Wolf, auf der anderen die Giraffe, und die Dialoge zwischen Konfliktparteien werden nun zwischen den beiden Puppen ausgetragen, oft von demselben Darsteller.

- Die *Wolfssprache* kennt primär zwei Reaktionsmöglichkeiten: dem anderen die Schuld geben oder sich selbst die Schuld geben.

Wolf: Ich kann nicht	Giraffe: Ich will / ich will nicht
Du hast mich enttäuscht, weil du nicht gekommen bist.	Ich bin enttäuscht, dass du nicht gekommen bist, weil ich ein paar Dinge mit dir besprechen wollte.
Der Wolf analysiert: Du bist ja neurotisch.	Die Giraffe urteilt niemals über den Wolf.

[25] Vgl. Marshall B. ROSENBERG, Gewaltfreie Kommunikation. Aufrichtig und einfühlsam miteinander sprechen; neue Wege in der Mediation und im Umgang mit Konflikten, Paderborn: Junfermann 2002.

- *Giraffensprache* bedeutet aufrichtig und einfühlsam miteinander reden. Statt anderen Leuten die Schuld für unsere Gefühle zu geben, akzeptieren die Giraffen ihre Verantwortung, indem sie ihre Bedürfnisse, Wünsche, Erwartungen und Gedanken erkennen und akzeptieren.

AUFGABEN

1. **Konflikt – laut Musik hören**
   Formulieren Sie in vier Schritten die gewaltfreie Kommunikation nach ROSENBERG, gehen Sie von der Annahme aus, dass Sie die vom Konflikt betroffene Person sind.
   1. ____________________
   2. ____________________
   3. ____________________
   4. ____________________
2. **Typisch Wolf – typisch Giraffe**
   Finden Sie typische Begriffe und Wendungen des Wolfes bzw. der Giraffe.

Wolf	Giraffe
____________	____________
____________	____________

3. **Feedback**
   Feedback ist eine Rückmeldung über das Verhalten. Wichtig ist, dass niemand abgewertet, verletzt, bloßgestellt oder beschuldigt wird.
   Ungeeignet: „Du bist immer so überheblich."
   Besser: „Mir fällt gerade auf, dass du deinen Kopf sehr hoch hältst, das wirkt auf mich überheblich."
   Erstellen Sie für Ihre Gruppe Feedback-Regeln. Sie können sich an den Vorgaben orientieren.

   Regeln für die, die Feedback gibt
   Stelle nicht die ganze Person in Frage.
   Gib dein Feedback möglichst sofort.
   Liefere genaue Beschreibungen.
   Vermeide es, zu werten und zu interpretieren.
   Äußere nur, was du selber wahrgenommen und empfunden hast.
   Achte darauf, dass dein Feedback nicht verletzend/zerstörend wirkt.

   Regeln für denjenigen, der Feedback erhält
   Es geht nicht darum, wer Recht behält.
   Versuche stets, dir Feedback aufmerksam anzuhören und nachzufragen.
   Vermeide Verteidigungen und Rechtfertigungen.

6 Dienst an der Gemeinschaft

6.1 Präsenzdienst

Zum Präsenzdienst werden Wehrpflichtige in der Regel mit dem Einberufungsbefehl einberufen. Er bestimmt Zeitpunkt und Ort, an dem der Präsenzdienst anzutreten ist, und muss mindestens vier Wochen vor dem Tag des Antritts des Grundwehrdienstes (dem Einberufungstermin) zugestellt werden. Folgende Waffengattungen sind u. a. wählbar:

- ABC-Abwehrtruppe: Kenntnisse in Technik, Physik und Chemie sind bei der ABC-Truppe von besonderem Wert.
- Artillerie: Soldaten mit technischer Ausbildung und Kenntnissen in Datenverarbeitung sind erwünscht.
- Fernmeldetruppe: Vor allem Soldaten mit guter Allgemeinbildung, rascher Auffassungsgabe und technischem Verständnis werden gesucht.
- Jägertruppe: Unabdingbar für Jägersoldaten sind eine gute körperliche und geistige Verfassung, Leistungswille und Einsatzbereitschaft sowie Durchhaltevermögen.
- Panzertruppe: Besonders willkommen sind bei der Panzertruppe Soldaten, die sich länger verpflichten wollen.
- Pioniere müssen zumeist unter schwierigsten Bedingungen ihre Arbeit erledigen. Da heißt es kräftig zupacken. Handwerkliches Geschick, Ausdauer und eine gute körperliche Verfassung sind daher für Pioniersoldaten unerlässlich.
- Sanitäter: Sanitätsdienstliche Hilfeleistung an Verletzten ist eine geistige, emotionale, aber auch körperliche Herausforderung.
- Versorgung: Eine berufliche Vorbildung, wie eine kaufmännische Lehre oder der Abschluss der Handelsschule/Handelsakademie, ist für die Verwendung in der Versorgungstruppe, insbesondere beim Nachschub- und Feldzeugdienst, von Vorteil.

Darüber hinaus gibt es viele Organisationen, die überwiegend durch den Einsatz von Freiwilligen Dienst an der Gemeinschaft verrichten: Feuerwehr, Rotes Kreuz, Samariter, kirchliche Organisationen wie Caritas etc.

6.2 Zivildienst

Wer *tauglich* ist, kann fristgerecht eine Zivildiensterklärung abgeben. Er wird von der Wehrpflicht befreit und hat Zivildienst zu leisten. Der Zivildienst dauert zurzeit neun Monate und kann u. a. bei folgenden Organisationen bzw. Vereinen geleistet werden:

- als Dienst in Krankenanstalten (Krankenhäuser, Pflegeheime, Landesnervenkliniken),
- im Rettungswesen (Rotes Kreuz, Arbeiter-Samariter-Bund),
- in der Sozial- und Behindertenhilfe (Kinderdörfer, Kinderheime, Rehabilitationszentren, Wohnheime für Nichtsesshafte

und Behinderte, Wohngemeinschaften für sozial gefährdete Jugendliche, Betreuungseinrichtungen für Obdachlose und Arbeitslose, AIDS-Hilfe, Caritas, Lebenshilfe, landwirtschaftliche Betriebshilfe),

- in der Altenbetreuung (Pensionistenheime, Essen auf Rädern),
- in der Krankenbetreuung (Lazarus-Hilfswerk, Haushaltshilfe, Boten- und Begleitdienste),
- als Dienst in Justizanstalten,
- in der Betreuung von Vertriebenen, Asylwerberinnen und Flüchtlingen sowie von Menschen in Schubhaft (amnesty international, ÖIE, Flüchtlingsbetreuung, Integrationseinrichtungen),
- in Katastrophenhilfe und Zivilschutz (Feuerwehr, Rotes Kreuz, Zivilschutzverband),
- als Dienst in inländischen Gedenkstätten, insbesondere für Opfer des Nationalsozialismus (Mauthausen),
- in der Vorsorge für die öffentliche Sicherheit und die Sicherheit im Straßenverkehr (Kuratorium für Verkehrssicherheit, Bundespolizeidirektionen).

6.3 Friedensdienste, Gedenkdienste

Für Zivildienstpflichtige besteht die Möglichkeit, an Stelle des ordentlichen Zivildienstes einen freiwilligen Dienst im Ausland („Auslandsdienst") zu leisten. Dieser Dienst dauert mindestens 14 Monate und muss unentgeltlich geleistet werden. Es darf keine Gegenleistungen geben. Bloßer Ersatz der Fahrt- und Lebenshaltungskosten sind kein Entgelt. Der Auslandsdienst muss vor Vollendung des 28. Lebensjahres angetreten und vor Vollendung des 30. Lebensjahres beendet und dem Innenministerium nachgewiesen werden. Die Tätigkeitsfelder für den Dienst im Ausland sind auf die *Mitwirkung an der Lösung internationaler Probleme sozialer oder humanitärer Art* beschränkt. Dabei tun sich auch interessante Felder, beispielsweise Friedensarbeit für Zivildienstpflichtige, auf.

Der Verein *Österreichische Friedensdienste (ÖFD)* organisiert seit 1993 freiwillige und unentgeltliche Friedensdienste im ehemaligen Jugoslawien – mit dem Ziel, am Aufbau einer internationalen zivilen Friedensarbeit mitzuwirken. Die *Freiwilligen* arbeiten in Wiederaufbau- und interethnischen Kulturprojekten, Friedens- und Menschenrechtsgruppen sowie in Flüchtlingslagern. Einsatzregionen sind Kroatien, Bosnien-Herzegowina und die Bundesrepublik Jugoslawien. Ein Projekt in Albanien ist im Aufbau. Spezifische Voraussetzungen sind nicht notwendig. Unentbehrlich sind jedoch gute Englischkenntnisse, die Fähigkeit zu Teamarbeit

und Kreativität. Von Vorteil sind außerdem Freude an der Arbeit mit Menschen, Belastbarkeit, Aufgeschlossenheit, politische Bildung und Einfühlungsvermögen. Friedensdienst können auch Frauen und nicht-zivildienstpflichtige Männer leisten.
Der Verein *Gedenkdienst*, der sich zum Ziel gesetzt hat, zur Aufklärungsarbeit und Bewusstseinsbildung über die Auswirkungen des Nationalsozialismus und die Beteiligung von Österreicherinnen und Österreichern am Holocaust beizutragen, bietet seit 1992 die Möglichkeit, in ausländischen Holocaust-Gedenkstätten zu arbeiten. Die Gedenkdienstleistenden können auch eigene Projekte realisieren. Der Gedenkdienst wird u. a. in Yad Vashem (Israel), im Anne Frank Haus (Niederlande) und dem Museum Auschwitz-Birkenau (Polen) geleistet. Intensive Vorbereitung durch einjährige Mitarbeit, Teilnahme an den halbjährlich stattfindenden Vorbereitungsseminaren und den Gedenkdienst-Tagungen, Besuche bei Gedenkstätten, Auseinandersetzung mit der Geschichte des Holocaust sowie Grundkenntnisse der jeweiligen Landessprache sind als Voraussetzungen nötig. Gedenkdienst können auch Frauen und nicht-zivildienstpflichtige Männer leisten.

6.4 Freiwilliges Soziales Jahr

Verschiedene Organisationen bieten das so genannte *Freiwillige Soziale Jahr* an. Dieses dauert etwa zehn Monate. Die Teilnehmer/innen sind geringfügig beschäftigt und erhalten Kost und Logis. Nähere Informationen erhalten Sie unter:

- www.fsj.at
- www.caritas-wien.at

Europäischer Freiwilligendienst (EFD)

Junge Leute im Alter zwischen 18 und 25 Jahren können sich als Freiwillige für drei Wochen bis zwölf Monate in einem gemeinnützigen Projekt im Ausland engagieren. Geboten wird die Möglichkeit, ein anderes Land, eine andere Kultur und eine andere Sprache intensiv kennen zu lernen. Der EFD ist kein Ersatz für den Wehr- oder Zivildienst, es ist ein Einsatz als Freiwillige/r auf Taschengeldbasis. Nähere Informationen unter:
www.jugendfuereuropa.de

AUFGABEN

1. **Essay**
   Schreiben Sie einen Essay, warum Sie Präsenzdienst, Zivildienst, Friedensdienst oder einen anderen Dienst an der Gemeinschaft wählen.
2. **Zivildienst für Mädchen?**
   Diskutieren Sie die Frage, ob Mädchen zum Zivildienst herangezogen werden sollten.
3. **Generationen im Gespräch**
   (relevant für Sozialdienst, Zivildienst)

Zwischen dem Älterem und dem Jüngerem stand eine Karaffe Wein. Das Leben ist ein schrumpfender Raum, sagte der Ältere. Oft ist es beschissen, sagte der Jüngere, aber es wird immer wieder schön. Es ist ein schrumpfender Raum, beharrte der Ältere. Die Vergangenheit überfährt dich von hinten her wie eine Lokomotive. Aber nicht auf der Straße, sagte der Jüngere. Überall, sagte der Ältere, wird der Raum kleiner, die Luft zum Atmen geht aus. Niemals, sagte der Jüngere, die Luft geht niemals aus. Ja, sagte der Ältere, du bist noch jünger, du hast noch Raum. Du kannst noch weg, ich nicht mehr. Ich will nicht weg, sagte der Jüngere. Aber du könntest, wenn du wolltest, sagte der Ältere, ich nicht, auch wenn ich wollte. Wer alt wird, ist zu diesem Kaff verdammt. Du hast dein eigenes Häuschen, sagte der Jüngere, so verdammt ist es nicht. Ja, sagte der Ältere, mein Raum ist auf ein Häuschen zusammengeschrumpft. Du hast einen Garten, sagte der Jüngere, du hast eine Frau. Ja, sagte der Ältere, doch du vergisst, dass es noch tausend Gärten und tausend Frauen gibt. Oho, sagte der Jüngere, das ist mir neu, dass du ein solcher bist! Du weißt, dass ich kein solcher bin, sagte der Ältere. Ja, sagte der Jüngere. Es ist einfach so, sagte der Ältere, der Raum schrumpft ein. Quatsch, sagte der Jüngere. Alles schrumpft zusammen, sagte der Ältere, und eines Tages kannst du nicht mehr atmen, weil du allein und ohne Raum bist. Der Jüngere lachte. Die Karaffe zwischen ihnen war leer.[26]

a. Beschreiben Sie kurz charakteristische Merkmale dieses Gesprächs.
b. Fassen Sie in Kleingruppen die wichtigsten Sätze zusammen.
c. Mit welchen Sätzen könnten sich die beiden näher kommen? Notieren Sie zuerst Ihre Gedanken, anschließend fassen Sie in Kleingruppen die wichtigsten Sätze zusammen.

[26] Gekürzter Text von Kurt Marti, Der schrumpfende Raum. In: Geschichten vom Erwachsenwerden, Stuttgart: Reclam 1987, S. 66f.

Wissens-Check zu Kapitel 3

Mythen als Ausdruck von Wünschen

Mythen aller Kulturen drücken in sprachlicher Form – zunächst mündlich, dann schriftlich fixiert – Wünsche und Sehnsüchte, Ängste und Neugier von Menschen aus.

Mythen hatten zunächst die Aufgabe, den Menschen die Welt mit ihren rätselhaften Phänomenen in bildhafter Form zu erklären. So wurden Götter und Helden zu den Verursachern des Unerklärlichen erkoren: Die Welt wurde so durchschaubar gemacht, dass komplexe Verstrickungen auf einfache Erklärungsmuster reduziert und „geheimnisvolle" Naturerscheinungen in Form von Personifizierungen erklärt wurden.

Mythos als Ordnungsrahmen

Der Mythos entstand vor allem auf dem Boden des Polytheismus. Er erzählt meist von anthropomorphen Göttern und ihren Beziehungskonflikten untereinander. Die Beziehungen zwischen Menschen und Göttern zeigen sich konkret in verschiedenen Riten und Opferhandlungen. Durch das Ritual versucht der Mensch, Einfluss auf das Verhalten der Götter zu nehmen. Die Götter wiederum sind empfänglich für die Einflüsse von Seiten der Menschen, weil sie darauf angewiesen sind, dass die Menschen an sie glauben, ihnen Opfergaben darbringen, einen Tempel bauen etc. Rituelle Opferhandlungen sind also für die Götter genauso wichtig wie der göttliche Segen für die Menschen. Jeder hat seine Rolle auszufüllen, die ihm die Weltordnung zugedacht hat.

Ein Blick auf die Literatur zeigt, dass das Interesse für Mythen gerade in den letzten Jahren groß ist (Christa Wolf, Christoph Ransmayr und Michael Köhlmeier). Auch die Kinohits *Harry Potter* und *Herr der Ringe* deuten darauf hin, dass Mythen „in" sind. Woher kommt das neu erwachte Bedürfnis nach Mythen?

Mythos als Orientierung

Offensichtlich sind die Menschen auf der Suche nach Lebenssinn, nach einem überschaubaren Weltbild, nach Ordnung mit dem Wunsch, ihr Leben als individuelles Schicksal zu verstehen. Die Wiederkehr des Mythos ist u. a. mit Sinndefiziten der Moderne zu erklären. Die rationalen Erklärungsmuster der Naturwissenschaft, die sich immer nur auf kleine Teile des Kosmos beziehen, haben die umfassenden, kreativen Erklärungsmuster der Mythen offensichtlich nicht überflüssig gemacht.

Gender Mainstreaming

Mit Gender sind die gesellschaftlichen Geschlechterrollen gemeint, die Vorstellungen und Erwartungen, wie Frauen und Männer sind bzw. sein sollen. Die Geschlechterrollen können sich im Lauf der Zeit ändern und sind innerhalb und zwischen den Kulturen sehr unterschiedlich. *Mainstreaming* (in den Hauptstrom bringen) heißt, dass ein bestimmtes Denken und Handeln in den Hauptstrom der Gesellschaft und Politik übernommen und zu einem selbstverständlichen Handlungsmuster wird. *Gender Mainstreaming* ist eine Strategie, die die Gleichstellung von Frauen und Männern zum Ziel hat.

Was ist Gerechtigkeit?

Philosophen geben auf die Frage, was gerecht ist, verschiedene Antworten:

- Nach PLATON (4. Jh. v. Chr.) zeigt sich Gerechtigkeit dann, wenn jeder seinen Fähigkeiten entsprechend handeln kann und wenn die gegenseitige Hilfestellung (der eine hilft mit seinen Fähigkeiten dem anderen) im Erfüllen der Grundbedürfnisse geleistet wird. Gerechtigkeit ist also „jedem das Seine".
- ARISTOTELES (4. Jh. v. Chr.) orientiert sich an der Tugend der Mitte und definierte Gerechtigkeit als Gleichheit bzw. Ausgleich. Wenn wir heute von *sozialer Gerechtigkeit* sprechen, verknüpfen wir die platonische und aristotelische Gerechtigkeitsauffassung: Jeder zahlt Steuern (Prinzip der Gleichheit = Jedem das Gleiche), allerdings gestaffelt nach seinen Möglichkeiten (Prinzip der Differenzierung = Jedem das Seine).
- John RAWLS (20. Jh.) definiert Gerechtigkeit als Fairness. Fairness zeigt sich in Form von Solidarität. Soziale und ökonomische Ungleichheiten sind dann zulässig, wenn sie zum größten zu erwartenden Vorteil für die am wenigsten Begünstigten führen.
- Im Gegensatz dazu geht der Neoliberalismus von einem negativen Menschenbild aus, das auf der Annahme basiert, dass jeder Mensch, vor allem in öffentlichen Ämtern, versuchen wird, sich oder Personen aus seinem Umkreis zu bevorzugen. Deshalb müsse sich zwangsläufig Korruption entwickeln. Verhindert oder eingeschränkt werden kann diese Entwicklung nur durch eine Reduzierung des öffentlichen Sektors und die absolute Selbststeuerung des Marktes. Die Optimalvorstellung des Menschen im Neoliberalismus gleicht der Situation Robinson Crusoes, der, allein auf seiner Insel, weder durch Menschen noch Behörden oder Vorschriften eingegrenzt wird. Die Begrenzung ergibt sich nur aus den natürlichen Umständen.

Kapitel 4: Umwelt und Verantwortung

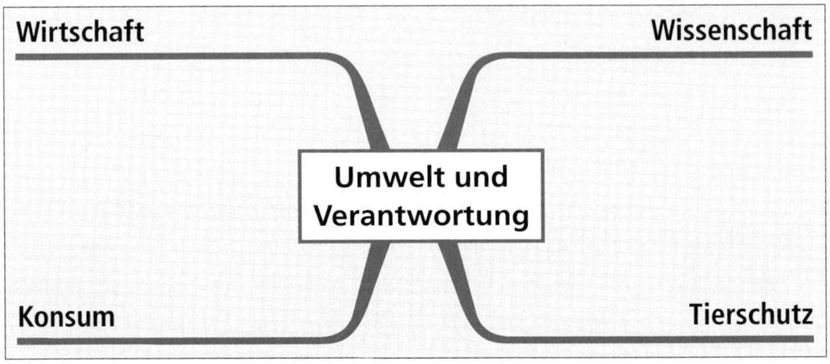

Zeitgenössische Ethikkonzepte versuchen Antworten auf gesellschaftliche, politische und wissenschaftlich-technische Probleme zu geben. Während die klassischen Theorien entweder mehr die Gesinnung (deontologische Theorie nach SOKRATES und KANT) oder mehr die Folgen einer Handlung (teleologische Theorie nach ARISTOTELES und MILL) ins Blickfeld der Argumentation rückten, vertreten heutige Ethiker/innen Mischtheorien. Sie ziehen zur Rechtfertigung ihrer Theorie Gesinnung und Prinzipien heran (deontologisch) und fragen zugleich nach den Auswirkungen und Folgen der Handlungen, sie vertreten in dieser Hinsicht eine teleologische Theorie.

In seinem Buch „Das Prinzip der Verantwortung" meint der Philosoph Hans JONAS, dass die Probleme der modernen Gesellschaft nicht mehr mit der traditionellen Ethik gelöst werden können. So hat sich das technische und industrielle Zerstörungspotenzial schneller entwickelt als unsere Ethik und hat viele Probleme geschaffen (z. B. Gentechnologie, medizin-ethische Probleme, globale ökologische Probleme, Waffentechnologien). Das in der abendländischen Kultur für den Fortschritt zentrale Gebot von Francis BACON, „Wissen ist Macht", führt zu der paradoxen Situation, dass einerseits die Macht zur Herrschaft über die Natur führt und die Menschen ungeheuren Nutzen daraus ziehen können, dass aber diese Macht gleichsam *selbstmächtig* geworden ist, d. h. eine Eigendynamik entwickelt und außer Kontrolle geraten kann.

In dieser Situation erhebt sich der Ruf nach einer neuen Ethik, die nicht die Vorschriften der alten ethischen Systeme aufhebt, sondern darüber hinaus geht. Ethik hat die Aufgabe, den Verantwortungsbegriff umfassender zu definieren:

- Wir haben Verantwortung für unsere Nachwelt; Verantwortung geht weit über die gegenwärtige Situation hinaus.
- Wir haben Verantwortung für die gesamte Biosphäre; Verantwortung geht weit über eine lokale Begrenzung hinaus.

Vor allem der Wissenschaft kommt die Aufgabe einer hypothetischen Voraussage zu, sie muss die möglichen Folgen des gegenwärtigen Handelns für die Zukunft prognostizieren. Dabei gilt folgender methodischer Grundsatz: *Nicht die Sicherheit über Auswirkungen des Handelns in der Zukunft muss als Entscheidungsgrundlage herangezogen werden, sondern das Wissen vom Möglichen, im Speziellen von allen möglichen negativen Eventualitäten.* ***In dubio pro malo*** *= Im Zweifelsfall orientiere dich an der negativen Prognose!* Die praktische Vorschrift von JONAS heißt also, dass der Unheilsprophezeiung mehr Gehör zu schenken ist als der Heilsprophezeiung; die schlechtere Prophezeiung hat Vorrang vor der guten.

Beispiel Atommüll
In dubio pro malo
Österreich und andere kleinere Staaten sprechen sich dafür aus, Atommüll so lange nicht ins Meer zu „schütten", bis eindeutig geklärt ist, dass für zukünftige Generationen daraus keine Gefahren erwachsen.

USA: In dubio pro bono
Solange nicht bewiesen ist, dass daraus ein Schaden entsteht, wird Atommüll im Meer gelagert.

AUFGABEN

1. Diskutieren Sie die folgende Frage: Ist es moralisch zu rechtfertigen, dass reiche Länder den armen Ländern Emissionsquoten für den Kohlenstoffdioxidausstoß abkaufen?
2. Lesen Sie die folgenden Informationen und überlegen Sie, ob dagegen etwas unternommen wird.
   Klimawandel und Ernährung: 800 Millionen Menschen leiden schon jetzt weltweit an Unterernährung. Durch den Klimawandel könnten Entwicklungsländer künftig ein Fünftel des Getreideanbaus verlieren, bei einem erwarteten Anstieg der Weltbevölkerung auf neun Milliarden. Jede Minute sterben 15 Kinder und 15 Erwachsene in einem Entwicklungsland an Hunger. Durch Erosion, Straßen- und Siedlungsbau wird der fruchtbare Boden ständig weniger. Drei Viertel der Böden weltweit eignen sich nicht als Felder: 27 % sind zu trocken, 13 % zu kalt, 12 % zu steil, der Rest ist zu unfruchtbar.
   Klimawandel verschärft die Situation: Durch den Klimawandel steigen die Temperaturen weltweit, das belegen verschiedene Studien. In Zentralafrika etwa soll es bis 2080 um bis zu 8 °C heißer werden. Weltweit verteilen sich die Niederschlagsmengen neu. Steigt die Temperatur und fällt weniger Regen, schrumpfen die landwirtschaftlichen Nutzflächen. Steigen Temperatur und Regenmenge, dehnen sich die fruchtbaren Böden aus.
   Industriestaaten als Gewinner: Vom Klimawandel werden vor allem die Industriestaaten profitieren, sie werden mehr Getreide anbauen. Die Entwicklungsstaaten hingegen werden noch weniger produzieren. Mehr Menschen werden hungern.[1]

[1] Quelle: http://science.orf.at/science/news (6. September 2001)

1 Wissenschaftsethik

Wissenschaftsethik ist eine Bereichsethik, sie bezieht sich vor allem auf die Gruppe von Experten und Wissenschaftlerinnen. Hier stellt sie die Handlungsbedingungen heraus, die die Wissenschaftler/-innen im Interesse der *Wahrheitsfindung* befolgen sollten:

- allgemeine Handlungsregeln wie intellektuelle Redlichkeit, keine Forschungsergebnisse fälschen,
- Verhältnis von allgemeinen moralischen Orientierungen zu den Folgen und Problemen, die durch die Erzeugung und Verwendung wissenschaftlichen Wissens hervorgerufen werden,
- verständliche Vermittlung der wissenschaftlichen Ergebnisse, um in einem demokratischen Gefüge auch den Laien eine kompetente Mitsprache zu ermöglichen und Verantwortung zu übertragen.

Tag-Nacht-Gleichnis
Wir tun uns schwer, exakt den Übergang vom Tag zur Nacht festzusetzen, wir alle wissen jedoch sehr genau, dass es um 10:00 Uhr Tag ist und um 23:00 Uhr Nacht.

Verantwortliche Wissenschaft erzwingt nicht die Liquidierung von Forschung, sondern verlangt eine geeignete Beschränkung vor allem der anwendungsorientierten Forschung. Wissenschaft kann frei bleiben, aber die Machenschaft muss sich gewissen Bedingungen unterwerfen, die gewährleisten, dass die Grundlagen menschlichen Lebens auf dieser Erde nicht zerstört werden. Schwierig ist die genaue Grenzziehung. Es ist hier wie bei unserem Tag-Nacht-Gleichnis. Im konkreten Fall weiß der forschende Wissenschaftler – wenn er ehrlich ist – am besten, welchem Zweck sein Forschen eigentlich dient und wo er eine Grenze ziehen müsste.

Denn in der Praxis ist es doch eigentlich gar nicht der einzelne Wissenschaftler, dem es an einem ausreichenden Unterscheidungsvermögen zwischen Nutzen und Schaden mangelt, sondern es ist die Gesellschaft, die ihn anstiftet, ja geradezu zwingt, seine Talente der Zerstörung zu widmen. Im harten Wettbewerb um hoch bezahlte Arbeitsplätze, um Arbeitsplätze, die Entfaltungsmöglichkeiten für kreative Geister bieten, um angemessene Arbeitsplätze überhaupt, bleibt so manchem kaum eine andere Wahl, als seine Seele zu verkaufen. Hier stoßen wir auf das anfänglich erwähnte Problem der persönlichen Unfreiheit, das moralisch verantwortliches Handeln zunichte macht.

Doch von welcher Art sind die Gefahren und Katastrophen, die für die Menschheit absolut unzumutbar sind, gegen die wir sie vor allem schützen müssen? Es ist vielleicht weniger die eine oder andere spezielle technische Entwicklung, die wir künftig hier aufmerksamer verfolgen und auf ihre gefährlichen Auswüchse hin besser im Auge behalten müssen. Es sind wohl mehr die immensen Verstärkermechanismen, mit denen heute Großtechniken brutal in die Natur eingreifen oder eingreifen können, welche die eigentliche

Bedrohung darstellen. Sie führen zu Auswirkungen, die so mächtig sind, dass die Natur sie nicht mehr abpuffern kann. Sie stören das empfindliche dynamische Gleichgewicht der Biosphäre und drohen es umzukippen. Es ist in diesem Fall müßig, darüber zu streiten, ob nun Politikern oder Wissenschaftlern oder anderen Leuten letztlich die wesentlichen Entscheidungen über die zukünftige Entwicklung dieser Mechanismen überlassen werden sollten, denn diese enorm verstärkenden Systeme entwickeln eine Eigendynamik, die letztlich überhaupt keine Steuerung mehr erlaubt.
Lassen Sie mich dafür ein Gleichnis anführen: Wenn Leute in einem Raum zusammensitzen und sich darüber verständigen wollen, ob oder in welchem Maß geraucht werden darf, so gibt es prinzipiell sehr viele Methoden, sich darüber zu einigen: Wir können etwa der Meinung des Arztes oder des gesundheitlich Schwächsten in diesem Kreis ein besonderes Gewicht geben oder es dem Gutdünken des Vorsitzenden überlassen oder einfach mehrheitlich abstimmen. Auf welche Weise verfahren wird, macht keinen wesentlichen Unterschied. Wenn aber dieser Raum knöcheltief voller Benzin steht, dann stehen wir vor einer radikal neuen Situation. Hier kann die Entscheidung nur lauten: alles zu unternehmen, um die Überflutung des Raums mit Benzin zu beseitigen und dies auch zukünftig zu verhindern. Denn in Brand geratenes Benzin ist in seiner Auswirkung schlicht nicht mehr steuerbar, nicht mehr beherrschbar. Wir würden uns in diesem Fall kaum damit begnügen, die Raucher nur zu einem vorsichtigen Gebrauch ihrer Zigaretten aufzufordern.
Die Schlussfolgerung aus solchen Überlegungen scheint mir zu sein: Alle Entwicklungen und Unternehmungen, die auf Grund ihres eingeprägten Gefahrenpotenzials inakzeptable Folgen für uns Menschen und die Biosphäre heraufbeschwören, sollten mit einem strikten Verbot belegt werden, und dies ganz unabhängig davon, ob sie einem konstruktiven oder destruktiven Zweck dienen sollen. Dies muss auch gelten, wenn wir glauben oder wenn Experten uns glauben machen, geeignete Sicherungen könnten dieses Schadenspotenzial verlässlich in Schach halten. Denn perfekte Sicherheit gibt es nicht. Absicherungen können deshalb Katastrophen nie verhindern, sondern sie allerhöchstens für gewisse Zeit hinauszögern.[2]

2 Hans-Peter Dürr, Das Netz des Physikers. Naturwissenschaftliche Erkenntnis in der Verantwortung, München: dtv 2000, S. 172ff. (gekürzt).

2 Wirtschaftsethik

Wirtschaftsethik ist ein Sammelbegriff für Fragestellungen, die das Miteinander der Menschen innerhalb des Wirtschaftslebens betreffen. Unter ethischen Gesichtspunkten ist sowohl die Verantwortung eines oder einer Vorgesetzten für die Mitarbeiter/innen als auch die Verantwortung eines Unternehmens gegenüber der Gesellschaft beinhaltet.

Ist es überhaupt möglich, gewinnmaximierend zu arbeiten und trotzdem auf moralische Grundsätze wie Fairness, Solidarität, Ehrlichkeit und Umweltverträglichkeit zu achten? Für Unternehmen kommt es des Öfteren zum Konflikt zwischen ökonomischen Zielen und ethischen Grundsätzen wie Fairness den Mitarbeitern bzw. Verantwortung der Umwelt gegenüber.

Die Bedürfnisse der Menschen[3] waren und sind zum Teil noch immer Ausgangspunkt für wirtschaftliche Prozesse. Steht für ihre Erfüllung Geld zur Verfügung, ergibt sich daraus eine Nachfrage nach Gütern und Dienstleistungen, durch deren Kauf und Nutzung die Bedürfnisse befriedigt werden können. Unternehmen stellen Güter her und verkaufen diese, Firmen bieten Dienstleistungen an, wobei ein Wettbewerb um die besten Waren zum niedrigsten Preis entsteht. Kalkuliert werden die Preise für Güter und Dienstleistungen so, dass die Kosten des Unternehmens gedeckt sind und ein zusätzlicher Gewinn entsteht.

Wo Nachfrage und Angebot zusammentreffen, entsteht ein Markt. Der Marktpreis für das Angebot wird durch die Nachfrage reguliert. Liegt der Preis, den die Verbraucher/innen bereit sind zu zahlen, dauerhaft unter den Selbstkosten, entsteht ein steigender Verlust und das Produkt wird vom Markt genommen.

Da heute der Markt in sehr vielen Bereichen gesättigt ist, muss die Angebotsseite durch *Innovation* eine neue Nachfrage wecken. Ein Innovationsdruck für das Unternehmen ergibt sich aus dem Wettbewerb um die besten Waren zum niedrigsten Preis: Je größer die nachgefragte Menge einer Ware, desto günstiger kann sie produziert werden und desto geringer ist ihr Preis. Umgekehrt gilt: Je kleiner die nachgefragte Menge, desto kostenintensiver und somit teurer ist das Produkt. Man denke an Computer, Digitalkameras oder Laserdrucker. Früher musste man einen viel höheren Preis zahlen als heute. Nachdem mit neuen, kostengünstigeren Produktionsverfahren Computer auch für Haushalte erschwinglich wurden, konnte man diesen großen Bedarf zu niedrigeren Preisen decken.

Nicht alle Unternehmen können kostendeckend wirtschaften. Unternehmen, die einen gemeinnützigen Auftrag zu erfüllen haben (z. B. Krankenhäuser, Theater, Einrichtungen für Behinderte), versuchen kostendeckend zu wirtschaften, sind aber überwiegend

[3] Die folgenden Informationen sind referiert nach Helmut KEIM/Heiko STEFFENS (Hg.), Wirtschaft Deutschland. Daten – Analysen – Fakten, Köln: Bachem 2000, S. 182 ff.

von Subventionen abhängig. Schulen und Polizei werden in Österreich in der Regel mit Steuergeldern finanziert. Der wirtschaftliche Erfolg eines Unternehmens muss also sehr differenziert betrachtet werden. Während die Ziele privatwirtschaftlicher Unternehmen Streben nach Gewinn, Rentabilität und Ausweitung des Marktanteils sind, müssen gemeinnützige Einrichtungen (Krankenhäuser, Schulen, Polizei etc.) nach anderen Kriterien bewertet werden.

Rentabilität = Verhältnis des Gewinns zum eingesetzten Kapital in einem Zeitraum

2.1 Soziale Marktwirtschaft

Marktwirtschaft beruht auf dem Prinzip des Privateigentums. Innerhalb der Marktwirtschaft kann zwischen dem Modell der freien und der sozialen Marktwirtschaft unterschieden werden. Grundgedanke der freien Marktwirtschaft – aufbauend auf der Theorie des Neoliberalismus – ist, dass der Markt selbst optimale Ergebnisse für eine Gesellschaft hervorbringt, wenn sich Angebot und Nachfrage frei entfalten können: *So viel Freiheit wie möglich, so wenig staatliche Reglementierung wie nötig.*
Grundlage der sozialen Marktwirtschaft ist hingegen, dass nicht alle Ergebnisse des Marktes von vornherein optimal sind, sondern in bestimmten Fällen korrigiert werden müssen. Wichtige Aufgaben des Staates in der sozialen Marktwirtschaft sind:

- Erhaltung öffentlicher Einrichtungen wie Krankenhäuser, Schulen, Universitäten, Museen, Arbeitsämter, Behindertenwerkstätten etc.
- Rahmengesetze zur Stabilisierung der Wirtschaft wie Umschulungsprojekte, öffentliche Investitionen etc.
- Sicherung von Mindestlöhnen, Kindergeld, Stipendium
- Rahmengesetze zur Einschränkung wirtschaftlicher Macht wie Kündigungsschutz, Umweltschutzgesetz, Schutzmechanismen für Jugendliche, Schwangere, Behinderte etc.

Heiner GEISSLER, ehemaliger Generalsekretär der CDU, fordert eine Rückbesinnung auf die Grundlagen der sozialen Marktwirtschaft: *Das Kapital hat den Menschen zu dienen und nicht die Menschen zu beherrschen.*

Eine Gesellschaft mit einem menschlichen Gesicht braucht ein soziales Klima, das durch den Geist der Botschaft Jesu und nicht durch Ellbogen-Egoismus und Catch-as-catch-can-Mentalität geprägt ist. Die Auseinandersetzung um die Rentenversicherung in Deutschland hat gezeigt, dass die Entsolidarisierung zunimmt. Die Jungen werden gegen die Alten mobilisiert und umgekehrt. Würde Christus die Mentalität gutheißen, alles aus einer Kasse, in die man eingezahlt hat, herauszuholen? Wenn jemand krankfeiert, verstößt er gegen die Gerechtigkeit und beutet die Solidargemeinschaft aus. Auch derjenige, der jemanden krankschreibt, obwohl er gar nicht krank ist, ist ein Betrüger.

Eine Frau war chronisch krank und litt über zehn Jahre an Blutungen. Sie hatte viele Ärzte konsultiert und bei den unzähligen Untersuchungen sehr gelitten. Schließlich hatte sie ihr ganzes Vermögen daran gegeben, um geheilt zu werden, aber umsonst. Der Zustand war immer schlimmer geworden.

Dies ist kein Bericht aus der Bundesrepublik Deutschland, sondern aus Palästina im Jahre 30 n. Chr. Er steht im Markus-Evangelium (Mk 5,25). Zweitausend Jahre später wird Arbeitnehmern, die jahrzehntelang Beiträge in die Kranken- und Arbeitslosenversicherung bezahlt haben, nach sechs Wochen, wenn sie also in der Regel chronisch krank geworden sind, das Krankengeld aus der gesetzlichen Krankenversicherung gestrichen. Wenn sie arbeitslos und gemäß den derzeitigen Vorstellungen der Bundesregierung nach zwölf Monaten Arbeitslosengeld Sozialhilfeempfänger werden, dann müssen sie, bevor sie Sozialhilfe bekommen, beträchtliche Teile ihres angesparten Vermögens für den eigenen Unterhalt aufwenden und verbrauchen. Aber für diese Risikofälle haben sie ja gerade Beiträge bezahlt und Geld gespart.

In Deutschland ist diese Sozialleistung durch das **Arbeitslosengeld II** abgelöst worden.

Das Problem der Krankenversicherung ist ein moralisches. Wenn wir eine Volksversicherung hätten und alle mit der Solidargemeinschaft verantwortlich umgingen, könnten wir sie gut finanzieren und brauchten keine britischen Perspektiven. In Großbritannien werden bestimmte Menschen aus der medizinischen Versorgung ausgegrenzt. Jemand, der älter ist als achtzig Jahre, erhält kein künstliches Hüftgelenk, bekommt keine Bypass-Operation und keinen Herzschrittmacher. Eine solche Gesellschaft hat mit JESUS so viel zu tun wie Margaret THATCHER mit Mutter TERESA. In den Vereinigten Staaten, die den Namen Gottes in ihrer Unabhängigkeitserklärung anrufen, gibt es ungefähr 50 Millionen Menschen, die keinen Krankenversicherungsschutz haben, und für die übrigen besteht er nur, solange sie einen Job haben.[4]

In Österreich ist die Situation etwas anders: Die meisten zahlen in eine gesetzliche Krankenversicherung ein.

4 Heiner GEISSLER, Was würde Jesus sagen? Die politische Botschaft des Evangeliums, Berlin: Rowohlt 2003, S. 77f.

2.2 Nachhaltigkeit

Politiker/innen, Verantwortliche in der Wirtschaft, aber auch Kunstschaffende nehmen nicht selten den Begriff *Nachhaltigkeit* in den Mund.[5]

Die Hügel der Mittelmeerländer sind seit der Antike weitgehend kahl. Die Erkenntnis, dass es der industrialisierten Welt genauso ergehen kann wie den Wäldern des Mittelmeerraumes war für den Club of Rome Ansporn für seine berühmte Studie „Grenzen des Wachstums", die Urstudie zur nachhaltigen Entwicklung. 1992 haben sich 178 Staaten, darunter auch Österreich, bei der Umwelt- und Entwicklungskonferenz in Rio de Janeiro auf eine zukunftsweisende Strategie für globale Fragen, auf die Agenda 21, als gemeinsames Bekenntnis zu globaler Verantwortung geeinigt.

„Nachhaltiges Wirtschaften bedeutet insbesondere die Nutzung lokaler Rohstoffe und Arbeitskräfte aus dem nahen Umfeld."
Martin BARTENSTEIN, Wirtschaftsminister

„Nur eine solide und profitable wirtschaftliche Basis ermöglicht es den Unternehmen, auch ökologische und soziale Anliegen effektiv zu unterstützen. Es geht darum, in vernünftigen Dimensionen zu wachsen."
Klaus RAIDL, Chef von Böhler-Uddeholm

> Der Begriff „Agenda" kommt aus dem Lateinischen und bezeichnet „was zu tun ist", die Zahl „21" steht für das 21. Jahrhundert. Die Agenda 21 wurde 1992 in Rio de Janeiro auf dem Erdgipfel der Vereinten Nationen (UNCED) von 178 Staaten verabschiedet und wird häufig auch als „Aktionsprogramm für das 21. Jahrhundert" beschrieben. Die Agenda 21 ist zwar nicht rechtsverbindlich, aber auf allen politischen Ebenen fest verankert. Das Dokument enthält 40 Kapitel, in denen die Politikfelder behandelt werden, die für eine nachhaltige Entwicklung relevant sind. Auftrag dieser Konferenz an alle Mitgliedstaaten der UN ist es, den Begriff „sustainable development" in alle Politikbereiche einzuführen.[6]

„Nachhaltigkeit ist eine elegante, vielleicht sogar die einzige Methode, zu gewährleisten, dass die Menschheit im Spiel bleibt."
Günter PAAL, Kabarettist

Die wichtigsten Zielsetzungen dieses UN-Dokumentes sind:

- Die gleichgewichtige Bewertung wirtschaftlicher, sozialer und ökologischer Belange bei allen Entscheidungen und
- eine Lebensgestaltung, die die Bedürfnisse aller heute lebenden Menschen befriedigt, ohne die kommenden Generationen zu gefährden.

„... im Wald nur so viele Bäume schlagen wie nachwachsen."
Helmut PECHLANER, Direktor Tiergarten Schönbrunn

Die damit gemeinte nachhaltige Entwicklung[7] erfordert eine Reihe von lokalen, regionalen und globalen Handlungen. Die Erreichung dieses Zieles setzt nicht nur verantwortliche Entscheidungen

[5] Kurier vom 24.12.2004, S. 19.
[6] http://www.nachhaltigkeit.at/ vom 7.1.2005
[7] BAOBAB. Entwicklungspolitische Bildungs- und Schulstelle. Materialien & Medien zum globalen Lernen, April 2002. bm:bwk (Hg.), Pilgrim: Nachhaltigkeit im Dialog der Religionen – Lehren und Lernen ohne Grenzen, Wien 2003. Weitere Literatur und weitere Anregungen sind darin enthalten.

in Politik und Wirtschaft voraus, sondern braucht auch Bewusstseinsprozesse bei allen Menschen, damit sie durch ihr tägliches nachhaltiges Handeln die Welt mitgestalten können.
Nachhaltiges Denken und Handeln lässt sich als Dreieck darstellen: wirtschaftlicher Gewinn – Soziales – Umwelt/Ökologie. Im Idealfall werden alle drei Bereiche gleichwertig berücksichtigt.

Qualitätssicherung

Das Thema Nachhaltigkeit ist sehr vielfältig. Ein möglicher Zugang erfolgt über die Qualitätssicherung, denn jeder Betrieb muss auf die Qualität seiner Arbeit und seiner Produkte achten, schließlich wird von den Konsumentinnen und Konsumenten Qualität nachgefragt.

- Ein Produkt soll das halten, was es verspricht und was von ihm erwartet wird. Laufschuhe sollen zum Laufen geeignet sein, ein Gerät soll funktionieren, das Produkt soll eine gewisse Lebensdauer haben und das Preis-Leistungs-Verhältnis muss stimmen. Qualitätsmerkmale gehen oft ins Detail: Welche Größe darf eine Essiggurke haben und welche Krümmung ist noch erlaubt?
- Die Frage kann auch lauten: Welche **soziale Qualität** hat ein Produkt? Unter welchen sozialen Bedingungen entsteht es? Erhalten die Arbeiter/innen einen gerechten Lohn? Hat das Produkt einen fairen Preis oder einen, der von den wirtschaftlich Mächtigen diktiert wird? Welche sozialen Auswirkungen hat die Verwendung eines Produktes, denken wir an Kriegsspielzeug oder an Waffen?
- Welche **ökologische Qualität** hat ein Produkt? Unter welchen Umweltbedingungen wird es erzeugt, benützt und wieder entsorgt?

Fair Trade

Fair Trade (= Fairer Handel) ist eine der Antworten auf die ungerechten und einseitigen Weltmarktstrukturen. Seine Zielsetzungen entsprechen den Forderungen der Agenda 21 und sind ein Handlungsfeld sowohl global als auch lokal. Die Wirtschaft muss auch die Interessen jener berücksichtigen, die nicht einmal ihre elementaren Grundbedürfnisse befriedigen können.
Vor mehr als drei Jahrzehnten haben sich europäische Organisationen international vernetzt und das Konzept des Fairen Handels ins Leben gerufen. Ihr Motto lautete „Handel statt Hilfe". In der Zwischenzeit ist der Faire Handel zu einer effizienten Form der Entwicklungszusammenarbeit geworden.

Die wichtigsten Ziele des Fairen Handels sind:

- Aufbau von Handelspartnerschaften mit benachteiligten Produzentinnen und Produzenten in den Ländern des Südens,
- Spekulationen sollen ausgeschaltet werden,
- Mindestpreise über dem Weltmarktniveau. Was für uns 10 bis 20 % Mehrpreis ausmacht, verdoppelt oft das Einkommen der Bauern,
- umweltverträgliche Produktions- und Arbeitsbedingungen,
- keine Kinderarbeit,
- Produkt- und Qualitätsberatung,
- Aufbau langfristiger Verträge und Kontakte,
- nach Möglichkeit Vermarktung der Produkte in der Region,
- ausgewogenes Verhältnis zwischen Produktion für den heimischen Markt und für den Export.

„Viele kleine Leute, die an vielen kleinen Orten viele kleine Dinge tun, können das Gesicht der Welt verändern."
Aus Afrika

„Wenn einer träumt, ist es ein Traum. Wenn viele Menschen denselben Traum träumen, ist es der Anfang einer neuen Wirklichkeit."
Dom Helder CAMARA

Trans Fair Österreich, gegründet 1993, zertifiziert fair gehandelte Produkte mit dem Siegel „Fair Trade Certified". Der Anteil an fair gehandelten Produkten ist noch sehr gering, aber im Steigen begriffen und Umfragen zufolge stark ausbaubar.

AUFGABEN

1. Wählen Sie einige Produkte, die Sie derzeit zur Verfügung haben (Jeans und andere Kleidungsstücke, Schuhe, Kaffee, Bananen ...), aus und fragen Sie nach den genannten Qualitätskriterien. Fragen Sie auch, wie diese Produkte gehandelt werden.
2. Stellen Sie sich ein gutes Frühstück vor, das Sie (zumindest gelegentlich) zu sich nehmen, und recherchieren (oder schätzen) Sie die Kilometeranzahl, die jedes dieser Nahrungsmittel zurückgelegt hat, bevor es auf Ihren Frühstückstisch gekommen ist.
3. Wie könnten Sie Ihren Lebensstil im Sinne von mehr Nachhaltigkeit verändern, nicht so, dass Sie darunter leiden, sondern dass Sie sich selbst auch als Gewinner/in sehen?
4. Besuchen Sie die Website http://www.nachhaltigkeit.at/. Sie ist eine Initiative des Lebensministeriums und wird inhaltlich betreut vom Forschungsschwerpunkt Nachhaltigkeit und Umweltmanagement (WU Wien), dem Sustainable Europe Research Institute (SERI) und dem Zentrum für Soziale Innovation (ZSI).

2.3 Fortschritt ad infinitum?

Der Philosoph Karl R. POPPER kritisierte vor etwa sechzig Jahren die Geschichtstheorien, die den Menschen als willenloses Wesen in den Geschichtsprozess integrieren. Der „Historizismus" geht davon aus, dass wir selbst keine grundlegende Entscheidung zu treffen brauchen; er wälzt unsere Verantwortlichkeit auf die Geschichte und damit auf ein uns weit überragendes dämonisches

Kräftespiel ab. Der Historizismus stellt uns und unsere Handlungen auf das moralische Niveau eines Menschen, der, durch Horoskope und Träume inspiriert, seine Glückszahl in der Lotterie wählt.

Der Historizismus bestimmt auch unsere Einstellung zu Ideen, wie z. B. zur Idee des „Fortschritts". Wenn wir glauben, dass die Geschichte fortschreitet, begehen wir denselben Fehler wie ein Mensch, der die Geschichte für sinnvoll hält und glaubt, dass sich dieser Sinn in ihr entdecken lässt und ihr nicht verliehen zu werden braucht. Denn „Fortschritt" heißt, sich auf ein bestimmtes Ziel hinbewegen.

Die Geschichte kann dies nicht tun; nur wir, die menschlichen Individuen, können es. Wir können es tun, indem wir jene demokratischen Institutionen verteidigen und stärken, von denen die Freiheit und mit ihr der Fortschritt abhängt. Und wir werden es viel besser tun, sobald wir einmal die Tatsache besser erkannt haben, dass der Fortschritt bei uns liegt, dass er abhängt von unserer Wachsamkeit, von unseren Anstrengungen, von der Klarheit unserer Ziele, unserer Kritikfähigkeit in Bezug auf Fortschrittsideen.[8]

2.4 Hasenfuß- und Gefangenendilemma

Spätestens seit dem 11. September 2001 wissen wir, dass die Spieltheorie – die nur dann Gültigkeit hat, wenn Kooperation zumindest als Möglichkeit erwogen wird – keine geeignete Theorie in der Konfliktlösung *Terrorismus* darstellt.

Das Hasenfußdilemma stammt von Bertrand RUSSELL. Sie und ein Freund rasen mit den Fahrrädern auf den Rand einer Klippe zu. Derjenige von Ihnen, der zuerst bremst oder vom Kurs abweicht, ist der *Hasenfuß*. Wenn Sie beide etwa gleichzeitig bremsen, sprich kooperieren, ist keiner der Hasenfuß, aber auch keiner der Gewinner. In diesem Spiel wäre das beste Resultat für Sie, wenn Ihr Freund als Erster bremst: Dann gewinnen Sie, und er ist der Hasenfuß. Das schlechteste Resultat für alle Beteiligten wäre natürlich, dass keiner bremst – d. h., beide sausen in den Abgrund.

Dieses Spiel unterscheidet sich dadurch vom *Gefangenendilemma* (s. Aufgabe S.125), dass Nicht-Kooperieren für beide Seiten das *Schlechteste* ist. Vorausgesetzt wird, dass für beide Beteiligten das Gewinnen einen geringeren Wert hat, als das eigene Leben zu riskieren. Setzt man dies voraus, ist Kooperation die verlässlichste Form der Konfliktlösung.

Der wichtigste ethische Orientierungsrahmen im Bereich der Wirtschaftsethik ist *Kooperation*. Die Unverzichtbarkeit von

[8] Vgl. Karl R. POPPER, Hat die Weltgeschichte einen Sinn? In: Christoph FEHIGE u.a. (Hg.), Der Sinn des Lebens, München: dtv 2000, S. 169f.

kooperativem Verhalten wird durch die Spieltheorie untermauert. Das Gefangenendilemma zeigt, wie sich fehlendes Vertrauen und Egoismus störend auf das Erreichen von Zielen auswirken können. Der Grundgedanke ist folgender:

- Das Verhalten des Einzelnen ist vom Verhalten anderer abhängig.
- Die Verfolgung von Eigennutz führt dazu, dass sich alle im Spiel verschlechtern.

Auf die Wirtschaftsethik übertragen besagt das Gefangenendilemma Folgendes: Die Überzeugung vieler Menschen, dass es in der Gesellschaft zum Besten gestellt sei, wenn jeder nur seinen Nutzen verfolgt, ist falsch. Wie die Spieltheorie mit dem Gefangenendilemma gezeigt hat, tritt bei eigennützigem Verhalten das Paradoxon auf, dass sich alle schlechter stellen. Die Erklärung ist leicht zu geben: Wenn alle nur Vorteile auf Kosten anderer haben wollen, anderen aber keine Vorteile zuteil werden lassen, gibt es kein bestmögliches Ergebnis, sondern nur das beste unter den schlechtestmöglichen. Moralisches Bewusstsein im Sinne von Kooperation und Fairness ist für eine Gesellschaft unverzichtbar, auch für die Wirtschaft, weil moralische Prinzipien wie Selbstverantwortung, Ehrlichkeit und Engagement den Interessen der Wirtschaft mehr helfen als egoistische Bestrebungen.

AUFGABEN

1. **Das Gefangenendilemma**
   Diskutieren Sie die verschiedenen Möglichkeiten.
   Zwei Gefangene werden eines Verbrechens beschuldigt. Sie stehen vor der Wahl, zu gestehen oder zu leugnen. Wenn einer gesteht, kommt die Kronzeugenregelung zur Anwendung. Der Anklagevertreter erklärt das Strafausmaß:

1. beide gestehen	2. beide leugnen	3.a einer gesteht (Kronzeuge)	3.b einer leugnet
10 Jahre	2 Jahre	1 Jahr	20 Jahre

		Person B	
		leugnet	gesteht
Person A	leugnet	A: 2 Jahre B: 2 Jahre	A: 20 Jahre B: 1 Jahr
	gesteht	A: 1 Jahr B: 20 Jahre	A: 10 Jahre B: 10 Jahre

2. **Diskutieren Sie die folgenden Beispiele.**
   a. Öltanker fahren unter der Flagge von Panama, den Cook-Inseln etc. Reedereien registrieren ihre Schiffe in solchen Ländern, weil wenig kontrolliert wird, die Sicherheitsstandards minimal sind und dadurch Kosten gespart werden.
   b. Giftmüll wird in viele Länder legal exportiert. Diese Länder bekommen für die Abnahme des Mülls ein bestimmtes Honorar bezahlt.
   c. Unternehmen lagern ihre Produktion in „Entwicklungsländer" aus; dort ist Kinderarbeit nicht verboten, soziale und gesundheitspolitische Auflagen gibt es nicht.
3. **Überlegen Sie Beispiele**, wie die Konsumenten ganz *konkret Macht gegen Konzerne und Produkte* demonstrieren könnten.

2.5 Megaphilosophie Ökonomie

Joachim Koch (geb. 1954)

Nach der Argumentation des Philosophen Joachim Koch ist die Ökonomie zur Megaphilosophie aufgestiegen. Wie hat sie das geschafft?

- Die Konsumentin/der Konsument steht im Mittelpunkt. Das einfache, aber wirkungsvolle Credo lautet: *Ich konsumiere, also bin ich.* Solange die finanziellen Mittel es erlauben, steht jeder im Mittelpunkt. Alter und Geschlecht, Hautfarbe und politische Einstellung, Religion und ethisches Bewusstsein, all das ist egal. Wer die Mittel nicht mehr hat, ist out.
- Hinter diesem Freiheitsversprechen der Ökonomie steckt ein zügelloser, anarchistischer Kapitalismus. Erlaubt ist, was gefällt und was die Kassen klingeln lässt. Wir sind die Konsumenten, die auf die Versprechen der Ökonomie hereinfallen. Wir sind zu bequem und zu faul, vielleicht auch zu dumm geworden, um uns unseres eigenen Verstandes zu bedienen. Man kann nicht auf die politischen und sozialen Verhältnisse schimpfen und gleichzeitig auf die Börsenwerte seiner Aktien schauen. Wir alle sind gefangen in einem Beziehungsgeflecht aus gegenseitigen Abhängigkeiten. Die Ökonomie braucht Menschen wie uns.

Eigentlich hat das ökonomische Streben mit dem kollektiven Geist nicht viel im Sinn. Das Eigeninteresse ist Triebfeder des ökonomischen Strebens, der Eigennutz sein Vehikel, das Eigentum sein Ziel. Damit ein jeder den Vorgaben der Ökonomie folgt, bedarf es genuin keiner Idee. Weder muss sie dem Einzelnen gegenüber wunschbildungsfähig sein, noch ist sie darauf angewiesen, Einzelne zu einem Kollektiv zu schmieden. Um der Ökonomie zu folgen, genügt bereits die Notwendigkeit, seinen Lebensunterhalt bestreiten zu müssen. Sie ist realistisch, weil sie das Realitätsprinzip verkörpert. …

Will die Ökonomie auf ihre Rechnung kommen, muss sie das Ideelle nachholen. Sie muss einen Idealismus erfinden, der Mitarbeiter an einem Strang ziehen lässt und die Kundschaft veranlasst, dem Unternehmen die Treue zu halten. Sie muss eine Idee der Kollektivität entwickeln. Sie muss tun, was noch jede Megaphilosophie tat. Sie muss Identifikationsangebote finden. Erfolgreiche Macht bedarf der Identifikation. Identität verschafft Identifikation, Identifikation verschafft Identität. Ihre Funktion ist eindeutig: *Die Identität des Unternehmens muss so klar sein, dass sie zum Maßstab wird für seine Produkte, für sein generelles Handeln wie für einzelne Maßnahmen. …*
Unternehmen verkaufen heute keine Produkte mehr, sie verkaufen Ideen. Es ist die Aufgabe des Managers, das Unternehmen so im Markt auszurichten, dass die zentrale Unternehmensidee sichtbar wird. Wäre die Behauptung insoweit wahr, dass diese Unternehmungen außer nach Gewinn auch nach dem strebten, was sie vorgeben, wäre die Sache in Ordnung. Es wäre schön, wenn sie sich für eine bessere Welt, mehr Sinn im Leben, eine saubere Umwelt oder eine allseits glückliche Menschheit engagierten. Da dies selten der Fall ist, dürfen wir sagen, diese und vergleichbare Verlautbarungen von Unternehmen sind im Normalfall eben nur Behauptungen.
Jeder weiß, dass es sich um Behauptungen handelt. Die Mitarbeiter, die Kunden, die Konkurrenz; alle wissen es. Stellte sich der Vorstandsvorsitzende vor die Belegschaft, um ihr das idealistische Ziel des Unternehmens zu vermitteln, würde jeder sagen, es seien hohle Phrasen. Tatsächlich verkündet kein Unternehmenschef derartige Ideale. Schließlich lebt er in der ersten und eigentlichen Wirklichkeit. Er sagt höchstens: „Marketing heißt, das ganze Unternehmen am Markt auszurichten. Es geht dabei nicht um Türschilder für Marketingexperten, sondern um die Denkweise.“ Er sagt, was jeder sagt, der sich mit Marketing, Unternehmenskultur, Identität, Vision etc. befasst: Modernes Marketing heißt, einen marktbezogenen Denk- und Führungsstil pflegen, der für alle Beteiligten und in sämtlichen Unternehmungen einer Organisation relevant ist. Also spricht der Vorstandschef vor der Belegschaft von der Philosophie des Hauses. Er spricht von einer Philosophie, die in die Zukunft weist, dem Unternehmen einen Platz unter den Besten, Größten und Stärksten sichert, durch die es unverwechselbar wird.[9]

[9] Joachim Koch, Megaphilosophie. Das Freiheitsversprechen der Ökonomie, Frankfurt/Main u. a.: Steidl 2003, S. 379ff. (gekürzt).

3 Konsum und Werbung

Der Journalist Michael HOLZLACH lebte ein Jahr lang bei den Hutterern in der kanadischen Provinz Alberta. Die Gemeinschaft der Hutterer wurde von dem Hutmacher Jakob HUTTERER im 16. Jh. gegründet. Die Hutterer sind strenge Pazifisten und lehnen jede Form von Privateigentum ab, das, was jeder an persönlichen Dingen braucht, wie z. B. Kleidung, ist genau festgelegt.

Ja, ich träume, aber dieser Traum ist wahr! Ich sitze hier wirklich im Einheitsjanker, mit Linealscheitel und blanken Schuhen, von meinen Nachbarn kaum zu unterscheiden, mir selber schon seit Wochen ein Fremder – ein Hutterer. … Bis heute sind die Hutterer ihren Mitmenschen vor allem deshalb ein Dorn im Auge, weil sie die Bibel strikt beim Wort nehmen. Die Zehn Gebote sind ihnen wirklich Gebote, Kriegsdienst und Ehebruch ein Gräuel, Fluch und Neid vom Teufel. Damit sie ihren Nächsten lieben können wie sich selbst, haben die Hutterer 300 Jahre vor Karl Marx das Privateigentum abgeschafft und leben seither nach dem Grundsatz: „Jeder gibt, was er kann, und kriegt, was ihm not ist.“

Aus der Distanz sieht das Dorf Wilson aus wie eine Mischung aus israelischem Kibbuz und dem Flüchtlingslager Friedland: sechs graue, lang gestreckte Wohnbaracken, in Zweierreihen Seite an Seite von Norden nach Süden ausgerichtet, davor die Gemeinschaftsküche, dahinter die Schule und etwas abseits die Stallungen, die Werkstätten und die Scheunen. Arbeiten, beten, essen, schlafen – hutterisches Leben.[10]

AUFGABEN

Diskutieren Sie die folgenden Fragen:

1. Wir unterscheiden Existenzbedürfnisse, Kulturbedürfnisse und Luxusbedürfnisse. Beschreiben Sie die drei Arten von Bedürfnissen.
2. Welche Bedürfnisse spielen in der Gemeinschaft der Hutterer eine primäre Rolle?
3. Welche Bedürfnisse spielen in unserer Gesellschaft eine primäre Rolle?
4. Finden Sie Argumente gegen die These *Konsumverzicht bewirkt eine Wirtschaftsflaute.*

Marketing

In einem weit gehend gesättigten Markt ist es schwierig, eine neue Produktidee zu lancieren. Zudem sind manche neuen Produkte weder notwendig noch sinnvoll. Es muss die Kauflust stimuliert werden, was durch Werbung oder raffinierte PR geschieht.

[10] Michael HOLZLACH, Das vergessene Volk. Ein Jahr bei den deutschen Hutterern in Kanada, Hamburg: Hoffmann und Campe 1980, S. 9ff.

- Das neue Produkt schafft sich eine künstliche Nachfrage. Im Stile einer Selffulfilling Prophecy werden Produktbedürfnisse geweckt und Produkte bereitgestellt.
- Der Käufer kann nun unmöglich zugeben, dass das von ihm gekaufte Produkt unnötig ist – er rationalisiert, d. h., er findet im Nachhinein Gründe, warum das Produkt doch sinnvoll für ihn ist. Am deutlichsten lässt sich diese psychologische Spirale von Selffulfilling Prophecy und Rationalisierung bei der ständigen Erneuerung von Softwareprodukten konkretisieren: Im Zwei-Jahres-Rhythmus werden Upgrades von Programmen angeboten, die für 99 % der User völlig unnötig sind – trotzdem werden diese gekauft und als sinnvoll verteidigt.

AUFGABEN

1. Diskutieren Sie die folgenden Fragen

a. Worin besteht das moralische Problem, wenn künstliche und völlig unnötige Bedürfnisse mit manipulativen Mitteln (Werbung, PR) beim Kunden geweckt werden? Wird die Menschenwürde durch den Slogan „Schaffe künstlich ein Bedürfnis!" verletzt?

b. Ein lukratives Geschäft scheinen „Werbeverkaufsfahrten" zu sein. Welche Menschen werden vorwiegend mit solchen Fahrten angesprochen? Warum wird gerade diese Gruppe von Personen angesprochen?

c. Suchen Sie Geschäftsbereiche, die ihre „Produkte" Menschen anbieten, die sich in emotionalen Grenzsituationen befinden. Welche moralischen Kodices sollten diese „Verkäufer" einhalten?

2. Vergleich

Vergleichen Sie folgende Fallbeispiele[11]. Wo liegen die moralischen Probleme?

a. Eine Aktiengesellschaft teilt ihren Kunden mit, dass die Dividende auf die eigenen Aktien ab sofort nur mehr über ein hauseigenes Konto ausbezahlt werden kann. Für den Fall, dass Kunden mit dieser Bank keine sonstigen Geschäftsbeziehungen unterhalten, benötigen sie eigentlich kein Konto (das mit beträchtlichen jährlichen Kontoführungsspesen verbunden ist). Aber die Bank lässt ihnen keine andere Wahl, wenn sie ihre Dividende beheben wollen.

b. Ein Campinggas-Hersteller verkauft seine wiederbefüllbaren Gasflaschen auf der Basis einer Methode, die man als eine Art uneinlösbares Pfandsystem bezeichnen kann. Wer zum ersten Mal eine Gasflasche ersteht, bezahlt das Gas und die Flasche. Die Kosten der Flasche belaufen sich auf das Zehnfache dessen, was der Kunde akzeptiert, weil ihm gesagt wird, dass beim Eintausch der leeren Flasche gegen eine volle nur mehr der Gaspreis anfällt. In dem Augenblick aber, wo der Kunde nicht mehr eine leere Flasche gegen eine volle eintauschen will, stellt sich heraus, dass der erste Einsatz für die teure Gasflasche kein Pfand war. Er hat die

[11] Vgl. Elmar WAIBL, Praktische Wirtschaftsethik, Innsbruck: Studienverlag 2001, S. 166f.

Flasche gekauft! Will er zu einer anderen Marke wechseln, bleibt er auf seinem „Eigentum" sitzen.

c. Eingebauter Verschleiß verkürzt durch gezielte Minderung der Produktqualität die Produktlebenszeit. Von Autos ist es bekannt, dass sie auf Grund heutiger Fertigungsmöglichkeiten ein viel längeres Leben haben könnten. „Eingebauter Verschleiß" in Form nicht voll genutzter technischer Möglichkeiten begünstigt die Absatzchancen der Branche insgesamt. Das scheint der Grund dafür zu sein, dass den Autos kein allzu langes Leben „anproduziert" wird, um die Aufnahmefähigkeit des Marktes zu erhalten.

3. Pro und Kontra Werbung

Das effektivste Marketinginstrument ist die Werbung. Diskutieren Sie Pro und Kontra von Werbung. Sie können sich an den Vorschlägen orientieren.

Pro
- Werbung ist so alt wie der Handel: Schon in der Antike gab es Werbeschilder für Gasthäuser.
- Werbung ist Produktinformation: Sie informiert über Marktneuheiten und erhöht für den Konsumenten die Markttransparenz.
- Werbung ist „demokratisch", weil sie die einzige Möglichkeit darstellt, ein preisgünstiges Produkt auf breiter Basis bekannt zu machen.
- Die Konsumentensouveränität bleibt unangetastet. Wir müssen nicht kaufen. Der kausale Zusammenhang (Werbung produziert Konsumnachfrage) ist empirisch nicht erwiesen.
- Werbung spricht originäre menschliche Bedürfnisse an, d.h. Bedürfnisse, die bereits vorliegen; Beispiele: Harmoniebedürfnis (Tourismuswerbung etc.), Bedürfnis nach Schönheit (Kosmetik).
- Werbung ist lustig und unterhaltsam. Die ehemaligen Ostblockländer waren u.a. auch deswegen so trist und grau, weil im öffentlichen Straßenbild die Werbung fehlte.
- Werbung verbilligt die Produkte: Je größer der durch Werbung stimulierte Absatz, desto kleiner ist der Stückpreis.

Kontra
- Werbung fördert die Konsumnachfrage, so fördert die Tabakwerbung ein allgemeines Klima, das den Einstieg in den Tabakkonsum begünstigt.
- Werbung kreiert erst die Bedürfnisse, die sie dann befriedigen hilft. Werbung ist Teil der Bedarfweckungswirtschaft.
- Werbung propagiert nicht nur einzelne Produkte, sondern allgemeine Wertvorstellungen: Sie forciert die Vorstellung, dass es im Leben vor allem auf das Konsumieren ankommt und dass Glück im Immer-mehr-Haben besteht.
- Werbung nährt die Vorstellung, dass alle Probleme mit Geld und Konsum lösbar sind. Sie vermittelt den Menschen ein völlig unrealistisches Weltbild.
- Werbung schürt den Mythos von ewiger Jugend und verstärkt damit die in unserer Kultur grassierende Angst vor dem Alter.
- Werbung ist oft sexistisch und fixiert die fragwürdigen Rollenbilder der Geschlechter: Männer erscheinen in dominanten, Frauen in sozial weniger geachteten Rollen.

- Werbung ordnet Werte: Oberflächliche Äußerlichkeit (Outfit) ist alles, menschliche Werte fallen unter den Tisch.[12]

4. AIDA
AIDA steht für **a**ttention (Aufmerksamkeit erregen), **i**nterest (Interesse auf das Produkt lenken), **d**esire of possession (Besitzwunsch anregen), **a**ction (zum Kaufen veranlassen). Analysieren Sie Werbungen nach dem Konzept von AIDA.

4 Tierschutz

Der Schönbrunner Tiergartendirektor Helmut PECHLANER zeigte sich über die Vorlage zum neuen österreichischen Tierschutzgesetz begeistert: *Österreich wird mit Sicherheit von allen europäischen Tierschützern beneidet werden.*[13] Österreich hat in Europa die Vorreiterrolle für den Tierschutz übernommen.

Auszüge
Niemand darf ein Tier in qualvoller Weise oder mutwillig töten, ihm unnötige Leiden, Schmerzen, Qualen, Verletzungen oder sonstige Schäden zufügen oder es unnötig in schwere Angst versetzen. Die Tötung eines Tieres ist dann mutwillig, wenn der damit angestrebte Zweck den guten Sitten zuwiderläuft.
Tiere sind so zu behandeln, dass ihren art- oder rassegerechten Bedürfnissen weitestgehend entsprochen wird.
Als Tierquälerei sind insbesondere anzusehen:
- Züchtungen, die dem Tier oder dessen Nachkommen schwere Schmerzen oder Leiden bereiten oder mit Schäden oder schweren Ängsten für das Tier oder dessen Nachkommen verbunden sind (Qualzüchtungen),
- die Erhöhung der Aggression und Kampfbereitschaft von Tieren durch einseitige Zuchtauswahl,
- das Ausreißen oder Abtrennen von Schenkeln an lebenden Fröschen,
- das Abverlangen von Leistungen, die offensichtlich die Kräfte des Tieres übersteigen oder denen es wegen seines Zustandes nicht gewachsen ist,
- die Anwendung übermäßiger Härte sowie die Abgabe von Strafschüssen bei der Abrichtung und Prüfung von Hunden,
- die Verwahrung eines Tieres in Fahrzeugen, sofern es dadurch Temperaturen, einer Bewegungseinschränkung, Sauerstoffmangel oder zu hohen Kohlenstoffdioxidkonzentrationen ausgesetzt wird, die ihm Leiden bereiten oder die mit Schäden oder schweren Ängsten für das Tier verbunden sind,
- die Tötung von Hunden oder Katzen zur Gewinnung von Nahrung, Hundefett oder Sonstigem,
- die vom Muttertier getrennte Haltung von Hundewelpen (bis zu einem Alter von acht Wochen),
- die Verwendung von Stachelhalsbändern wie auch die Anwendung von Methoden, die dem Tier Qualen, Verletzungen oder sonstige Schäden zufügen.

[12] Vgl. Elmar WAIBL, Praktische Wirtschaftsethik, Innsbruck: Studienverlag 2001, S. 268ff.
[13] Vgl. Kurier vom 21. 5. 2004.

Wissens-Check zu Kapitel 4

Verantwortungsethik

Zeitgenössische Ethikkonzepte versuchen Antworten auf gesellschaftliche, politische und wissenschaftlich-technische Probleme zu geben. Während die klassischen Theorien entweder mehr die Gesinnung (deontologische Theorie nach SOKRATES und KANT) oder mehr die Folgen einer Handlung (teleologische Theorie nach ARISTOTELES und MILL) ins Blickfeld der Argumentation rückten, vertreten heutige Ethiker Mischtheorien. Sie ziehen zur Rechtfertigung ihrer Theorie Gesinnung, Prinzipien heran (deontologisch) und fragen zugleich nach den Auswirkungen und Folgen der Handlungen, sie vertreten in dieser Hinsicht eine teleologische Theorie.

Wissenschaftsethik

Wissenschaftsethik ist eine Bereichsethik, sie bezieht sich vor allem auf die Gruppe von Experten und Wissenschaftlerinnen. Sie stellt die Handlungsbedingungen heraus, die die Wissenschaftler/innen im Interesse der *Wahrheitsfindung* befolgen sollten:

- allgemeine Handlungsregeln wie intellektuelle Redlichkeit, keine Forschungsergebnisse fälschen,
- Verhältnis von allgemeinen moralischen Orientierungen zu den Folgen und Problemen, die durch die Erzeugung und Verwendung wissenschaftlichen Wissens hervorgerufen werden,
- verständliche Vermittlung der wissenschaftlichen Ergebnisse, um in einem demokratischen Gefüge auch den Laien eine kompetente Mitsprache zu ermöglichen.

Wirtschaftsethik

Wirtschaftsethik ist ein Sammelbegriff für Fragestellungen, die das Miteinander der Menschen innerhalb des Wirtschaftslebens betreffen. Unter ethischen Gesichtspunkten ist sowohl die Verantwortung von Vorgesetzten für ihre Mitarbeiter/innen als auch die Verantwortung eines Unternehmens gegenüber der Gesellschaft beinhaltet.

Soziale Marktwirtschaft

Grundlage der sozialen Marktwirtschaft ist, dass nicht alle Ergebnisse des Marktes von vornherein optimal sind, sondern in bestimmten Fällen korrigiert werden müssen. Wichtige Aufgaben des Staates in der sozialen Marktwirtschaft sind:

- Erhaltung öffentlicher Einrichtungen wie Krankenhäuser, Schulen, Universitäten, Museen, Arbeitsämter, Behindertenwerkstätten etc.
- Rahmengesetze zur Stabilisierung der Wirtschaft wie Umschulungsprojekte, öffentliche Investitionen etc.
- Sicherung von Mindestlöhnen, Kindergeld, Stipendium
- Rahmengesetze zur Einschränkung wirtschaftlicher Macht wie Kündigungsschutz, Umweltschutzgesetz, Schutzmechanismen für Jugendliche, Schwangere, Behinderte etc.

Kapitel 5: Weltanschauungen

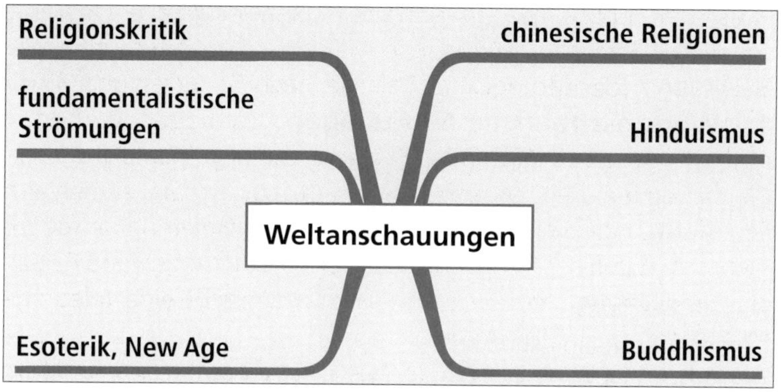

1 Chinesische Religionen

Die große ethnische Vielfalt Chinas drückt sich in einer Vielzahl religiöser Einstellungen aus.[1] Der Buddhismus kam bereits im 1. Jh. n. Chr. nach China und beeinflusste das chinesische Denken. Die chinesische Sprache besaß bis zum 19. Jh. keinen eigenständigen Begriff für Religion. Man benutzte dafür die Zeichen für Familie, Schule und Lehre. Dies zeigt, dass es im chinesischen Denken manche Abgrenzungen im Sinne unseres abendländischen Religionsbegriffs nicht gibt, z. B. die Unterscheidung von Transzendenz und Immanenz, von Geist und Materie, von Subjekt und Objekt. Chinesische Religiosität besteht aus den Traditionen der Volksreligiosität, des Konfuzianismus und des Taoismus: Hans KÜNG[2] bezeichnet diese Überzeugungen als fernöstlich-weisheitliche Religionen. Die wichtigsten religiösen und philosophischen Grundlagen chinesischer Religiosität sind:

Ethnische Vielfalt: Vielfalt von Volksgruppen

Transzendenz meint das Überschreiten der Grenzen der Erfahrung, des Bewusstseins, des Diesseits.

Immanenz meint die innerweltliche Deutung und Heilserfahrung.

- **Konfuzianismus:** KONFUZIUS (5. Jh. v. Chr.) lehrte, dass jeder Einzelne die persönlichen Tugenden wie Ehrlichkeit, Liebe und Verehrung der Eltern pflegen sollte. Dadurch würde die Harmonie in Familie, Gesellschaft und Staat wieder hergestellt bzw. verbessert werden.
- **Taoismus:** Der Philosoph LAOTSE (5. oder 4. Jh. v. Chr.) gilt als legendärer Begründer dieser Lehre. Während der Konfuzianismus die Vollendung des Menschen durch moralische Erziehung und eine hierarchisch geordnete Gesellschaft anstrebt, geht es

[1] Literaturhinweise: Roman MALEK, Das Tao des Himmels. Die religiöse Tradition Chinas, Freiburg: Herder 1996 (= Kleine Bibliothek der Religionen, Band 3); Heiner ROETZ, Konfuzius, München: Beck 1995; Hans KÜNG, Spurensuche. Die Weltreligionen auf dem Weg, München: Piper 1999.

[2] Vgl. Hans KÜNG, Spurensuche, a. a. O.

dem Taoismus um die Erhaltung des menschlichen Lebens durch die Befolgung des natürlichen Wegs (Tao). Der Taoismus versucht die perfekte Harmonie zwischen dem Individuum und der Natur herzustellen.

1.1 Weltanschauliche Grundlagen

Bipolarität: Zwei Gegensätze bilden eine Einheit

Die chinesische Religiosität gründet auf einem Weltverständnis, in dem die Bipolarität von Yin und Yang sowie die fünf Elemente eine große Rolle spielen.[3]

Das Universum

Chinesische Religiosität kennt nicht die Annahme eines außenstehenden Gesetzgebers, Gottes und Schöpfers für das Universum. Drei Arten von Regelmäßigkeit lassen sich im Kosmos erkennen:

- die zyklischen Prozesse, wie z. B. der Kreislauf der Jahreszeiten;
- die regelmäßige Abfolge von Wachstum und Verfall;
- die Bipolarität der Natur.

Aus dem Ur-Einen entstehen die Naturkräfte Yin (weibliches Prinzip) und Yang (männliches Prinzip). Die Bipolarität bedeutet nicht nur, dass es überall Gegensätze gibt, sondern auch, dass entgegengesetzte Dinge für einander notwendig sind und sich gegenseitig ergänzen. Yin und Yang sind in ständigem Wechsel begriffen. Dieses Prinzip, das ca. 700 v. Chr. erkannt wurde, ermöglichte es, eine zusammenhängende Welttheorie zu entwickeln.

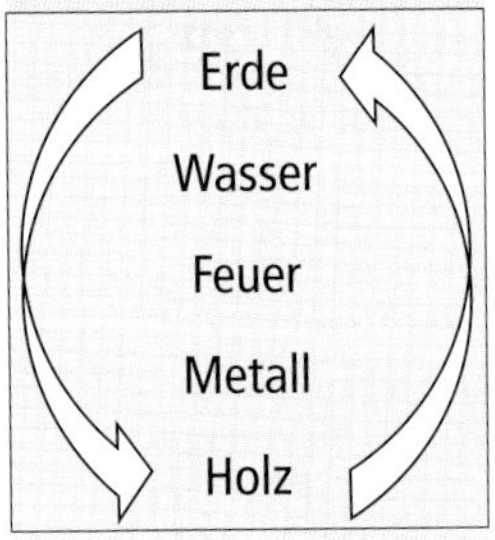

Im 5. Jh. begannen die Chinesen, die Vielfalt der Erscheinungswelt in letzte, nicht mehr reduzierbare Kräfte zu klassifizieren. Aus der Vereinigung von Yin und Yang entstehen die fünf Elemente: *Holz*, *Feuer*, *Metall*, *Wasser* und *Erde* gelten als unwandelbare Grundlage von allen physikalischen Dingen. Diese fünf *Elemente*, *Wandelzustände* oder *Kräfte* bilden ein Ganzes. Ihnen werden u. a. die Jahreszeiten, die Himmelsrichtungen, Sinne und Organe, Tiere etc. zugeordnet. Die Elemente stehen in einer ständigen Beziehung. So saugt die Erde das Wasser auf, das Wasser löscht das Feuer, das Feuer schmilzt das Metall, Metall schneidet Holz und Holz pflügt die Erde.

[3] Vgl. Roman Malek, Das Tao des Himmels, a. a. O., S. 36ff.

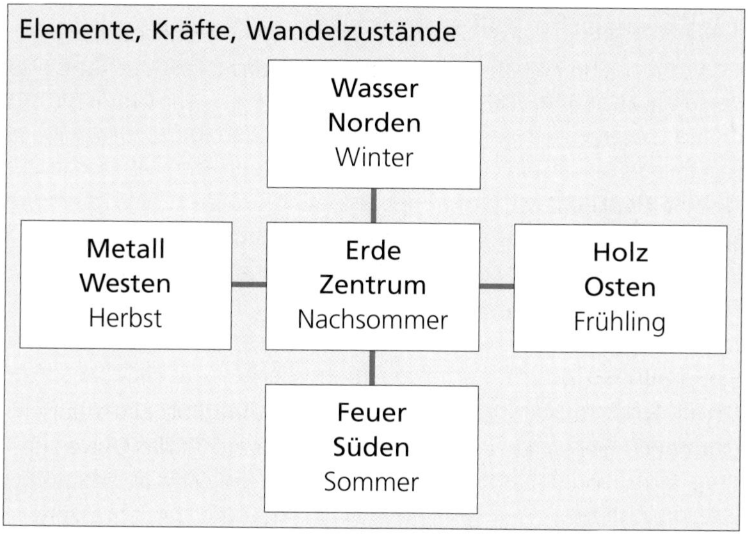

Die Chinesen bezeichnen die Welt als *Tiandi*, das heißt Himmel und Erde. Himmel und Erde bilden gleichsam eine Einheit, ebenso Mikrokosmos und Makrokosmos. Die Phänomene des Makrokosmos haben ihre Entsprechung im Mikrokosmos. Himmel, Erde und Mensch gelten als drei Komponenten eines einheitlichen Kosmos. Chinesische Religiosität entwickelt das Gefühl der Identifikation mit dem *Tao* oder der Natur selbst. Die Vorstellung der Einheit des Makrokosmos und des Mikrokosmos manifestiert sich auch in der Kunst und Architektur: Tempel, Häuser und Gärten bilden die Ordnung des Universums ab.

Schriftzeichen für Himmel

Der Himmel (Tian)

Der Himmel ist männlich gedacht und bildet zusammen mit der Erde ein Paar: *Der Himmel ist unsichtbar und zeugt; die Erde ist sichtbar und gestaltet.* In anderen Vorstellungen ist der Himmel ein persönlicher Gott, der das Menschenleben kontrolliert. „Das Glück kommt vom Himmel", las man früher oft über der Haustür. In vielen Sprichwörtern ist von Glück und Unglück die Rede, das der Himmel je nach sittlichem Verhalten der Menschen herabsendet.

Die Freude kommt vom Himmel, symbolisiert durch die Spinne am Faden

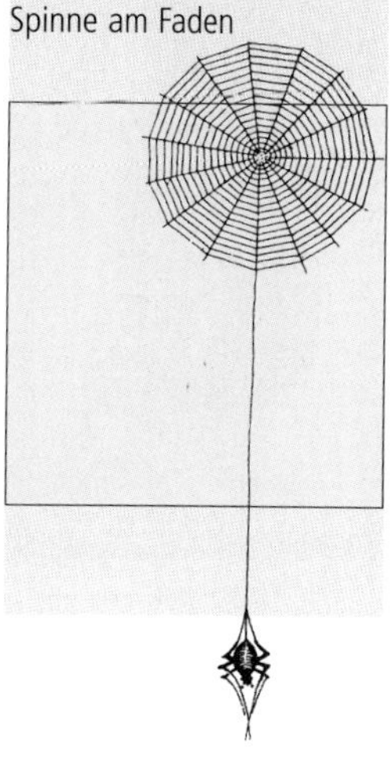

Der Mensch

Das Tao, das durch die Tätigkeit von Yin und Yang wirkt, bringt sowohl gröbere, materielle wie auch feinere, geistige Erscheinungen hervor. Der Mensch ist eine Kombination beider.

1.2 Chinesische Volksreligiosität

Volksreligiosität zeigt sich u. a. in der Ahnenverehrung.

Archäologische Ausgrabungen zeigen, dass in China seit Beginn der Zivilisation die Vorfahren verehrt wurden. Nach den Erkenntnissen dieser Forschungsergebnisse stellte der Tod ein langsames Hinübergehen in ein anderes Sein dar. Wenn den Verstorbenen nicht entsprechend Opfer dargebracht werden, kommen die Seelen als ausgehungerte Geister auf die Erde zurück und stiften Unheil. Diese Volksreligiosität ist heute noch aktuell. Die Ahnentafel macht den Geist während der Opferhandlung gegenwärtig. Je nach Rang im irdischen Leben hat die Ahnenverehrung über Generationen zu erfolgen. Die Ahnen werden mit Hilfe verschiedener Orakel (Tierknochen, Schildkrötenpanzer) befragt. Die Ahnenverehrung ist Ausdruck einer tiefen Frömmigkeit, die auf dem Gefühl der Liebe und Achtung beruht, die Kinder ihren Eltern schulden.

Im Jahreslauf und im Lauf des Lebens werden verschiedene Feste gefeiert. Solche Feste sind sehr stark von der Volksreligiosität geprägt.

Neben den Ahnen werden verschiedene Naturgötter verehrt. Jede Familie und jedes Dorf hat eine eigene Gottheit. Die Götter sind keine allmächtigen Götter, sondern Wesen mit eingeschränktem Wirkungsradius. Sie haben positive Energien, die sich der Mensch zu Nutze machen kann. Oft ist diese Verehrung sehr pragmatisch, d. h. auf Nutzen ausgerichtet: Bewährt sich die Gottheit nicht, wird sie durch eine andere ersetzt.

1.3 Konfuzianismus

> Höchste Weisheit und Menschlichkeit – wie könnte ich mir anmaßen, sie zu besitzen?
> War ich zusammen mit einigen anderen, so war noch immer mein Lehrer unter diesen.

1.3.1 Konfuzius und seine Lehre

Konfuzius heißt „Lehrer Kong".

Konfuzius lebte von 551 bis 479 v. Chr. in der politisch sehr unruhigen Epoche des Übergangs vom Feudalstaat der Zhou zum Staatswesen der Qin, von denen der westliche Name China abgeleitet ist. Konfuzius stammte aus einer verarmten Adelsfamilie und lehrte als Wanderphilosoph. Er soll verschiedene Posten, zeitweilig auch politische Ämter bekleidet haben, letztlich blieb ihm aber die politische Macht verwehrt. Er konzentrierte sich auf die Macht seiner Lehre, besonders auf die sozialen Zusammenhänge in der Welt.

Konfuzius unternahm ausgedehnte Reisen, mehrfach gerieten er und seine Anhänger in Lebensgefahr. Im hohen Alter hielt Konfuzius Rückschau auf sein Leben:

Mit fünfzehn fasste ich den Entschluss zum Lernen.
Mit dreißig hatte ich meinen festen Stand.
Mit vierzig hatte ich keine Zweifel mehr.
Mit fünfzig kannte ich die Bestimmung des Himmels.
Mit sechzig wurde mein Ohr aufnahmefähig.
Mit siebzig folgte ich dem, was das Herz will, ohne das Maß zu überschreiten.[4]

Aus dem Lehrer KONFUZIUS wurde in der Han-Zeit (200 v. Chr.–200 n. Chr.) ein mit Wunderkräften ausgestatteter Übermensch. In Schulen und Tempeln wurden ihm regelmäßig Opfer nach dem Vorbild des Ahnenkults dargebracht. Basis dieses Kults war die für das kaiserliche China typische Verschmelzung von Bildung und Politik. Dieser Kult wurde von den Gelehrten bzw. von der gelehrten Beamtenschaft getragen, weniger vom Volk, das zwar KONFUZIUS als Tugendlehrer achtete, aber im Allgemeinen eher dem Taoismus und Buddhismus anhing.

Die mündlich vorgetragene Lehre des KONFUZIUS ist von seinen Schülern in dem Werk Gespräche (= *Lunyu*) festgehalten worden. Im Zentrum seiner Lehre stehen die fünf Tugenden *Pietät, Loyalität, Rechtlichkeit, Zuverlässigkeit* und *Bescheidenheit.*

Anfang des 20. Jhs. erlebte die Verehrung des alten Meisters einen Höhepunkt. In einem letzten Aufbäumen erhob das zu Ende gehende Kaiserreich KONFUZIUS zur Gottheit, es führte sogar eine neue Zeitrechnung nach KONFUZIUS ein. Dadurch wurde der Konfuzianismus mit dem alten chinesischen Feudalsystem eng verknüpft.
Nach dem Untergang der Monarchie (1912) war der Konfuzianismus harter Kritik ausgesetzt.
Die innere Unabhängigkeit und Kritikbereitschaft der konfuzianischen Intellektuellen waren mit dem Führungsanspruch der kommunistischen Partei, die 1949 mit MAO ZEDONG die Macht übernahm, unvereinbar. Trotzdem lebt der Konfuzianismus weiter, weil die von ihm geprägten Werte tief in den Menschen verwurzelt sind.[5]

MAO ZEDONG (1893–1976)

1.3.2 Die Ethik des Konfuzianismus

KONFUZIUS gilt als Vorbild für Disziplin, seine Ethik beruht auf dem Prinzip des „Selbst" und der Autonomie. Hans KÜNG sagt, dass mit ihm die Ära des chinesischen Humanismus beginnt. Dem Menschen und seiner Vernunft wird Vorrang vor den Göttern eingeräumt. Die Zeit des KONFUZIUS war eine Zeit der geistigen Aufbrüche. Damals gab es unzählige Denk- und Philosophenschulen; am erfolgreichsten war KONFUZIUS.

4 Heiner ROETZ, Konfuzius, a. a. O., S. 20.
5 Vgl. Heiner ROETZ, Konfuzius, a. a. O., S. 97ff.

Riten sind der Boden, auf dem wir schreiten.
Riten ersetzen nicht persönliche Verantwortung und bewusste Entscheidungen.

Li: Riten[6]

Der Mensch braucht vor allem die Einbindung in einen kulturellen Kontext, betonen die Anhänger des KONFUZIUS. Dieses Einbinden lässt sich am effektivsten in Form von Riten realisieren. Riten sind Ausdruck einer inneren Gesinnung und erziehen den Menschen, in Harmonie mit dem Makrokosmos zu leben. Riten regeln das gesamte soziale Dasein. *Die Riten (= Li) sind der Boden, auf dem wir schreiten. Wer den Boden unter den Füßen verliert, wird unweigerlich stolpern und versinken.*

Die Bedeutung von Li (Riten) reicht von den wichtigen religiösen Zeremonien bis zu den Kleinigkeiten der täglichen Etikette. Als Indiz für das richtige Verhalten soll nicht das Lob aller gelten, sondern nur das Lob der Edlen. *Wenn etwas allen verhasst ist, dann muss man unbedingt genau prüfen. Und auch wenn alle etwas lieben, muss man unbedingt genau prüfen.*

Li meint nicht, dass man von Entscheidungen enthoben wird; es bedeutet nach kritischer Selbstprüfung die bewusste Entscheidung:

> Ich prüfe mich täglich in dreifacher Hinsicht: Ob ich übernommene Verpflichtungen gewissenhaft ausgeführt habe; ob ich im Verkehr mit Freunden immer Wort gehalten habe; ob ich die Lehren, die ich anderen gab, selbst auch befolgt habe.

Orientierung an der Tradition schafft Klarheit in der Sprache.

Zhengming: Klarheit in der Sprache

Die Krise der Gesellschaft ist oft eine Krise der Namen und der Bedeutungen, die wir diesen Namen zuschreiben. Mit der Sicherstellung der Bedeutungen soll einer Normenverwirrung begegnet werden. Normenkonfusion kommt im Zerfall der Sprache zum Ausdruck. Die Krise der Bedeutungen von sprachlichen Begriffen ist nach chinesischer Tradition nichts anderes als die Krise der Ordnung. Orientierung bietet nicht ein metaphysischer Ideenhimmel wie bei PLATON, nicht eine logische Analyse von Begriffen, sondern die idealisierte alte Zeit.

Der Fürst sei Fürst, der Vater Vater, der Sohn Sohn!

Mögliche Beispiele:
Steuererhöhung oder Steueranpassung;
Abtreibung oder Schwangerschaftsunterbrechung

AUFGABE

Nennen Sie Beispiele, wo in unserer Sprache und in unserem Denken die Sicherung der Bedeutungen wichtig wäre.

[6] Vgl. Heiner ROETZ, Konfuzius, a. a. O., S. 46ff.

Neuordnung der Werte

Die richtige Mitte[7]

Orientiere dich an der richtigen Mitte. (= Zhong)

In einer normativen Ordnung sollen nicht Werte gegeneinander ausgespielt werden. Die Grundidee ist die Erhaltung der Mitte. Unter der optimalen Mitte ist kein statistischer Durchschnittswert gemeint, im Gegenteil: Jeder Mensch ist selbst verantwortlich und in jeder Situation gefordert, den Ausgleich zwischen den verschiedenen moralischen Forderungen zu finden.

Neben dem zentralen Anhaltspunkt der Mitte gibt es weitere Anhaltspunkte für ein moralisches Leben:

Drei Grundorientierungen: Tapferkeit, Menschlichkeit, Klugheit

- Die Tapferkeit zählt neben der Menschlichkeit (Ren) und der Intellektualität (dem Wissen) bzw. der Klugheit (Zhi) zu den Grundorientierungen eines „Edlen“.

Priorität des Inneren: Aus der Sicht der Moral hat im Entscheidungsfall die Familie Vorrang vor dem Staat.

- Die Priorität des Inneren vor dem Äußeren: Verantwortung schließt zwar die Bereitschaft zur Mitarbeit im Staat ein, bedeutet allerdings nicht Dienst und Gefolgschaft um jeden Preis. Die politische Macht ist der Moral Rechenschaft schuldig.

Der Staat hat sich um die gerechte Verteilung der Ressourcen zu kümmern.

- KONFUZIUS zählt es zu den Aufgaben des Staates, den öffentlichen Wohlstand aktiv zu fördern, wobei es weniger auf das Ausmaß als auf die gerechte Verteilung ankommt. Das private Streben nach Reichtum wird unter moralische Auflagen gestellt. Tugenden wie Sparsamkeit, Verlässlichkeit, Verantwortungsbewusstsein, Fleiß und Lernbereitschaft bilden die Basis des moralischen Verhaltens. Diese Tugenden sind in zweiter Linie auch den ökonomischen Bedürfnissen förderlich.

Menschlichkeit

Menschlichkeit:
- Ren
- Goldene Regel
- Selbst

> *Ren* heißt Sorge und Liebe für die Menschen, Achtung und Friedfertigkeit ohne Zank, Bewahrung der menschlichen Beziehungen in Zuneigung und Abneigung, das Herz ohne Niedertracht und Hass, die Gedanken ohne heimliche Missgunst, die Empfindungen ohne Eifersucht und Neid, die Willensrichtung ohne innere Verdüsterung, die Handlungen ohne Hinterlist und Ungerechtigkeit, der Lebenswandel ohne Abwege und Gesetzeswidrigkeiten, sodass das Herz die Gedanken zu beruhigen, die Empfindungen zu glätten, die Willensrichtung in Harmonic zu bringen, die Handlungen abzumessen und den Lebenswandel zu veredeln vermag, bis schließlich eine gleichmäßige Veredelung, eine harmonische Ordnung ohne Widerstreit entstehen kann. Einen solchen Zustand nennt man *Ren*. Die Menschen regeln ihre Gesinnungsregungen durch deren Zurückführung auf das *Ren*. Das Erhabene des *Ren* ruht im Himmel, denn der Himmel ist *Ren*.[8]

[7] Vgl. Heiner ROETZ, Konfuzius, a. a. O., S. 58.
[8] Roman MALEK, Das Tao des Himmels, a. a. O., S. 67.

Die Goldene Regel gibt es in allen Kulturen und Religionen. Vgl. die Goldene Regel im Neuen Testament MATTHÄUS 7, 12 (Bergpredigt)

Mittelpunkt und Inbegriff der Menschlichkeit ist die so genannte Goldene Regel: *Was du nicht wünschst, das tue auch nicht anderen!* Die Goldene Regel in der chinesischen Tradition meint nicht nützlichkeitsorientierte Gegenseitigkeit im Sinne des „Ich gebe dir, damit du mir gibst". Entscheidend ist der gedankliche Rollentausch: Ich denke mich in dich hinein, fühle die menschliche Verletzung und verzichte auf die Handlung, weil sie mich wie dich verletzen würde. Wenn der Mensch sein „Selbst" kultiviert hat, dann schafft er eine Balance zwischen den eigenen Bedürfnissen und denen des Staates. Der Weg des „Edlen" gründet auf dem Selbst, es ist die Grundlage aller sozialen Systeme: *Die Grundlage der Welt ist der Staat, die Grundlage des Staates ist die Familie, und die Grundlage der Familie ist das Selbst.*

Die Kultivierung des Selbst vollzieht sich in dreifacher Hinsicht:[9]

Selbstachtung im Christentum: Liebe deinen Nächsten wie dich selbst. (Vgl. MARKUS 12, 31)

- **Selbstachtung** ist die Voraussetzung, auch anderen gegenüber Achtung zu empfinden und entgegenzubringen. Sie ist das Fundament aller Moral und allen sozialen Handelns. Ein Edler, sagt KONFUZIUS, kultiviert sich selbst mit Achtung, um den anderen Frieden zu geben. Die Entwicklung der Selbstachtung wird umso wichtiger, je mehr die Religion und äußere Normen in den Hintergrund treten. Den Göttern und Geistern soll man dienen, aber zu ihnen Distanz wahren, man soll ihnen opfern, als ob sie beim Opfer dabei wären. Den Sinn des Lebens aber muss man aus sich selbst und nicht aus anderen Quellen schöpfen. Für KONFUZIUS ist das Tao keine religiöse, metaphysische oder kosmische Norm, zu der der Mensch sich emporarbeiten müsste. Was aus dem Tao wird, entscheiden allein menschliche Sinngebung und menschliches Streben. Der Mensch wird, wozu er sich selber macht.

Nähe und Distanz

Einordnung und Eigenständigkeit

- **Selbststärkung** ist das Bemühen, die Selbstachtung in den Widrigkeiten des Alltags zu einer stabilen Lebenshaltung werden zu lassen. Mit ihr macht sich der moralische Mensch von Erfolg und Misserfolg unabhängig. Auch die Meinung anderer ist für den moralischen Menschen nicht entscheidend: *Ein Edler harmoniert, aber er macht sich nicht gleich. Ein Gemeiner macht sich anderen gleich, harmoniert aber nicht. Ein Edler ist solidarisch, aber er bildet keine Cliquen. Ein Gemeiner bildet Cliquen, aber er ist nicht solidarisch.*
- **Selbstprüfung:** Ich prüfe mich täglich in drei Dingen:
  War ich, wenn ich anderen einen Rat gab, wohlwollend?
  War ich im Umgang mit Freunden vertrauenswürdig?
  Habe ich mich in dem, was mir vermittelt wurde, geübt?

[9] Vgl. Heiner ROETZ, Konfuzius, a. a. O., S. 81ff.

Wenn ein Edler nach einer inneren Prüfung keine Gewissensbisse spüren muss, welche Sorge und Furcht sollte er dann haben?

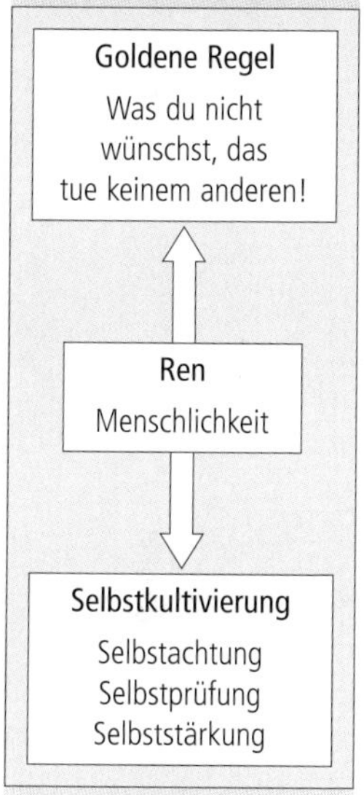

Rückkehr zur Sittlichkeit[10]

Der Besinnung auf das Selbst folgt die Rückkehr zur Sittlichkeit. Menschlichkeit bedeutet, sich selbst zu überwinden und zur Sittlichkeit zurückzukehren. Menschlich sein kann nur vom Selbst ausgehen. Die einzelnen Schritte dazu sind:

- Was nicht der Sittlichkeit entspricht, das sehe ich nicht an.
- Was nicht der Sittlichkeit entspricht, das höre ich nicht an.
- Was nicht der Sittlichkeit entspricht, das unternehme ich nicht.

Menschlichkeit ist die Befolgung des Sittenkodex, aber Menschlichkeit ist auch die Voraussetzung für die Befolgung des Sittenkodex. Es gibt also eine wechselseitige Abhängigkeit und Bedingtheit von Ren und Li.

> Nur auf die Liebe und die Goldene Regel, um die beiden wichtigsten Ausformungen der Menschlichkeit im Lunyu (Gespräche) zu nennen, ließe sich keine menschliche Existenz gründen. Der Mensch braucht zu seiner alltäglichen Orientierung auch ein vorgefundenes komplexes System konventioneller Regeln, wie es in der Vielzahl der tradierten Li (Riten) beispielhaft vorliegt. Dieses Regelsystem aber bedarf eines Korrektivs, das einer Okkupierbarkeit für moralisch fragwürdige Zwecke und seinem Versagen in Ausnahmesituationen entgegenwirkt.[11]

AUFGABE

Diskutieren Sie die folgenden Ansichten zu moralischen Positionen.

- Tu, was du willst, sei das ganze Gesetz. (Aleister CROWLEY)
- Liebe und dann tu, was du willst. (Aurelius AUGUSTINUS)
- Der Mensch braucht ein komplexes System konventioneller Regeln. (KONFUZIUS)

Aleister CROWLEY (1875–1947) war der Begründer des Neosatanismus.

Aurelius AUGUSTINUS (354–430) ist einer der bekanntesten Kirchenlehrer.

Pietät und Ehrfurcht

Pietät und Ehrfurcht bilden die Grundlage der Ahnenverehrung, das Fundament der Familie und die Quelle für das Aufrechterhalten der moralischen Ordnung. Sie umfassen fünf Beziehungen:[12]

[10] Vgl. Heiner ROETZ, Konfuzius, a. a. O., S. 88ff.
[11] Heiner ROETZ, Konfuzius, a. a. O., S. 90.
[12] Vgl. Dieter FASSNACHT, Die Religionen Chinas. Weltreligionen. Geschichte – Quellen – Materialien, Frankfurt/Main: Diesterweg 1983, S. 28f.

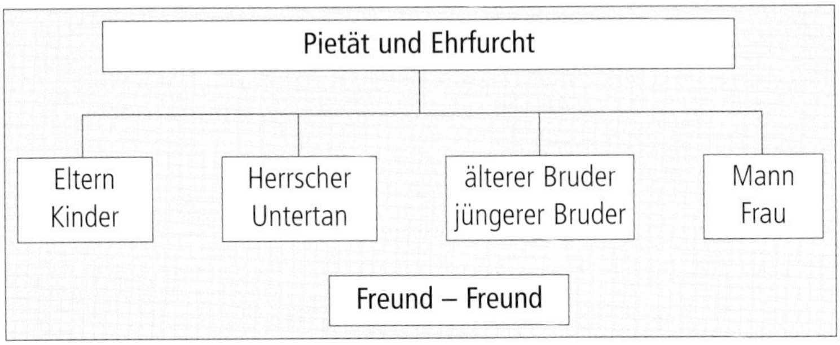

Der Meister sprach: Das Alte üben und das Neue kennen; dann kann man als Lehrer gelten.
Der Edle ist vollkommen und nicht engherzig. Der Gemeine ist engherzig und nicht vollkommen.
Gute Menschen machen die Schönheit eines Platzes aus. Wer die Wahl hat und nicht unter guten Menschen wohnen bleibt, wie kann der wirklich weise genannt werden?

AUFGABE

Was halten Sie von den Vorschlägen des Konfuzius?

Ein Jüngling soll nach innen kinderliebend, nach außen bruderliebend sein, pünktlich und wahr, seine Liebe überfließen lassen auf alle und eng verbunden mit den Sittlichen. Die Jugenderziehung muss im engsten Familienkreise einsetzen durch Pflege der Ehrfurcht den Eltern gegenüber. Diese Ehrfurcht hat sich dann allmählich auszudehnen und zu erweitern in ein bescheidenes Betragen gegenüber erfahrenen und älteren Persönlichkeiten. Die wichtigsten Eigenschaften bei der Ausbildung des persönlichen Charakters sind Pünktlichkeit und Zuverlässigkeit. Im Verkehr mit anderen ist auf eine vorurteilsfreie Sympathie mit allen Menschen Gewicht zu legen. Auf dieser Grundlage sittlicher Erziehung mag sich bei besonderer Begabung höhere wissenschaftliche und ästhetische Bildung aufbauen.

1.4 Taoismus

1.4.1 Laotse

Laotse heißt „alter Meister"

Laotse gilt als Begründer des Taoismus. Die Angaben zu seinem Leben sind sehr umstritten. Er soll im 5. oder 4. Jh. v. Chr. gelebt haben, seine historische Existenz ist jedoch nicht gesichert. Legenden ranken sich um sein Leben, so soll er 82 Jahre im Mutterleib zugebracht haben und bei der Geburt bereits ein Greis mit langem Bart und faltigem Gesicht gewesen sein. Er habe sich dennoch wie ein Kind benommen und sei rasch ein Weiser geworden. Auf der Suche nach Weisheit habe er China verlassen. Die Grenzposten hätten den Meister erkannt und aufgefordert, die Weisheit in

China zu belassen, worauf LAOTSE in drei Tagen seine Weisheit im „Tao-te-king“ (dem Buch vom Weg und von der Tugend) niedergeschrieben habe. LAOTSE soll auch KONFUZIUS begegnet und im hohen Alter von mehr als 160 Jahren gestorben sein.[13]

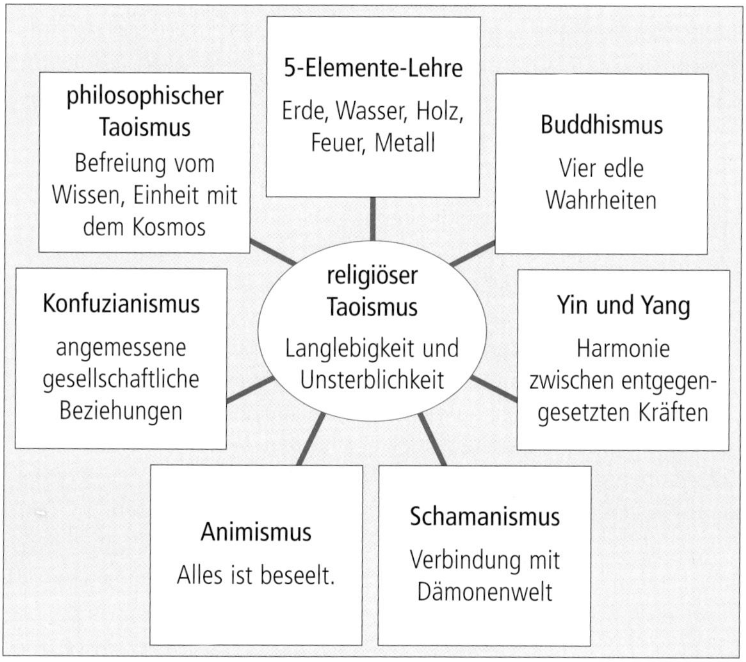

1.4.2 Das Tao-te-king

Das *Tao-te-king*[14] ist die Hauptschrift des Taoismus; sie stammt aus dem 3. Jh. v. Chr. und enthält 81 kurze Abschnitte. Das Tao-te-king ist eine Sammlung mystischer Texte und dürfte nicht von einem einzelnen Autor verfasst worden sein.

Neben LAOTSE war ZHUANGZI (Ende des 4. Jhs. v. Chr.) für die Entwicklung des Taoismus von großer Bedeutung.

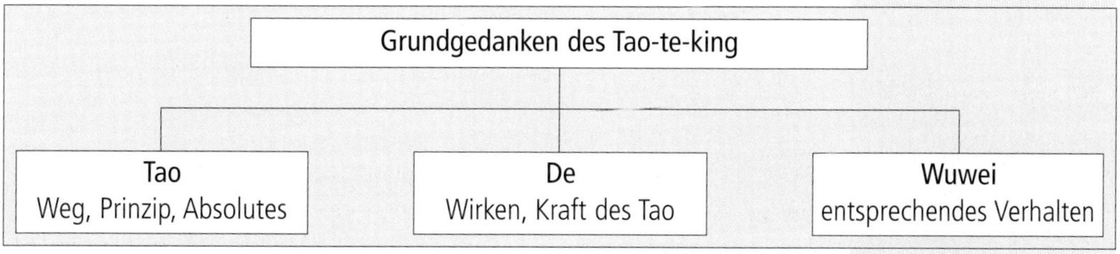

[13] Vgl. Dieter FASSNACHT, Die Religionen Chinas, a. a. O., S. 63ff., und Roman MALEK, Das Tao des Himmels, a. a. O.
[14] LAOTSE, Tao-te-King, hg. von Ernst Schwarz, München: Kösel 1995.

Während der Konfuzianismus den Einzelnen auffordert, nach den Regeln eines idealen Gesellschaftssystems zu leben, geht der Taoismus davon aus, dass der Einzelne danach streben soll, dem Tao (Weg) zu entsprechen.

Kapitel 25 aus Tao-te-king: „Es folgt der Mensch der Erde, die Erde folgt dem Himmel, der Himmel folgt dem Tao, das Tao folgt sich selbst."

Das Tao

Im Zentrum des Denkens LAOTSES steht das *Tao*, das in anderen Sprachen keine Entsprechung hat. Tao kann sowohl als Hauptwort wie auch als Zeitwort gebraucht werden: *Weg, Pfad, Fähigkeit, Prinzip, Vernunft; am Weg entlanggehen, lenken, regieren.* KONFUZIUS verstand unter Tao das Weltgesetz, die chinesischen Buddhisten übersetzten Tao mit dem indischen Wort „Dharma" (Gesetz), christliche Missionare mit dem griechischen Wort „Logos" (Wort, Weltvernunft, Gott).

> Der Himmel erlangte das Eine und wurde rein. Die Erde erlangte das Eine und wurde fest. Die Götter erlangten das Eine und wurden mächtig. Das Tal erlangte das Eine und erfüllte sich. Alle Dinge erlangten das Eine und entstanden. Könige und Fürsten erlangten das Eine und wurden das Vorbild der Welt. Das alles ist durch das Eine bewirkt.
> Wäre der Himmel nicht rein dadurch, so müsste er bersten. Wäre die Erde nicht fest dadurch, so müsste sie wanken. Wären die Götter nicht mächtig dadurch, so müssten sie erstarren. Wäre das Tal nicht erfüllt dadurch, so müsste es sich erschöpfen. Wären die Dinge nicht entstanden dadurch, so müssten sie erlöschen. Wären die Könige und Fürsten nicht erhaben dadurch, so müssten sie stürzen.[15]

Das Herzstück der Lehre des Tao-te-king steht in der Mitte des Werkes; darin ist die Vernetztheit aller seienden Dinge prägnant formuliert. LAOTSE gibt keine Lehre von Gott oder vom Absoluten, sondern er erahnt das Unaussprechliche und Unfassbare mit bildhaften Ausdrücken.

> Rückkehr ist des Tao Bewegung,
> Schwachsein seine Wirkensweise,
> dem Seienden entstammen alle Dinge,
> dem Nichtseienden entstammt das Seiende.[16]

De: Wesenheit

Das Tao verleiht dem Einzelwesen das ihm gemäße *De*, seine Wesenheit. Nicht nur der Mensch hat De, sondern auch das Holz, ja selbst die Jahreszeiten haben ihr De. Als Kraft, als Tugend, als Charakter, als Wert wirkt es in der Natur und im Menschen.[17] Es ist die ausstrahlende Kraft des Tao. Im sozialen Bereich wird es als sittliche Kraft verstanden. Dieses De kann nur im Herzen gefunden werden. Es zeigt sich in der Demut und in der Liebe, die auch die Liebe zu den Feinden umfasst.

[15] Aus Tao-te-king, Kapitel 39.
[16] Tao-te-king, Kapitel 40.
[17] Vgl. LAOTSE, Tao-te-king, hg. von Ernst SCHWARZ, a. a. O., S 37.

Wuwei: Nicht-Handeln

Höchstes Ziel ist die Übereinstimmung mit dem Tao. Das Handeln des vom Tao durchdrungenen Menschen ist letztlich ein *Nicht-Handeln = Wuwei.* Auf der Ebene des Wuwei folgt jede Handlung der Natur. LAOTSE erklärt das Wuwei als das grundlegende Charakteristikum des Tao und des wahren Weisen. Anstatt die geschaffene Welt zu manipulieren, sollten die Menschen ihren natürlichen Rhythmus respektieren und ihm zu folgen suchen. Jedes Eingreifen in den natürlichen Lauf der Dinge ist störend. Das Wuwei ist das sanfte und weiche Handlungsprinzip, dem nichts widerstehen kann und das sich letztlich durchsetzt.
Wuwei heißt nicht, teilnahmslos den Dingen gegenüberstehen, sondern dem Wesen der Sachverhalte nicht zuwiderhandeln, nicht gegen die Gesetze der Natur verstoßen.

Da das Tao „ohne Handeln" ist, muss man sich, um ihm zu entsprechen, an das „Nicht-Handeln" (Wuwei) angleichen. Der Mensch erreicht die Übereinstimmung mit dem Tao, indem er nach seiner eigenen Natur lebt und sich von allem Wissen befreit.

> So weiß ich denn:
> Nicht wider die Natur handeln
> fördert der Dinge Gedeihen.[18]

Der Taoismus ist gegenüber jeder politischen Aktivität skeptisch eingestellt. Die Natur braucht nicht durch politisches Engagement und Anstrengungen umgestaltet werden, es bedarf aber eines individuellen Engagements, um sich in die Natur einzufügen.
So ist es im Besonderen die Aufgabe des Weisen, sein Leben mit dem Rhythmus der Natur in Einklang zu bringen, damit er an der Unsterblichkeit teilhat. Der Weise wird Teil der Natur, er geht in ihr auf und wird selbst zum Tao. Leben und Sterben sind Durchgangsstadien wie Sommer und Winter im Jahreskreislauf.

ZHUANGZI (4. Jh. v. Chr.) meinte, über das Tao kann man nichts aussagen.

Der österreichische Philosoph Ludwig WITTGENSTEIN (20. Jh.) sagte: „Worüber man nicht reden kann, darüber muss man schweigen."

Fünf Gebote und zehn gute Taten

Für den Weg der Vollkommenheit fordert der Taoismus fünf Gebote und zehn gute Taten:

Fünf Gebote
1. Man darf kein lebendes Wesen töten.
2. Man darf sich nicht gierig mit Weintrinken abgeben.
3. Man darf nicht mit dem Munde „Ja" und mit dem Herzen „Nein" sagen.
4. Man darf weder stehlen noch rauben.
5. Man darf nicht unzüchtig sein.

[18] Tao-te-king, Kapitel 43. Literaturhinweis: Otto LADSTÄTTER, Die Natur als Vorbild für den Menschen. Handeln nach dem Prinzip des Dao. In: Religionen unterwegs 9 (2003), S. 4ff.

Zehn gute Taten
1. Pietät und Gehorsam Vater und Mutter gegenüber.
2. Loyalität und Dienstbereitschaft dem Herrscher und dem Lehrer gegenüber.
3. Mitleid und Gütigkeit den zehntausend Wesen gegenüber.
4. Geduldig die Gemeinheit ertragen.
5. Durch Mahnung und Einspruch Böses abwenden.
6. Selbstverzicht und Erlösung (Befreiung) der Armen.
7. Lebewesen freilassen, die Dinge und Wesen pflegen und Obstbäume pflanzen.
8. Am Rande des Weges Brunnen graben, Bäume pflanzen, Brücken bauen.
9. Was anderen nützt, fördern; was ihnen schadet, beseitigen; die, die noch nicht erleuchtet sind, belehren.
10. Die Bücher und die Vorschriften der „drei Kostbarkeiten" (Sanbao des taoistischen Kanons) rezitieren, beharrlich Weihrauch verbrennen und Opfer darbringen.[19]

Wenn man diese Vorschriften praktiziert, werden Unglück und Katastrophen abgewendet und dauerndes Glück herbeigeführt.

Langlebigkeit und Unsterblichkeit

Das Ziel der Glaubenden ist ein langes Leben, wenn möglich die Unsterblichkeit. Das ewige Leben soll noch zu Lebzeiten erreicht werden. Dies kann gelingen, wenn entsprechende Methoden angewendet und bestimmte Übungen praktiziert werden: Diät, Atemübungen, Meditation, die Einnahme bestimmter Medikamente und die Durchführung kultischer Rituale. Taoisten wollen Unsterbliche, Xianren, werden.[20]

Tai-Ji-Meditation

Durch bestimmte Übungen und durch die Einhaltung bestimmter Regeln kann der Mensch das Tao erreichen. Dadurch erhält er die mystische Lebenskraft und wird wie das Tao selbst ewig leben. Jing (Urstoff, Wesen), Qi (Atem) und Shen (Geist) sind die Grundfaktoren des menschlichen Lebens. Wenn das Jing verbraucht, das Qi erschöpft und das Shen verfallen ist, stirbt man. Wer mit diesen Kräften sparsam umgeht und sie schont, hat die Chance, Unsterblichkeit zu erreichen.

Techniken zur Erlangung der Unsterblichkeit

- Hygienische Maßnahmen: Die fünf inneren Organe entsprechen den fünf Elementen: die Lunge dem Metall, das Herz dem

[19] Roman Malek, Das Tao des Himmels, a. a. O., S. 77.
[20] Vgl. Wei Chiao, Die Dao-Religion in China. Ein Heilsbringer? In: Religionen unterwegs 7 (2001), Nr. 4, S. 16ff.

Feuer, die Milz der Erde, die Leber dem Holz, die Nieren dem Wasser. Der Austausch der fünf Organe mit ihren Elementen geschieht durch die Körperöffnungen: Die Nase ist zuständig für die Lungen, die Ohren für das Herz, der Mund für die Milz, die Augen für die Leber und die Geschlechtsorgane und der After für die Nieren. Durch diese Körperöffnungen können die Lebenskräfte eintreten und entweichen. Nur wem es gelingt, das Gleichgewicht der Kräfte zu erhalten, bleibt gesund. Nahrung und Heilkräuter enthalten Lebensenergie in besserer oder minderer Qualität und Zusammensetzung. Wer kein Getreide (Weizen, Hirse und Reis) isst, kann z. B. böse Geister, die in jedem hausen, aushungern.

- Gymnastische Übungen dienen dazu, die Lebensenergie im Körper gleichmäßig zu verteilen.
- Atemtechniken und Meditation: Nach taoistischem Verständnis atmet man nicht nur gewöhnliche Luft ein, sondern man atmet mit dem ganzen Körper unsichtbare Kräfte ein, die von Sonne, Mond und Sternen stammen. Die Einwirkung der Sonnenenergie in der Mittagszeit gilt als Höhepunkt des Yang, die Strahlung des Vollmonds um Mitternacht als Höhepunkt des Yin.
- Sexuelle Techniken: Im Samen des Mannes liegt Lebenskraft. Wenn der Same beim Geschlechtsverkehr zurückgehalten wird, kann das Sperma wie der Atem den ganzen Körper durchfluten und ihn stärken.[21]

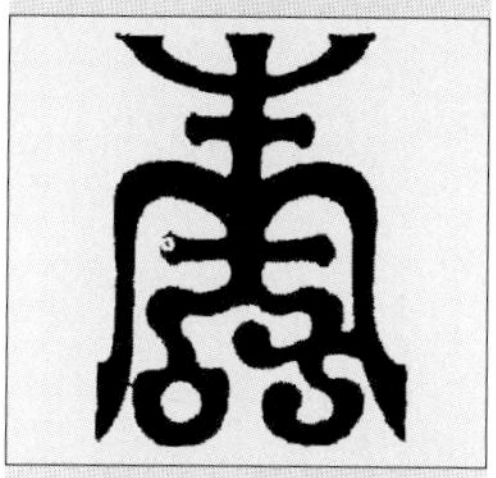

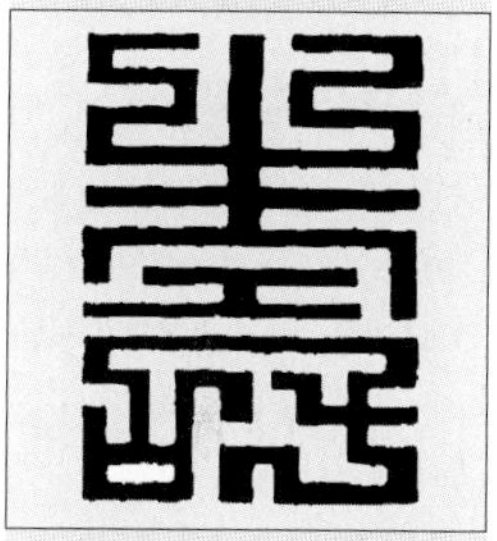

Zeichen für Langlebigkeit

1.4.3 Taoistische Religionsgemeinschaft heute

Im Laufe der Jahrhunderte entstand eine Art taoistischer Kirche mit einem Himmelsmeister (Tien-shi) an der Spitze und Priestern, die den Dienst im Tempel versehen und bestimmte Riten leiten. Es gibt auch ein Mönchswesen, das in seiner Ethik und Lebenspraxis stark am Buddhismus ausgerichtet ist. Bereits seit dem 5. Jh. gibt es einen sehr umfangreichen Kanon heiliger Schriften, der in späteren Zeiten noch erweitert wurde.

[21] Vgl. Dieter Fassnacht, Die Religionen Chinas, a. a. O., S. 68.

Der wichtigste Ritus des heutigen Taoismus ist Chiao. Hier begegnen die Götter der taoistischen Gemeinde und spenden ihre Kraft. In der Regel wird das Chiao alle drei Jahre gefeiert; das Fest dauert drei bis sieben Tage. Vorher renoviert man den Dorftempel. Gleichzeitig werden bei dieser Feier auch die Priester in ihr Amt eingeführt; man überreicht ihnen die taoistischen Schriften. Weitere Anlässe, Feste zu feiern, sind die Geburtstage der Götter, aber auch die Abwehr drohenden Unglücks. Die heiligen Handlungen finden zunächst nach strengem liturgischen Ritual im Tempel statt; daran schließt sich auf dem Dorfplatz der Tanz aller an.[22]

In jedem Tempel befindet sich ein Gefäß, das Weihrauch verbrennt; ohne Weihrauch kann kein Gottesdienst stattfinden. Weihrauch und fünf Eimer Reis heiligen den Tempel; sie spiegeln das Universum. Daneben spielen noch viele andere rituelle Gegenstände eine Rolle: Weihwasser, Fahnen, Schwerter, heilige Schriften, Masken, Musikinstrumente.

AUFGABEN

Chinesische Religionen sind bei uns sehr selten als organisierte Religionsgemeinschaften bekannt, der weltanschauliche Hintergrund und viele Begriffe sind durch den Esoterikboom weit verbreitet.

1. Erklären Sie folgende Begriffe: Yin – Yang, Tao, Einheit von Mikrokosmos und Makrokosmos.
2. Im Zentrum des Taoismus steht das Wuwei, das Nicht-Handeln. Demgegenüber fordert der Konfuzianismus die Beachtung der gesellschaftlichen Tradition und die aktive Mitarbeit der einzelnen Menschen am Wohle des Ganzen. Fassen Sie die Gegensätze dieser beiden Weltanschauungen zusammen.
3. Steht das Christentum Ihrer Meinung nach dem Taoismus oder dem Konfuzianismus näher? Begründen Sie Ihre Argumente.
4. Welche Bereicherung sehen Sie für Ihr persönliches Denken und Handeln, wenn Sie sich mit chinesischen Religionen und Denkweisen beschäftigen?

22 Dieter FASSNACHT, Die Religionen Chinas, a. a. O., S. 71.

2 Hinduismus

Ganesha in der Darstellung eines Andachtsbildes aus Indien, er ist der Sohn von Shiva und Parvati.

Puja = Verehrung, Anbetung, Gottesdienst

Brahman = höchstes Prinzip, das die gesamte Wirklichkeit durchflutet

Brahmane: Angehöriger der höchsten Kaste; Priester, Träger und Vermittler des heiligen Wissens

Der elefantenköpfige, ungewöhnlich beleibte Ganesha ist der beliebteste und volkstümlichste Gott im Hinduismus. Er wird in verschiedenen Formen und mit einer unterschiedlichen Anzahl von Armen abgebildet. Er verhilft im spirituellen und im weltlichen Bereich zum Erfolg. So wird vor einem Geschäftsabschluss, beim Hausbau, vor einer Prüfung etc. zu Ganesha gebetet. Viele rituelle Texte beginnen mit der Anrufung Ganeshas: *Om, Namo Ganeschaya. (Om, Verehrung sei Ganescha).*

Seine Symbole sind die Muschel, der Diskus, die Keule und ein Lotos. Mit dem Blasen des Muschelhorns beginnt jede *Puja* (= Anbetung). Diskus und Keule symbolisieren seine Macht, der Lotos seine spirituelle Kraft. Auf unserem Bild zeigt die rechte, untere Hand die Geste der Furchtlosigkeit. Seine Brahmanenschnur ist manchmal in der Form einer Kobra dargestellt. Die Kobra steht für die spirituelle Kraft und weist Ganesha sowohl als Brahmanen als auch als Sohn Shivas aus. Das ihm zugeordnete Reittier ist die Ratte, ein Symbol für Hartnäckigkeit und Überwindung von Hindernissen.

AUFGABEN

1. Betrachten Sie weitere Darstellungen Ganeshas, auch solche, wo er zusammen mit Shiva und Parvati gezeigt wird, und versuchen Sie die einzelnen Symbole zu sehen und zu deuten.

2. Meine inneren Bilder zu *Indien* und zum *Hinduismus*. Was fällt Ihnen zu den genannten Begriffen ein?

Etwa heilige Kühe, Armut, Computerfachleute, Kastenwesen, Gurus ...?

2.1 Annäherung

Das Wort *Hindu* stammt aus dem Persischen und bedeutet im Singular *Fluss Indus*, im Plural *die Menschen am Indus, die Inder*. Der Begriff *Hinduismus* ist für die Religionen der Hindus eine Fremdbezeichnung aus dem 19. Jahrhundert. Angestellte der East India Company fassten damit religiöse Ausdrucksformen in einen Begriff. Dass es sich in Wirklichkeit um mehrere Religionen mit zum Teil sehr verschiedenen Vorstellungen handelt, hatte man nicht bemerkt. Um diesen vielfältigen Vorstellungen gerecht zu werden, sollte man besser von den Hindureligionen sprechen. Die Hindus selbst nennen ihre Tradition meist „die ewige Ordnung", Sanatana-Dharma.

Die Hindureligionen sind die ältesten der fünf großen Weltreligionen. Etwa 800 Millionen Menschen bekennen sich weltweit dazu. Der große Schatz religiöser Erfahrungen ist in heiligen Büchern zusammengefasst. In der fast 4000-jährigen Geschichte erfolgte ständig eine Weiterentwicklung, aber auch Widersprüche und Gegensätzlichkeiten wurden beibehalten.

Typisch ist der Glaube an die Seelenwanderung nach den Gesetzen der Vergeltung; er ist eng mit dem Kastenwesen verbunden.

Das unpersönliche, absolute *Brahman* ist der Urgrund und das Ziel allen Seins. Durch das *Atman* (das Selbst) hat jedes Wesen Anteil am Brahman. Es gibt die Vorstellung, dass Gottheiten zu den Menschen herabsteigen und sich in bestimmten Personen manifestieren.

Die meisten Riten werden in der Familie vollzogen. Eine strukturierte Gemeinschaft (ähnlich einer Pfarre im christlichen Bereich) gibt es nicht, ebenso gibt es keine zentrale Lehrautorität.

2.2 Heilige Schriften

Die Hindureligionen sind in Jahrhunderten gewachsen. Zeugnisse dieser Entwicklung und gleichzeitig identitätsstiftende Grundlage sind die heiligen Schriften. Sie sind gekennzeichnet als *Shruti*, die für die meisten Hindus höchste Autorität haben (Veden, Brahmanas, Upanischaden) und als *Smriti*. Dies sind erinnerte Überlieferungen, Regeln für das tägliche Leben und bekannte Texte der Volksfrömmigkeit wie das Epos *Mahabharata*, dessen bekanntester Abschnitt die *Bhagavadgita* ist.

2.3 Darshanas: philosophische Lehrsysteme

Gelehrte und Philosophen suchen in der religiösen Dichtung eine Ordnung zu finden und die Aussagen in einen systematischen Zusammenhang zu bringen. Obwohl die indische Philosophie untrennbar mit religiösen Vorstellungen verbunden ist, kann ein orthodoxer Hindu auch Atheist sein. Der indische Atheismus ist nicht notwendig areligiös. Der Atheist kann zu einem Gott oder zu Göttern beten, die er als Teil des Weltalls, aber nicht als Schöpfergott ansieht.

Trotz der großen Verschiedenheiten gibt es übereinstimmende Grundvorstellungen wie *Karma*, *Wiedergeburt* oder *die Einheit hinter der Vielfalt der Erscheinungen*. Gemeinsam ist auch die Annahme einer fortschreitenden Entfaltung der Weltsysteme und ihrer Auflösung. Die Darshanas, die sechs philosophischen Lehrsysteme, werden paarweise geordnet, dazu ein Beispiel:

Samkhya (Aufzählung) ist ein dualistisches System und stark auf intellektuelles Wissen gestützt. Samkhya betont den Unterschied zwischen Materie und Seele und bietet den metaphysischen Hintergrund für Joga.

Lalitasana
Haltung der Entspannung

Joga wendet die Lehre des Samkhya im Alltag an: Samkhya ist Wissen, Joga ist Übung. Die acht Stufen der Jogaübung sind:

- Selbstbezwingung (äußere Disziplin): Verzicht auf körperliches oder seelisches Verletzen von Lebewesen, Vermeiden von seelischer und körperlicher Unkeuschheit, von Lügen, Stehlen und von Begierde; denn das Streben nach neuem Besitz und nach neuen Erfahrungen lenkt den Geist ab und vergeudet die Kräfte.
- Selbstschulung (innere Disziplin): Ausbildung sittlicher Tugenden wie Güte, Freundlichkeit, Zufriedenheit, Nachsicht mit den Unvollkommenheiten anderer, Studium der Veden und anderer Texte, wiederholendes Preisen der erwählten Gottheit, rhythmische Wiederholung bestimmter Grundsilben und Meditation über ihre Bedeutung.
- Einnehmen einer entsprechenden Haltung (Asana)
- Atemkontrolle
- Rückzug der Sinne von allen äußeren Reizen
- Konzentration auf ein besonderes Objekt der Betrachtung
- zielgerichtete Meditation über einen Gegenstand
- völlige Versenkung in Feuer, in Gott oder in ein bestimmtes Objekt, bis das individuelle Bewusstsein ganz in ihm aufgeht und sich selbst nicht mehr wahrnimmt.

Nach den Übungen gibt es kein Bewusstsein von Selbst und Nicht-Selbst. Das letzte Ziel von Joga und Samkhya ist die Aufhebung aller seelischen Veränderungen.

2.4 Brahman und Atman

Die Philosophie der Upanischaden fragte nach dem Einen als letzter Ursache, aus dem alles, das Geistige und das Materielle, hervorgeht. Man nannte dieses Eine *Brahman*. Es ist in allen Dingen, in allen Wesen, auch im Menschen vorhanden. Deshalb ist es ein logischer Schritt, das Brahman mit dem bewussten Selbst und Lebensträger des Menschen, dem *Atman*, zu verbinden, folglich beide als identisch zu erkennen. Der Atman ist die Teilhabe am Brahman.

Die Einheit von Brahman und Atman, die Verbindung des kosmischen mit dem psychischen Prinzip, ist in einem bekannten Kernsatz der Upanischaden ausgedrückt: *Tat tvam asi (Das bist du)*. Der Atman ist ewig und rein geistig. Er ist das wahre Selbst. Atman ist nicht mit dem Begriff „Seele" zu verwechseln. Atman ist nichts Individuelles, die Individualität hängt mit dem Körper zusammen. Im Hinduismus wird das empirische Selbst (Körper) und das wahre Selbst (Atman) unterschieden.

Tat tvam asi:
Der Vater ließ den Sohn Salz ins Wasser schütten und verlangte von ihm, das Salz wieder zurückzubringen. Der Sohn fand das Wasser zwar sehr salzig, aber er konnte das Salz nicht sehen und erst recht nicht vom Wasser trennen. Es war überall da und doch nicht wahrnehmbar. Da sprach der Vater: „Du siehst kein Seiendes hier und doch ist es darin. Was diese feinste Substanz ist, die ganze Welt enthält es als ihr Selbst. Das ist das Wirkliche, das ist Atman, das bist du."
Chandogya-Upanischad VI 12, 1–13, 3 (Auszüge)

Aus dieser Einsicht folgt, dass die Götter nur untergeordnete Figuren sind. Was sie zu leisten vermögen, verdanken sie dem in ihnen präsenten Brahman. Der Polytheismus verlor seine herrschende Position, und an seine Stelle trat ein Monismus. Das Denken der Philosophen und das Streben der Priester begann sich vom Spezialistentum des Opferhandwerks abzuwenden, um auf sich selbst zu schauen, den Atman zu erkennen und die Identität von Atman und Brahman zu realisieren. Zu diesem Ziel führte nicht mehr der Weg des Opfers, sondern der Weg der Meditation, des Yoga und der Erkenntnis *„Gott wohnt im Herzen aller Wesen."*[23]

Wenn der Atman also eins mit Brahman ist, so ist er nicht individuell; wenn er nicht individuell ist, dann ist Atman wie auch Brahman unveränderlich. An ihm hängt deshalb ein *Jiva*, eine Lebensseele. Jiva ist Träger karmischer Prägungen und daher die Instanz, die für die entsprechende Wiedergeburt zuständig ist. Der Aufbau wird u. a. durch fünf Hüllen, die sich um den Atman legen, beschrieben:

Bhagavadgita XI, 8
Doch kannst du mich nicht sehen mit diesem deinen eigenen Auge. Ein himmlisches Auge gebe ich dir, schaue meine erhabene Macht!

1. Die Hülle, die aus Nahrung besteht; dies beschreibt die materielle Welt, den materiellen Körper.
2. Die Hülle, die aus feinstofflicher Lebensenergie (Prana) besteht. *Prana* ist die energetische Trägersubstanz, eine Art Lebensenergie, und regiert den Körper.
3. Die Hülle, die aus Denken besteht. Sie umfasst Gedanken, Gefühle, Erinnerungen und innere Bilder.
4. Die Hülle, die aus Erkennen besteht. Diese intelligente Kraft erkennt die geistigen Objekte, die göttlichen Dinge, das Wesentliche.
5. Die Hülle, die aus Glückseligkeit besteht.

[23] Vgl. Heinrich von STIETENCRON, Der Hinduismus, München: Beck 2001, S. 22f.

2.5 Zyklisches Zeitverständnis

Die Welt wird erschaffen, sie durchläuft verschiedene Weltalter (Kalpa), wird dann zerstört und wieder neu erschaffen. Nur das Brahman ist zeitlos und ewig. Selbst die Götter unterliegen der Vergänglichkeit. Diese *Weltalter* von Werden und Vergehen umspannen gigantische Dimensionen.

1 Weltalter = 4 Weltzeitalter = 12 000 Götterjahre = 4 320 000 Menschenjahre

1000 Weltalter sind 1 Tag des Gottes Brahma

Auf einen Brahma-Tag folgt eine Brahma-Nacht (= Weltvernichtung)

Dieser Zyklus wiederholt sich 100 Brahmajahre lang – ein Bild für Ewigkeit

Derzeit befinden wir uns im schlechtesten aller Zeitalter, im Kali-Yuga. Die göttliche Ordnung, der *Dharma*, kann in diesem Zeitalter nur zu einem Viertel verwirklicht werden. Der Kreislauf der Welten wird nie aufhören. Das Rad des Lebens wird sich ewig drehen.

2.6 Karma und Samsara: Tat und Wiedergeburt

Allen Hindureligionen ist der Glaube gemeinsam, dass die *Seelen* eine unendliche Zahl von Wiedergeburten durchlaufen. Jede gute und schlechte Tat trägt Früchte. Alle Früchte dieser und der vergangenen Existenzen bestimmen die zukünftige Existenz.

Mit dieser Lehre werden soziale Unterschiede und Krankheit als selbst verursacht verstanden und hingenommen. Hinduistische Reformer, wie etwa Mahatma GANDHI, haben diese Lebenssicht kritisiert. Sie sahen diese passive Haltung als ein Missverständnis der Karmalehre an. Karma bedeutet auch die Möglichkeit der aktiven Veränderung. Deshalb setzte sich GANDHI auch besonders für die Kastenlosen, die Gruppen der sozial am meisten Benachteiligten, ein.

Das Gesetz des Karmas beschreibt den Zusammenhang von Tun und Ergehen. Jede Tat, jedes Wort, jeder Gedanke, jedes Gefühl hinterlässt Eindrücke im Bewusstsein. Diese Eindrücke programmieren das Bewusstsein, bilden Gewohnheiten, die ihrerseits alle folgenden Zustände determinieren. Schlechte Taten, Gedanken etc. programmieren leidhafte Zustände, gute Taten erzeugen erfreuliche Zustände. Das Geflecht des Karmas, welches alle Ebenen des Kosmos durchwirkt, bildet den Weltzusammenhang des *Samsara*.

Ergehen: jedes Ereignis, das jemandem widerfährt

Samsara bedeutet Wiederholung von Geburt, Alter und Tod. Dieser Kreislauf der Wiedergeburten gilt letztlich als das Übel, von dem Befreiung *(Moksha)* gesucht wird. Gute Handlungen binden uns genauso an diesen Kreislauf wie schlechte. Es geht darum, beides zu überwinden, das Angenehme wie das Unangenehme, den karmischen Zusammenhang insgesamt zu durchbrechen. Der Mensch hat eine Sonderstellung unter den Lebewesen. Nur er kann Karma abtragen.

2.7 Dharma

Dharma ist das, was die Welt zusammenhält und stützt, das ewige Gesetz. *Der Dharma gilt für Menschen und Tiere, aber auch für Elemente; er umfasst natürliche und gesetzte Ordnung, Recht und Sitte im weitesten Sinne. Dharma ist das nach Normen und Regeln ritualisierte Leben.*
So gehören zum Dharma die Hausriten und private Zeremonien, der ganze Bereich des Zivil- und Strafrechts, des Staats- und Gewohnheitsrechts, normative und rituelle Vorschriften zu Kaste, Lebensalter, Opfer, Wallfahrten, Gelübde, rituellen Schenkungen und anderes mehr. Die Merkmale des Dharmas sind:

Entschlossenheit	Beherrschung der Sinne
Zucht	Weisheit
Selbstkontrolle	Wahrheit
Respekt fremden Eigentums	Wutlosigkeit[24]
Reinheit	

2.8 Gott und Götter

Das Sanskritwort für Gott ist „deva", mit der Wurzel „div", *scheinen* oder *strahlen*. Jedes Dorf oder jeder Landstrich in Indien hat seine Lokal- und Stammesgottheiten.

Die vedische Zeit (1750–500 v. Chr.)[25]

Die vedischen Götter leben in drei Sphären: im Himmel, im Luftraum und auf der Erde. *Indra* ist der beliebteste der vedischen Götter. Er befestigt die Erde, stützt den Himmel und hält die Sterne. *Rudra* kann vor Krankheiten bewahren und ist wegen seines Zornes gefürchtet. Später wird er in der Gestalt von *Shiva* einer der bekanntesten Hindugötter.
Ein Hindu erwählt sich eine bestimmte Gottheit als seinen höchsten Gott. Im vedischen Glauben brauchen die Götter die menschlichen Opfergaben, um den Gang der Welt und des Kosmos aufrecht zu erhalten.
In den Upanischaden wird die Götterwelt der Veden in Frage gestellt. Das Brahman wird als beherrschendes Weltprinzip entdeckt. Alle Dinge und Lebewesen verdanken dem Brahman ihr Dasein. Es wird mit dem Ozean verglichen, der Leben in sich birgt,

Indra, König der Götter; Kriegsgott der vedischen Arier, auf einem weißen Elefanten sitzend

[24] Vgl. Axel MICHAELS, Der Hinduismus. Geschichte und Gegenwart, München: Beck 1998, S. 31.
[25] Vgl. Margaret STUTLEY, Was ist Hinduismus? Eine Einführung in die große Weltreligion, München – Wien: Otto Wilhelm Barth Verlag 1994, S. 45ff.

grenzenlos weit und unvorstellbar stark ist. Den größten Teil dieses Ozeans (= Brahman) können wir mit unseren Sinnen nicht wahrnehmen, seine Tiefen bleiben unergründlich.
Bedeutende Lehrer der Upanischaden, z. B. Shankara (9. Jh.), identifizieren alles mit dem Brahman. Die ganze Welt ist ein einziges göttliches Sein. Andere Lehrer der Upanischaden, z. B. Ramanuja (11. Jh.), entdeckten an der letzten Wirklichkeit persönliche Züge: Brahman ist kein anonymes Prinzip, sondern ein personaler Gott. Nach hinduistischer Auffassung sind Pantheismus (alles ist beseelt), Polytheismus (Vielgötterglaube) und Monotheismus mögliche Wege zum Göttlichen.

Vishnu, allgegenwärtiger Beschützer

Die klassische Periode (500 v. Chr.–1000 n. Chr.)

Kleinere Götter wie *Vishnu* und *Shiva* treten in den Vordergrund. Diese Entwicklung kommt in den großen Epen des *Mahabharata* und des *Ramayana* zum Ausdruck. Trotz der unterschiedlichen Ursprünge und Funktionen gelten alle Götter als Aspekte der letzten Wirklichkeit.
Die wichtigsten Kultformen sind der Vishnu-Kult, der Shiva-Kult und der Shakti-Kult.

Stirnzeichen der Vishnu-Anhänger

- **Vishnuismus:** Vishnu ist das Prinzip der Welterhaltung, er ist der Welt zugewandt und ein allgegenwärtiger Beschützer. Da er den Menschen ganz nahe scheint, wird er mit Blumen, Früchten und anderen alltäglichen Gaben verehrt. Seine Gemahlin ist *Lakschmi*, die Verkörperung der Schönheit und des Reichtums. Seine Attribute sind *Rad*, *Keule*, *Lotos* und *Muschelhorn*. Sein Reittier ist der Sonnenadler *Garuda*. Vishnu erscheint periodisch auf der Erde als Avatara (als Herabkunft), z. B. als Fisch, Eber, Schildkröte oder als Krishna, Buddha etc. In jüngster Zeit wird Ramakrishna (geboren 1836) als 11. Avatara genannt. Dadurch werden auch moderne Strömungen in den traditionellen Hinduismus integriert. Der Vishnuismus hat die zahlenmäßig stärkste Tradition. Das so genannte *Stirnmal* der Vishnu-Anhänger stellt die drei Schritte Vishnus dar, ein Sinnbild für Sonnenaufgang, Zenit und Sonnenuntergang.
- **Shivaismus:** Shiva ist ein Gott voller Extreme mit ambivalenten Eigenschaften. Seinem Wesen sind die dunklen Seiten der menschlichen Psyche nicht fern. Shiva ist sowohl der Ursprung der Welt als auch die Ursache ihrer Zerstörung. Shiva wird mit dem vedischen Gott Rudra identifiziert. Shiva erschafft und verkörpert alle Aspekte der Dynamik, die von der Geburt bis zum Tod alles weiterträgt. Er gilt als Retter und Vernichter zugleich.

Shiva
Shivas Gemahlin ist Ambika, die Große Mutter, die viele Namen hat. Im Shakti-Kult genießt sie als Parvati, Durga oder als Kali höchste Verehrung. Auch Shivas Söhne werden verehrt. Der elfantenköpfige Ganesha gehört zu den fünf großen Göttern und wird auch von Vishnu-Anhängern verehrt. Halb Mensch und halb Tier, verkörpert er die Einheit der Gegensätze und Einheit von Gott und Mensch.

Shiva wird dargestellt:
- als Gestalt, die zur Hälfte männlich und zur Hälfte weiblich ist;
- als Verbindung von Schoß (Yoni) und Phallus (Lingam), Sinnbild für die Zeugungskraft;
- als Stier, der seine Kraft verkörpert;
- als König des Tanzes, der die universale Energie verkörpert;
- als Shiva-Familie, mit seiner Frau Parvati und dem elefantenköpfigen Sohn Ganesha.

Shiva wird auch mit der Mondsichel im Haar und einem Wasserstrahl über seinem Kopf abgebildet. Der Mond gilt als Hüter der Unsterblichkeit. Die Befreiung aus dem Kreislauf der Wiedergeburt liegt bei Shiva. Der Wasserfall auf seinem Kopf ist der Ganges (= die Ganga), der von den Bergen des Himalaja herabfließt. Shiva fängt die Wassermassen auf und verhindert, dass sie das Land überfluten und zerstören. Das Reittier, das dem Gott Shiva zugeordnet wird, ist der weiße Stier Nandi. Der Stier ist ein Symbol für Kraft und Freude, auch des Sexuellen.

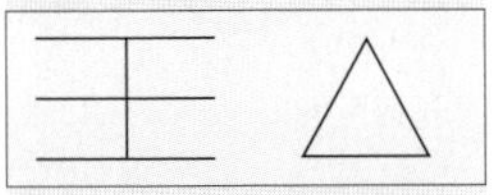
Shivaistische Stirnzeichen

Der Shivaismus ist eng verbunden mit Joga und Magie, er neigt stärker zu Extremen als der Vishnu-Kult.

Das Stirnmal der Shivaiten sind drei waagrechte weiße Striche. Der Punkt über der Nasenwurzel zeigt das mystische Weisheitsauge an. Andere shivaitische Stirnzeichen sind ein Dreieck nach oben (Symbol für das männliche Prinzip), zwei zum Sechseck verschlungene Dreiecke (Vereinigung männlich – weiblich), ein Dreizack oder die Mondsichel.

Kali, die Schwarze

- **Shaktismus:** Unter dem Begriff Shaktismus[26] versteht man die Verehrung einer weiblichen Gottheit. Die Verehrung dieser Muttergottheit wurde später in den Vishnuismus und den Shivaismus integriert. Die Göttin wird als Kraft (Shakti) angesehen, durch die Shiva bzw. Vishnu in der Welt wirkt. Die wichtigste Shakti ist die Göttin Kali; sie wird häufig dargestellt, wie sie mit einem Kranz von Totenköpfen um den Hals auf dem unter ihr liegenden Shiva tanzt.

Krishna

Krishna wird sowohl von Shivaiten als auch Vishnuiten verehrt. Oft wird er Flöte spielend zusammen mit Hirtenmädchen dargestellt. Das berühmte Krishna-Mantra mit seiner ansprechenden Melodie lautet: „Hare Krishna Hare Krishna Krishna Krishna Hare Hare". Die Liebe des Hirtenmädchens Rada zu Krishna ist der Archetyp des Bhakti, des Weges der liebenden Hingabe an Gott.

Krishna

[26] Vgl. Dieter Fassnacht/Eckehard Bickelmann, Hinduismus, Frankfurt/Main u. a.: 1979, S. 41f.

Im Westen ist er insbesondere durch die missionarische „Bewegung für Krishna-Bewusstsein" des neohinduistischen Gurus Bhaktivedanta Swami Prabhupada bekannt geworden. In Indien selbst lehnt man missionarische Aktivität in der Regel ab: Entweder ist jemand von seinem Karma her so weit, dass keine Belehrungen nötig sind, andernfalls ist Missionierung vergebliche Liebesmühe.

Eine andere Bezeichnung für spirituelle Lehrer ist Swami. Swami ist die Ehrenbezeichnung für einen Mönch.

Der Guru

Ein Guru (Lehrer) ist ein spiritueller Meister, ein geistlicher Lehrer, eine Guruna ist eine spirituelle Meisterin. Ein Guru/eine Guruna nimmt Frauen und Männer als Schüler/innen auf. Für sie gilt der Guru als Führer zu Gott. Als solcher wird er in Indien durchaus als Gottheit verehrt. Auf die Frage, ob ein Mensch einen Guru nötig hat, geben Hindus oft folgendes Beispiel: *Wenn man in eine fremde Stadt kommt und eine bestimmte Straße aufsuchen will, kann man das auf zweierlei Weise tun: Man kann entweder Straße für Straße ablaufen, bis man zu der gesuchten kommt. Man kann aber auch einen Einheimischen fragen. Der wird einem den kürzesten Weg zu dem gesuchten Ziel zeigen. Ein Guru ist ein Einheimischer, der sich auf dem Gebiet der Spiritualität in allen Wegen auskennt.*[27]

Die meisten spirituellen Meister haben nur einen kleinen Kreis von Schülerinnen und Schülern. Manche Gurus haben u. a. durch Massenmedien bedingt einen größeren Anhängerkreis.

In der Begegnung mit dem Guru wird oft nichts gesprochen, allein die Ausstrahlung genügt, um die Schüler/innen zu unterweisen und ihnen den Weg zu einer eigenen Verwirklichung zu zeigen. Der Benediktinerpater Henri Le Saux beschreibt die Bedeutung des wahren Guru so:

> Der Guru ist nicht irgendein Meister oder ein Lehrer oder ein Prediger, auch kein Seelenführer, der aus Büchern oder von anderen Menschen gelernt hat, was er seinerseits lehrt. Der Guru ist im Gegenteil jemand, der selbst in die Wirklichkeit eingedrungen ist und aus persönlicher Erfahrung den Weg kennt, der zu ihr führt.[28]

Menschen aus dem Westen entwickeln manchmal auf Grund ihrer fehlenden Erfahrungen im Umgang mit einem Guru eigenartige Verhaltensweisen, die in unkontrollierbarer Abhängigkeit münden können. Inder identifizieren zwar den Guru mit Gott, sie verehren ihn und akzeptieren, was er sagt und tut; es kommt aber kaum zu personalen und finanziellen Abhängigkeiten.

[27] Christoph Peter Baumann/ Christian Hackbarth-Johnson, Hinduismus. Teil A und Teil B, Regensburg: Religionspädagogisches Seminar der Diözese Regensburg 1999, S. 59.
[28] Christoph Peter Baumann/ Christian Hackbarth-Johnson, a. a. O., S. 60.

Heilige Tiere

Wie der Mensch kann auch das Tier ein *heiliger* Ort sein, besonders gilt das für die Kuh. Sie wird mit Reichtum, Glück und Fülle identifiziert, sie gilt als eine Göttin, sie wird auch *Wunschkuh* oder *alle Wünsche gewährende Kuh* genannt.

In der traditionell agrarischen Gesellschaft Indiens ist die Kuh Grundlage des Lebens. Milch und Butter dienen dem Menschen als Nahrung, der Kuhdung als Dünger oder getrocknet als Brennmaterial. Rinder sind als Zugtiere für den Ackerbau unerlässlich. Alles an der Kuh ist *Dienst und Gabe*.

Die Hochachtung von Tieren ist auch insofern verständlich, als z. B. eine Kuh auch die Wiederverkörperung eines verstorbenen Verwandten sein kann. Letztlich steht hinter der Tierverehrung die Karmalehre: Das Töten eines Tieres schafft schlechtes Karma. Die Verehrung der Kuh ist auch erklärbar durch die Abgrenzung zum Islam. Darum meidet, wer schon nicht vegetarisch lebt, wenigstens den Genuss von Rindfleisch.

Mahatma GANDHI (1869–1948)

Apotheose = Vergöttlichung, Verherrlichung

Mahatma GANDHI: Schutz der Kuh

Im Mittelpunkt des Hinduismus steht der Schutz der Kuh. Für mich ist der Schutz der Kuh eine der wunderbarsten Erscheinungen in der menschlichen Entwicklung. Er führt den Menschen über seine eigene Spezies hinaus. Für mich bedeutet die Kuh die gesamte nichtmenschliche Schöpfung. Durch die Kuh ergeht an den Menschen der Auftrag, seine Einheit mit allem, was lebt, zu verwirklichen. Es ist für mich klar, warum die Kuh für diese Apotheose gewählt wurde. In Indien ist die Kuh der beste Freund, sie war das Füllhorn. Sie gab nicht nur Milch, sie machte die Landwirtschaft erst möglich. Die Kuh ist ein Gedicht des Mitleids. Man kann Mitleid an dem freundlichen Tier lernen. In Indien ist sie die Mutter von Millionen. Schutz der Kuh heißt Schutz der ganzen stummen Kreatur Gottes. Dies ist das Geschenk des Hinduismus an die Welt. Und der Hinduismus wird leben, solange es Hindus gibt, die die Kuh beschützen.[29]

2.9 Lebensziele

Die vier großen Lebensziele eines orthodoxen Hindu sind *Kama (sinnliches Vergnügen)*, *Artha (Streben nach Besitz)*, *Dharma (Tugend, Ordnung)* und *Moksha (Erlösung)*.

In der leiblichen Lust, insbesondere in der Sexualität, wird nichts Verwerfliches gesehen. Das sinnliche Vergnügen wird *Kama*

[29] Zitiert nach Werner TRUTWIN, Die Weltreligionen, a. a. O., S. 92.

genannt. Im bekannten *Kamasutra*, einem *Leitfaden der Erotik* aus dem 4. Jh. n. Chr., führt der Verfasser die erotischen Anregungen auf göttliche Offenbarung zurück. Zwischen dem Liebesspiel und der Gottesverehrung gibt es hier keine Kluft. Erotische Darstellungen sind auch in Tempelanlagen zu finden.
Aus dem Mönchsethos entwickelte sich die im Hinduismus hoch geschätzte Tugend der Gewaltlosigkeit. *Ahimsa* (Gewaltlosigkeit) bedeutet, keinem Lebewesen, weder Mensch noch Tier, Leid anzutun und auf jegliche Gewalt zu verzichten. GANDHI hat Gewaltlosigkeit und Wahrheit (Satya) zu politischen und sozialen Tugenden erweitert und ihnen so eine neue Dimension gegeben.

Vier Lebensziele
Kama = sinnliches Vergnügen
Artha = wirtschaftlicher Gewinn, Streben nach Besitz
Dharma = Tugend, Ordnung
Kama und Artha sind in den Dharma eingebunden.
Moksha ist die Befreiung aus dem Kreislauf der Geburten.

Wichtige Werte
Ahimsa (Gewaltlosigkeit)
Satya (Wahrheit) lebt der Mensch, der sich selbst und andere nicht täuscht.
Bramacarya (Keuschheit) bedeutet, auf die Ausübung der Sexualität zu verzichten. Diese Einstellung zielt auf die Überwindung der Begierden.

2.10 Wege zum Heil

Das Ziel menschlichen Handelns, Denkens und Fühlens heißt *Moksha*, die Erlösung: Der Kreislauf der Wiedergeburten ist beendet; der Atman kehrt zum Brahman zurück. Es gibt drei Wege, den Kreislauf der Wiedergeburten zu durchbrechen:

- Der Weg der Werke (Karma-Marga): Nach den ältesten Schriften gab es nur diesen Weg. Rechtes Handeln, gute Werke und rechtes Leben führen zum Ziel. Dieser Weg wird von den meisten Hindus beschritten. Jede Handlung soll selbstlos ausgeführt werden und in Übereinstimmung mit dem Dharma sein.
- Der Weg der Erkenntnis (Jnana-Marga): Dieser Weg hat sich in der Zeit der Upanischaden entwickelt. In der Meditation wird erfahren, dass es nur eine unwandelbare, unvergängliche und ewige Wirklichkeit gibt, *Brahman*; die gesamte Erscheinungswelt hingegen ist vergänglich und unwirklich.
- Der Weg der liebenden Hingabe (Bhakti-Marga): Dieser Weg wird in der Baghavadgita von Krishna gelehrt. Die ständige Anrufung der Gottheit und die persönlichen Opfergaben (Puja), die mit Liebe gegeben werden, genügen. Es braucht dazu keine Priester, keine besonderen Kulte und keine philosophischen Kenntnisse. Zwei Arten werden unterschieden:
  Der Weg des Affen: Das Affenjunge klammert sich mit aller Kraft an das Fell der Mutter, so auch der Bhakta, der sich mit ganzer Kraft an Gott wendet und betet.
  Der Weg der Katze: Das Katzenjunge lässt sich von der Mutter im Maul tragen. Hier überlässt sich der Bhakta vertrauensvoll der göttlichen Führung.

2.11 Kastenwesen

Varna = Farbe

Traditionell wird die Gesellschaft im Hinduismus arbeitsteilig in vier Stände gegliedert. Die Bezeichnung *Varna* deutet an, dass das Kastensystem ursprünglich die Vorherrschaft der hellhäutigen Arier über die dunklere einheimische Bevölkerung sichern sollte. Die wichtigste Dharmaschrift *Manusmriti* enthält für alle Varnas die bereits bekannten Grundsätze: Gewaltlosigkeit (Ahimsa), Wahrhaftigkeit, Nicht-Stehlen, Zügelung der Sinne und Reinheit.

Brahmane

Die einzelnen Varnas sind:

1. Brahmanen (Priester): Ihre Aufgabe ist es, zu studieren, zu lehren und Opfer darzubringen.
2. Kshatriyas (Krieger): Von ihnen wird verlangt, das Volk zu beschützen.
3. Vaishyas (Händler, Handwerker, Bauern): Sie bestellen die Felder, treiben Handel und verleihen Geld.
4. Shudras (Diener, Wäscher, Rikschafahrer etc.): Sie haben den drei anderen Ständen zu dienen. Sie können selbst keine Opfer darbringen.
5. Dalits (Unterdrückte): Viele Millionen Menschen sind außerhalb bzw. unterhalb der Kasten und gelten als Kastenlose bzw. Unberührbare, so vor allem die indischen Ureinwohner. Der Großteil der abhängigen Landarbeiter gehört dieser Schicht an, ebenso die Berufsgruppen, die „unreine" Aufgaben erledigen, wie das Beseitigen von Kadavern, die Reinigung von Toiletten, das Häuten von Tieren etc. Mahatma GANDHI brachte dieser Gruppe eine spezielle Zuneigung entgegen und bezeichnete sie als Harijans, als Leute Gottes.

Ein Siebtel der Bevölkerung sind Outcasts. Diese Menschen gelten als unrein und haben keinen sozialen Rückhalt. Der indische Staat hat das Kastenwesen gesetzlich abgeschafft, in der Praxis ist es jedoch weiterhin existent.

Während *Varna* ein brahmanisches Idealkonstrukt ist, entspricht *Jati* eher der gesellschaftlichen Wirklichkeit. Die Großkasten im Sinne der Varnas sind in so genannte Jatis (= Geburt) untergliedert. Die Geburt ist maßgelblich, man wird in eine der mehr als 3000 Kasten hineingeboren. Sie geben Regeln bezüglich Beruf, Heirat, Essen, Feste etc. vor. Nach außen ist die Zugehörigkeit durch Namen, Kleidung und Beruf sichtbar. Im positiven Sinn geben sie Zusammenhalt, sie sind gleichsam ein soziales Auffangnetz. Problematisch sind die soziale Kontrolle und die von vornherein festgelegten Bildungs- und Berufschancen.

AUFGABEN

1. Diskutieren Sie die sozialen Vor- und Nachteile des Kastenwesens.
2. Kann man dem Schicksal seiner Kaste in diesem Leben entrinnen?
3. Gibt es in unserer Gesellschaft Schranken zwischen verschiedenen Gruppen, die an die Kastenordnung des Hinduismus erinnern?
4. Stellen Sie unsere Gesellschaft als Pyramide dar. Welche Kriterien ziehen Sie dazu heran? Wer ist oben? Wer ist unten?

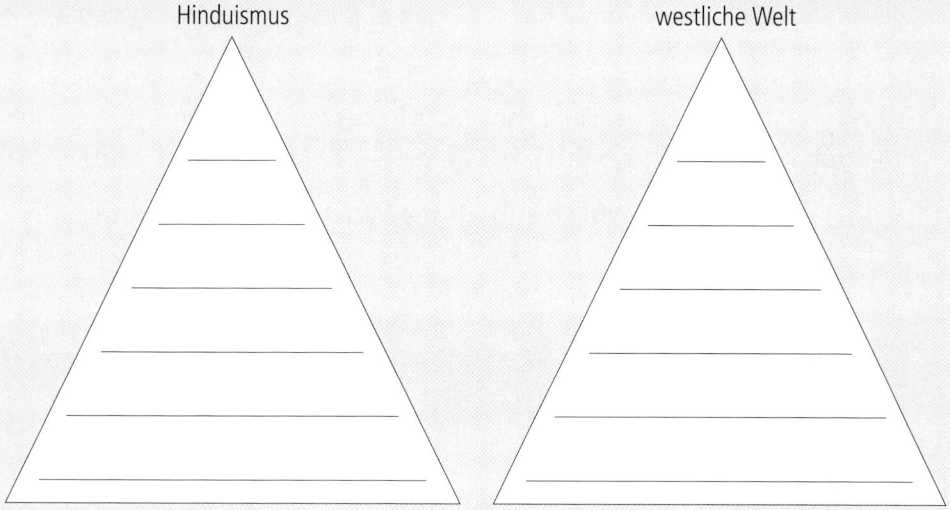

2.12 Tempel und Kult

Einer der Türme des Minaksi-Tempels in Madurai

Gott wird allgegenwärtig gesehen, jeder Tempel, jeder Hausaltar gilt als besonderer Wohnort Gottes. Im Zentrum steht jeweils eine *Murti*, das Bild einer Göttin, eines Gottes oder auch mehrerer Gottheiten. In einem großen Tempel leisten ein oder mehrere Priester regelmäßig Dienst. An den Wallfahrtsstätten gibt es Komplexe mit mehreren Tempeln. Solche Tempelanlagen haben in jeder Himmelsrichtung einen großen Turm als Eingangstor. Diese Türme sind geschmückt mit Figuren und Ornamenten. Meist gehören zu einer Tempelanlage auch Teiche für das rituelle Bad.

Der Besuch eines Gemeinschaftsgottesdienstes ist für einen Hindu keine Verpflichtung. Das verbindende Element der religiösen Gemeinschaft liegt eher in den Hausriten. Sie halten die Familie und die Generationen zusammen. Der Kult ist im Gegensatz zu christlichen Gemeinden in den Familien verwurzelt.

In größeren Tempeln wird täglich eine *Puja* (Verehrung, Anbetung) abgehalten. Als Vorbereitung für eine Puja erhält die Murti eine Girlande aus frischen Blumen; Öllampen und Räucherstäbchen werden entzündet, Opfergaben dargebracht. Lobgesänge

Tempelsee in Kanchipuram (Südindien)

werden gesungen und aus einem heiligen Buch werden Passagen vorgelesen. Die Gläubigen berühren das heilige Feuer, indem sie kurz beide Hände über die Flamme halten und das Gesicht berühren. Zum Schluss wird die dargebrachte Opferspeise als *Prasad* an die Gläubigen verteilt.
Obwohl jeder Tempel eine heilige Stätte ist, gibt es Orte, denen eine überragende Bedeutung zukommt. Mehrere Städte in Indien gelten als heilige Städte. Der bedeutendste Wallfahrtsort in Indien ist Varanasi (Benares). Auch Berge und Flüsse gelten als heilig, z. B. der Ganges oder Teile des Himalaja.
Spirituelles Leben wird in einem *Ashram*, einer Art Kloster, geübt und gepflegt. Ashram heißt *bei der Übung*. In der Regel entsteht ein Ashram um einen Guru. Er führt und leitet die Schüler/innen an.

2.13 Mantra: heiliges Wort – heiliger Klang

Im religiösen Leben Indiens spielen *Mantras* eine wichtige Rolle. Mantras sind heilige Worte und Silben, in denen, richtig rezitiert, die Wirkmacht der angebeteten Gottheit präsent wird. Es enthält eine heilige Wahrheit und gibt Anteil an der göttlichen Schöpfungskraft. Heute teilt in der Regel ein Guru seinem Schüler nach einer langen Lehrzeit ein Mantra mit, das nur für ihn persönlich bestimmt ist. Diese Formel kann sein Bewusstsein verändern und ihn auf seinem Lebensweg begleiten.

OM (AUM)

Maha-Mantra:
Hare Krishna, Hare Krishna, Krishna, Krishna, Hare, Hare, Hare Rama, Hare Rama, Rama, Rama, Hare, Hare.
Gayatri-Mantra:
Lasst uns meditieren über die Herrlichkeit des göttlichen Lichts. Es möge unseren Geist erleuchten.
OM (AUM)
OM! O führe mich vom Nichtsein zum Sein, führe mich vom Dunkel zum Licht, führe mich vom Tod zur Unsterblichkeit! OM! Friede, Friede, Friede!
OM! Verehrung sei dir, du höchster strahlender Atman![30]

Das bedeutendste und höchste Mantra ist OM, das aus drei Buchstaben (AUM) zusammengesetzt ist. Viele Hindus beten es täglich und meditieren über diese heilige Silbe. Jeder Buchstabe spielt dabei eine Rolle. Bei der Betrachtung beginnt man bei dem

[30] Adel Theodor KHOURY/Erhard MEIER (Hg.), Gebete des Hinduismus, Gütersloh: GTB 1994.

A mit dem Einatmen, wodurch man sich für alles Gegenwärtige öffnet. Das Ausatmen beim U bedeutet Hingabe an das Göttliche. Das M versetzt in die Stille und bringt die Fülle der Welt nahe. Das OM ist die konzentrierteste Kurzformel des Hinduismus. Es bezeichnet den Atem und die Strahlkraft der Sonne: Atem als Prinzip des Ich und Sonne als Lebenskraft des Universums sind in dem Wort *eins*. Im OM fallen Vergangenheit, Gegenwart und Zukunft zusammen. Es bezeichnet Entstehen (Geburt), Bestehen (Leben) und Vergehen (Tod).
Das meditative Hören und Summen des OM führen den Menschen zurück zum Absoluten. Sie bringen ihn in Einklang mit der ganzen Schöpfung und führen ihn damit zum Frieden mit sich selbst und mit allen Wesen. OM bildet den Anfang und das Ende vieler religiöser Texte: *OM! Shanti, Shanti, Shanti (OM! Frieden, Frieden, Frieden).*

2.14 Der Jahreslauf

Es gibt keinen Monat, in dem nicht mehrere Feste gefeiert werden. Im Jahreslauf finden viele Wallfahrten zu heiligen Stätten statt.
Der indische Kalender ist luni-solar. Auf ein Sonnenjahr von 365 Tagen, das Mitte April beginnt, fallen zwölf Monate mit jeweils 29 ½ Tagen. Damit nicht, durch kürzere Mondjahre bedingt, Frühlingsfeste nach einiger Zeit in den Winter fallen, werden nach einer komplizierten Berechnung periodisch Tage oder Monate im Mondkalender hinzugefügt oder weggenommen.

Ritual

Alltag

Der Alltag in der indischen Gesellschaft ist vielfältig und bunt wie ein Mosaik, das sich aus vielen Steinen zusammensetzt, ebenso sind es die religiösen Einstellungen, Ausdrucksformen und Riten, die vom Alltag nicht getrennt werden können.

Rituelles Bad bei Vollmond

Mann und Frau

Auch das Geschlecht ist die Frucht der Taten im vergangenen Leben. Obwohl Frauen in der Gesellschaft höchste Regierungsämter bekleiden können, gelten im Alltag weitgehend die alten Regeln und Ordnungen. Durch die Geburt eines Sohnes kann man Erlösung erlangen, denn der älteste Sohn muss das Ahnenritual vollziehen, das für die nächste Existenz des Verstorbenen wichtig ist. Mädchen müssen eine möglichst große Mitgift in die Ehe mitbringen, sodass in weiten Teilen Indiens auch heute noch wenig Freude bei der Geburt eines Mädchens empfunden wird. Im Haus ist die Mutter als Lebensspenderin ebenso wichtig wie der Vater. Sie muss auch bei jeder Puja mitwirken.

Heirat

Die Heirat ist nicht nur Sache der Ehepartner, sie betrifft den gesamten Familienverband. Der Astrologe, normalerweise ein Brahmane, bestimmt, ob ein Paar zusammenpasst. Das Hochzeitsfest wird von der Familie der Braut ausgerichtet.

Kinder

Tamilen = Bevölkerungsgruppe im Süden Indiens

Die Riten sind je nach Tradition unterschiedlich. Bei den Tamilen gilt alles, was mit der Geburt zu tun hat, als unrein. Die ganze Familie darf deshalb während der ersten dreißig Tage nicht den Tempel besuchen. Am 31. Tag wird das Kind zum ersten Mal in den Tempel gebracht und erhält den Segen.
Der Übergang vom Stillen zum festen Essen ist wieder ein besonderes Ereignis. Das Kind erhält im Tempel erstmals feste Nahrung, die zuvor auf dem Altar einem Gott dargebracht wurde.
Wenn ein Mädchen zum ersten Mal die Periode hat, bleibt es die nächsten dreißig Tage zu Hause, dann wird ein großes Pubertätsfest veranstaltet. Ab diesem Zeitpunkt gilt das Mädchen als Frau.
Bei Knaben der oberen drei Kasten wird mit neun Jahren ein Fest gefeiert; in einer feierlichen Zeremonie erhalten sie eine weiße Baumwollschnur. Diese Schnur wird jährlich erneuert.

Der Tod

Den unterschiedlichen Hindutraditionen gemeinsam ist der Glaube an die Wiedergeburt und die Überzeugung, dass der Mensch wie jedes Lebewesen nicht nur einmal lebt.
Der Tod ist eine Phase des Übergangs, der sowohl von den Lebenden als auch von den Sterbenden bewusst gestaltet werden muss. Am Todestag wird der Leichnam nach der Waschung möglichst schnell verbrannt. Der älteste Sohn hat eine wichtige Rolle bei den Ritualen. Die Feuerbestattung hilft der Seele, sich vom sterblichen Körper zu lösen.

Namas te – Verehrung dir

Wenn zwei gläubige Hindus sich begegnen, legen sie die vor die Brust erhobenen Hände zusammen und sagen: *Namas te! (= Verehrung dir).* Es ist das Göttliche, das durch den Gruß im anderen

Menschen verehrt wird. Denn der Hinduismus lehrt die uneingeschränkte Gegenwart Gottes in allen Lebewesen und Dingen, besonders in jedem Menschen.

Mandala

2.15 Glossar

Ahimsa: Nichtverletzung, Gewaltlosigkeit
Ashram: ein Ort, wo Schüler/innen wohnen und mit ihrem spirituellen Lehrer (Guru) zusammenkommen
Ashramas: die vier Stufen eines idealen Lebens, vor allem das eines Brahmanen
Atman: das ewige Prinzip in den Lebewesen
Ayurveda: Wissen vom langen Leben, Gesundheitsvorsorge
Brahman: in den Upanischaden das höchste Prinzip, das unpersönlich und persönlich gedacht wird. Es ist das Absolute und mit dem Atman identisch.
Dharma: Gesetz, Recht, Sitte, Pflicht, Tugend
Karma: Handlung, Tat, Folgen einer Handlung, das universelle Gesetz von Ursache und Wirkung
Mantra: eine rituelle Formel, die vom Guru seinem Schüler mitgeteilt wird; eine heilige, an die Gottheit gerichtete Formel. Das höchste Mantra ist OM, die Verkörperung der ganzen hinduistischen Lehre in gedrängter Form.
Moksha: Befreiung aus dem Kreislauf der Wiedergeburten
Om: das wichtigste Mantra, eine sprachliche Manifestation des Brahman
Samsara: Kreislauf der Wiedergeburten
Shakti: Kraft, göttliche Energie
Sutra: Ausführungen, meist Lehrsätze über Ritualwesen, Familienbrauchtum etc.
Veda: Wissen, besonders das heilige Wissen, das ursprünglich mündlich überliefert wurde und der ältesten Periode des Hinduismus zu Grunde liegt
Yantra oder **Mandala:** eine geometrische Figur, die eine Gottheit oder eine Kraft im Universum darstellt. Es ist ein Hilfsmittel zur Meditation.

3 Buddhismus

Die Lotosblume – mehr als eine Blume

So wie eine blaue, rote oder weiße Lotosblume, obwohl im Wasser geboren, im Wasser aufgewachsen, unbeschmutzt vom Wasser auf seiner Oberfläche steht, wenn sie aus ihm herauswächst, ebenso bleibe ich von der Welt unbeschmutzt, obwohl ich in der Welt geboren, in der Welt aufgewachsen bin, ich, der ich die Welt überwunden habe.

Erfahre, dass ich ein Buddha bin.[31]

Sitzender Buddha (Sri Lanka, um 1200)

Wir kennen sehr unterschiedliche Buddhadarstellungen. Eine häufige und bekannte ist der BUDDHA in Meditationshaltung. Typisch ist der Spitzkopf mit dem hochgeflochtenen Haar des Asketen. Es stellt die Orientierung „nach oben" dar und wird daher auch als Merkmal der Erleuchtung angesehen. Die langen, gedehnten Ohrläppchen sind ein Zeichen seiner fürstlichen Herkunft und seiner Würde. Der Meditations- oder Lotossitz ermöglicht ein langes Sitzen ohne Bewegung. Dieses Sitzen ist eine Voraussetzung für die Vertiefung der absichtslosen Konzentration oder Sammlung, die in der Meditation geübt wird.

AUFGABE

- Welche Assoziationen haben Sie zum Buddhismus?
- Welche Bilder?
- Welche Wertungen und Einstellungen?
- Welche Sympathien oder Abneigungen?

3.1 Was ist Buddhismus?

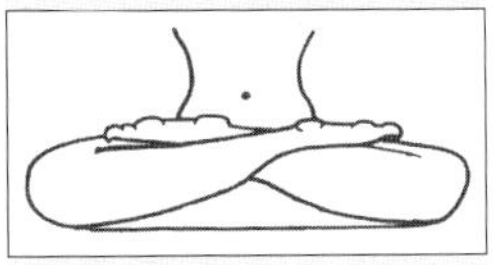

Der Lotossitz
Die Unterschenkel sind an den Körper gezogen und verschränkt. Die Fußsohlen weisen nach oben, die Knie sind auf den Boden gedrückt.

Der Begriff *Buddhismus* steht für eine Vielzahl von Glaubens- und Lebensformen, die jedenfalls den Ursprung gemeinsam haben. Etwa 360 Millionen Anhänger/innen gibt es weltweit.

- Manche halten den frühen Buddhismus eher für eine Philosophie, weil er an die Einsicht des Menschen appelliert und überzeugt ist, dass seine Wahrheiten unserer Lebenserfahrung entsprechen und vernünftiger Betrachtung zugänglich sind. Der Buddhismus hält jedoch von theoretischen Überlegungen und

[31] Aus dem 2. Korb des Palikanon, Anguttara-Nikaya II 38, zitiert nach Werner TRUTWIN, Die Weltreligionen. Arbeitsbücher für die Sekundarstufe II, Religion – Philosophie – Ethik. Buddhismus, Düsseldorf: Patmos 1998, S. 3.

metaphysischen Spekulationen nicht viel. Philosophische Versuche, die großen Fragen des Lebens rational zu lösen, hat BUDDHA abgelehnt.

- Andere Beobachter sehen im Buddhismus eher eine Ethik, die einen Lebensweg weist, wieder andere eine Psychologie, die Einsichten in das Innere und in das Wesen des Menschen vermittelt.

Wenn man in der Religion vor allem einen Weg zur Erlösung sieht, dann ist der Buddhismus ohne Zweifel eine Religion: Der Buddhismus will das Leid endgültig überwinden und die Menschen zur Erlösung führen. Er ist auch eine Religion in seiner kultischen Praxis und in der Verehrung BUDDHAS. Seine Anhänger/innen richten ihr Leben am Buddhismus und an BUDDHA aus.
Der Buddhismus fordert jedoch kein bestimmtes Glaubensbekenntnis: Die Gottesfrage steht nicht im Zentrum. Er beschäftigt sich nicht so sehr mit Gott und der Welt, sondern mit den Menschen, besser: mit allen lebenden und leidenden Wesen. Dem Buddhismus geht es um Ethik, Meditation und Einsicht.[32]

Mudras sind symbolische Handgesten.

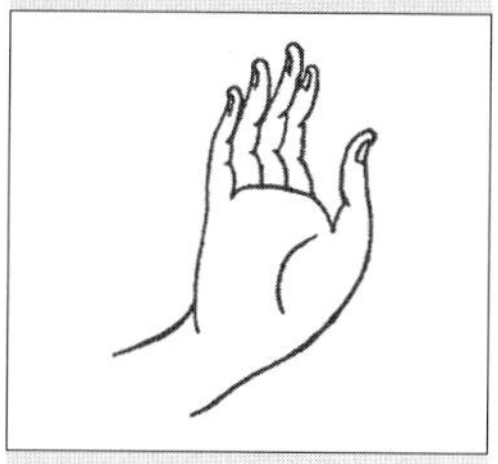

Ermutigungsgeste

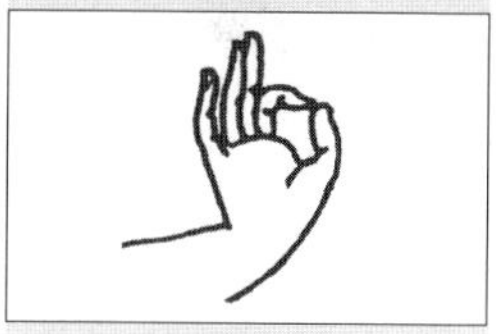

Geste der Lehrdarlegung oder Diskussion

3.2 Zeitgeschichtlicher Hintergrund

Der Buddhismus ist im 5. Jh. v. Chr. in Nordindien aus dem Hinduismus herausgewachsen und nur vor dessen Hintergrund zu verstehen.
Die Gesellschaft war streng in Kasten aufgeteilt. Die Brahmanen bildeten die höchste Kaste, die Priesterkaste. Sie waren die Hüter der heiligen Schriften und brachten die Opfer dar. Die Geschicke der Welt hingen eng mit der Darbringung der Opfer zusammen. Das Feueropfer der Brahmanen heißt *Karman*, es ist der Prototyp jeder Handlung: Nicht nur das Opfer, sondern jedes Tun hat Folgen.

- Karma kommt aus dem Sanskrit und ist das universelle Gesetz von Ursache und Wirkung; es beschreibt die Gesamtheit aller Handlungen, der positiven wie auch der negativen, und die Folgen einer Handlung.
- Der Glaube an das Karma ist bereits in den *Upanischaden* entfaltet. Die Seele, die in den Kreislauf der fortwährenden Wiedergeburt eingebunden ist, wird wesentlich vom vorherigen Karma bestimmt.

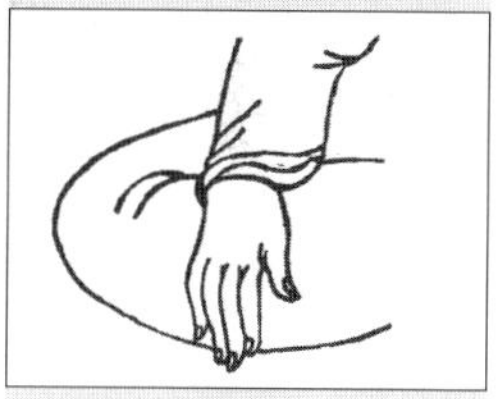

Erdberührungsgeste
Der sitzende Buddha berührt mit den Fingern die Erde, um sie als Zeugin für die Wahrheit seiner Worte anzurufen.

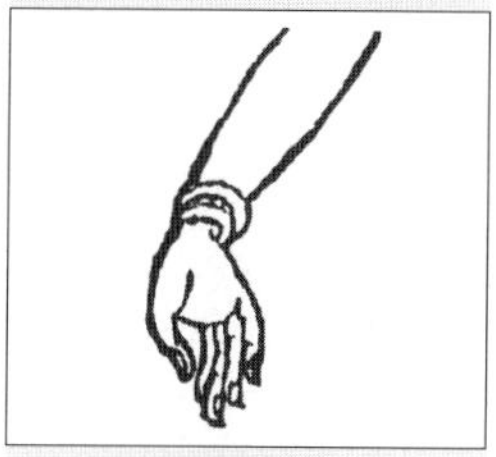

Geste der Wunschgewährung

[32] Vgl. Heinz BECHERT/Richard GOMBRICH (Hg.), Der Buddhismus. Geschichte und Gegenwart, München: Beck 1989, S. 15, und Michael von BRUCK, Buddhismus. Grundlagen – Geschichte – Praxis, Gütersloh: Gütersloher Verlagshaus 1998, S. 11.

- Die Wanderung durch die Wiedergeburten heißt *Samsara*. Es bezeichnet den Kreislauf des Lebens, des Todes und der Wiedergeburt, dem alle Wesen auf Grund ihres Karmas unterworfen sind.

Diese Karmalehre, weiters das Prinzip der Entsprechung von Mikrokosmos und Makrokosmos sowie die Idee vom *Samsara*, der fortwährenden Wiedergeburt, wie sie in den *Upanischaden* dargestellt ist, hat BUDDHA vorgefunden. Auf dem Hintergrund einer erstarrten brahmanischen Religiosität wuchsen zwei Denksysteme, die sich über die Veden hinwegsetzten, der Buddhismus und der Jainismus. Der Jainismus, dessen Gründer MAHAVIRA war, sucht die Erlösung in der Askese. Bei seiner Erleuchtung erhielt er den Titel *Jain* (der Sieger). MAHAVIRA empfahl seinen Anhängern vor allem den Weg der radikalen Gewaltlosigkeit gegenüber allen lebenden Wesen. Das Tötungsverbot wird ganz besonders streng ausgelegt. Jainmönche fegen die Straße vor ihren Füßen, um nicht unabsichtlich ein Insekt zu zertreten, sie tragen einen Mundschutz, um nicht versehentlich ein Tier einzuatmen. *Ahimsa*, die Gewaltlosigkeit, die Mahatma GANDHIS Handeln prägte, ist ein Zentrum ihrer Ethik.

Veden sind die ältesten heiligen Schriften des Hinduismus. Upanischaden sind heilige Schriften des Hinduismus, entstanden zwischen 800 und 400 v. Chr.

AUFGABE

Fassen Sie die wichtigsten Denkströmungen, mit denen BUDDHA konfrontiert war, zusammen.

3.3 Buddhismus als Reformreligion

Der Buddhismus ist eine Reformreligion.[33] BUDDHA wendet sich vor allem

- gegen die Brahmanen mit ihren Privilegien;
- gegen die alten Riten und Gebote sowie gegen alle blutigen Opfer;
- gegen den verbreiteten Hedonismus seiner Zeit;
- gegen überzogene Formen der Askese;
- gegen metaphysische Spekulationen über die Götter, das Absolute (Brahman) und das Selbst (Atman);
- gegen den Ausschluss der Kastenlosen aus der Religion und gegen das Kastenwesen überhaupt.

Im Gegensatz zum Hinduismus entwickelte der Buddhismus ein starkes Moment der Vergeistigung und der Ethisierung: Eine gute Tat wird für BUDDHA wichtiger als ein blutiges Opfer, die Erfüllung ethischer Gebote wesentlicher als die Zugehörigkeit zu einer hohen Kaste.

Hedonismus: Lebensweise, die ausschließlich an oberflächlichen Vergnügungen orientiert ist

Brahman: Das höchste Prinzip, das das gesamte Universum durchflutet. Es ist das Absolute und mit dem Atman identisch.

Atman ist das ewige Prinzip in den Lebewesen.

[33] Vgl. Werner TRUTWIN, Die Weltreligionen, a. a. O., S. 22f.

3.4 Die drei Zufluchten

Schon in den ältesten Schriften kommt die Formel von der dreifachen Zuflucht vor. Buddhisten nennen sie auch die drei Juwelen[34]:

- Ich nehme Zuflucht zum BUDDHA.
- Ich nehme Zuflucht zu seiner Lehre (Dharma).
- Ich nehme Zuflucht zur Gemeinde (Sangha).

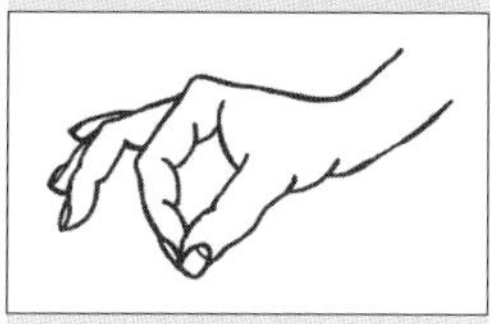
Geste des Begreifens

Die Lebenszeit BUDDHAS kann nicht mit Gewissheit bestimmt werden. Die ältere Forschung datierte die Geburt von SIDDHARTA GAUTAMA, des späteren BUDDHA, auf das Jahr 563 v. Chr. Neuere Forschungen setzen sie etwa 450 v. Chr. an.[35] Für gläubige Buddhisten haben diese Fragen jedoch nur eine sehr geringe Bedeutung.
SIDDHARTA GAUTAMA entstammt einer Fürstenfamilie aus dem Norden Indiens. Er wurde in Lumbini geboren, das im heutigen Nepal liegt. Seine Mutter MAYA soll wenige Tage nach der Geburt gestorben sein. Viele Legenden umranken seine Geburt, seine Kindheit und sein weiteres Leben. Mit 16 Jahren wurde er verheiratet, mit 28 Jahren soll ihm seine Frau einen Sohn geboren haben.
Die Überlieferung berichtet, dass SIDDHARTA bei verschiedenen Ausfahrten einem Greis und einem Menschen mit Aussatz, einem Leichenzug und schließlich einem Wandermönch begegnet sei. Durch diese Erfahrungen kam er zur Überzeugung, dass der Sinn des Lebens nicht nur in einem behüteten und luxuriösen Dasein bestehen könne. Er verließ, wie die Legende sagt, in der Nacht Frau, Kind und Hof und begann ein Leben als Wanderasket. Er schloss sich verschiedenen Lehrern an, um Erlösung zu finden. Von diesen Lehrern enttäuscht, wurde er Einsiedler; er fastete bis zur völligen körperlichen Erschöpfung, ohne jedoch dem Weg der Erlösung näher gekommen zu sein. Jetzt erkannte er, dass die extreme Askese kein geeigneter Weg zur Erlösung ist. Er begann wieder ausreichend zu essen und entschied sich für einen mittleren Weg zwischen Luxus und Entsagung.
SIDDHARTA GAUTAMA ging nach Bodh-Gaya und setzte sich unter einen Feigenbaum, sammelte seinen Geist und meditierte. Er beschloss, nicht eher aufzustehen, bis er den entscheidenden Durchbruch zur Erkenntnis gefunden habe. Vorher musste er noch die Versuchungen des Totendämons Mara bestehen: Machtstreben, Selbstzweifel und Versuchungen durch die Sexualität.

34 Vgl. Hans Wolfgang SCHUMANN, Handbuch Buddhismus. Die zentralen Lehren: Ursprung und Gegenwart, Kreuzlingen/München: Hugendubel 2000, S. 108, und Michael von BRUCK, Buddhismus, a. a. O., S. 15ff.
35 Vgl. Michael von BRUCK, Buddhismus, a. a. O., S. 44ff.

Bodhisattva (Erleuchtungswesen): ein Buddha (ein Erwachter), der sich aus Mitgefühl dazu entscheidet, das Nirwana aufzuschieben, um andere Menschen zur Erleuchtung zu führen.

Die vierte Nachtwache

Derart gelangte der Bodhisattva in der letzten Wache der Nacht, als die Morgenröte sich zeigte und die Nacht dem Schlafe am günstigsten war, zur allerhöchsten vollkommenen Erleuchtung und erreichte das dreifache Wissen:

- Die Erinnerung an die früheren Geburten,
- die Einsicht in die Zukunft und
- den Einblick in die Entstehung und Vernichtung des Leidens.

Da sprachen die Götter: „Streut Blumen herab, Verehrte, der Erhabene ist zur Erleuchtung erwacht!“[36]

Dieses Meditationserlebnis, die Erleuchtung, ist der Schlüssel für seine Botschaft, aus SIDDHARTA wurde ein Erwachter, ein Buddha.

Schritt für Schritt durchschaute er – BUDDHA – das Gesetz von Ursache und Wirkung der Taten, die Wiedergeburt und Leiden verursachen; er durchschaute den Weg, der zur Aufhebung führt. Die Einsicht in diese Zusammenhänge bedeutet bereits Erlösung. Ein Zustand von Glück und Ruhe während dieses Lebens und nach diesem Leben nicht mehr wiedergeboren werden zu müssen – das ist Erlösung.

SIDDHARTA erreichte das Nirwana bei seiner Erleuchtung zum BUDDHA im Alter von 35 Jahren. Er hat nach buddhistischer Überlieferung 45 Jahre in diesem Zustand auf Erden verbracht, frei von Gier, Hass und Unwissenheit. Als er achtzigjährig starb, trat er in das Parinirwana ein, in das Verlöschen nach dem Tod, das auch den Körper aufhebt.

3.5 Das Rad der Lehre

Nach seiner Erleuchtung brach der BUDDHA nach Varanasi (Benares) auf. Dort traf er die Mönche wieder, mit denen er sich lange Zeit in der Askese geübt hatte. Anfangs waren sie sehr skeptisch, doch dann ließen sie sich überzeugen, dass aus SIDDHARTA GAUTAMA ein Buddha geworden war; sie wurden seine ersten Anhänger. Mit der Predigt an diese fünf Mönche, so die Überlieferung, wurde das Rad der Lehre erstmals in Bewegung gesetzt: BUDDHA setzte dadurch den Anfang zur Erlösung auch für andere Menschen.

Das Zeichen in der Radnabe (aus dem chinesischen Kulturraum) symbolisiert die Verwobenheit von Leid und Erlösung.

Das Rad ist zum Symbol des Buddhismus geworden. Sein äußerer Kreis erinnert an die Bewegung der Welt, sein Mittelpunkt an die Ruhe, die die Lehre schenkt. Es hat acht Speichen, die auf den edlen achtteiligen Pfad verweisen. Sie stellen die Verbindung vom äußeren Rand zum inneren Zentrum her. Sie führen von der unruhigen Welt zur Stille der Erleuchtung.[37]

[36] Aus dem 1. Korb des Pali-Kanon, Vinaya-Pitaka III 7.
[37] Werner TRUTWIN, Die Weltreligionen, a. a. O., S. 39.

3.5.1 Der Mittlere Weg

BUDDHA lehrt einen Weg zwischen Sinnenfreuden und Askese, deshalb auch *Mittlerer Weg* genannt.

- Die Hingabe an Sinnenfreuden ist die Lebensweise des gemeinen Volks, unwürdig, gewöhnlich und zwecklos.
- Die Hingabe an Selbstquälerei ist schmerzhaft, unwürdig und ebenfalls zwecklos.

BUDDHA erkannte, dass es der Mittlere Weg ist, der sehend macht, Wissen erzeugt, zur Beruhigung der Leidenschaften, zur Erleuchtung und zum Nirwana führt.[38]

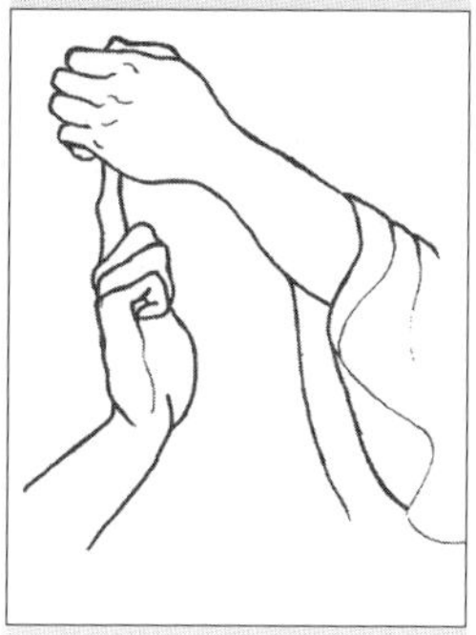

Geste höchster Erleuchtung

3.5.2 Der Dharma

Im Buddhismus ist *Dharma* die ewige Wahrheit, die schon vor BUDDHA existierte und die dieser verkündete. Gläubige Buddhisten nehmen im Dharma Zuflucht. Dharma hat im Buddhismus einen dreifachen Sinn:

- Er ist eine geistige Realität, die im Gegensatz zu den Illusionen des Menschen steht.
- Er ist in der Lehre des BUDDHA gedeutet.
- Diese geistige Wirklichkeit soll unser Handeln bestimmen.

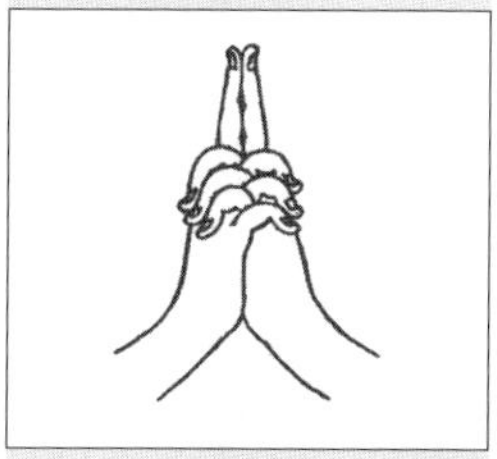

Geste der höchsten Erleuchtung

Seinem Wesen nach ist der Dharma unveränderlich, doch wird er in unterschiedlicher Form dargelegt, z. B. den Fähigkeiten der Zuhörer angepasst. Der Dharma kennt nur ein Ziel: Heil, Errettung und Erlösung. Mit einprägsamen Gleichnissen hat BUDDHA den Dharma charakterisiert und dadurch verständlich gemacht, was seine Lehre ausmacht.

Das Gleichnis vom Floß

Mit einem Floß kann man die Lehre vergleichen, die zum Überschreiten der ewigen Werdewelt in Richtung Nirwana geschaffen ist; sie ist nicht dazu bestimmt, sie festzuhalten. Das hört und richtet wohl eure Aufmerksamkeit darauf. Ich will es euch verkünden.
Ein Wanderer sieht vor sich eine große Wasserflut. Das diesseitige Ufer ist voll Gefahren und Schrecken, das jenseitige sicher und gefahrlos. Es ist kein Schiff da, das ihn hinüberbringt, und keine Brücke, die die Flut überquert. Da kommt ihm der Gedanke, dass er sich aus Schilfgras, Holz, Zweigen und Blättern ein Floß bauen könnte, um damit heil zum anderen Ufer zu gelangen. Was der Wanderer denkt, führt er aus. Als er drüben ist, denkt er: Dieses Floß war mir sehr nützlich. Ich will es tragen und mitnehmen, wohin ich auch gehe. Dieser Mann handelt nicht richtig. Jetzt braucht

[38] Vgl. Hans Wolfgang SCHUMANN, Handbuch Buddhismus, a. a. O., S. 25.

er das Floß nicht mehr. Es wird ihm sogar zur Last. Ebenso, ihr Mönche, einem Floß vergleichbar, wurde von mir die Lehre gezeigt, zum Überschreiten geschaffen, doch nicht, um sich daran festzuklammern. Ihr Mönche, die ihr das Gleichnis vom Floß versteht, sollt selbst die wahre Lehre aufgeben, wie viel mehr die falsche.[39]

3.5.3 Die Vier Edlen Wahrheiten

Die so genannten *Vier Edlen Wahrheiten* stehen im Zentrum der Lehre BUDDHAS:

1. **Die Wahrheit vom Leiden:** Geburt ist Leiden, Alter ist Leiden, Krankheit ist Leiden, Tod ist Leiden; Trauer, Jammer, Schmerz, Gram und Verzweiflung sind Leiden; mit Ungeliebtem vereint, vom Lieben getrennt sein ist Leiden; Begehren ist Leiden.
2. **Die Wahrheit vom Ursprung des Leidens:** Die Ursache des Leidens ist das Begehren. Dieses Begehren wird auch *Durst*, *Unwissenheit* und *Festhalten* genannt. Es ist ein seelischer Zustand, der die Tat durch das Gift der Gier, des Hasses und der Verblendung verdirbt.

Die Grundübel:
- Gier
- Hass
- Verblendung, Unwissenheit

3. **Die Wahrheit von der Aufhebung des Leidens:** Das Leiden wird aufgehoben, wenn Gier und Daseinsdurst besiegt werden.
4. **Die Wahrheit vom Weg, der zur Aufhebung des Leidens führt:** Der von BUDDHA gewiesene Weg zum Nirwana ist der *Heilige Achtfache Pfad:*
   rechte Ansicht
   rechter Entschluss
   rechte Rede
   rechtes Verhalten
   rechter Unterhalt
   rechte Anstrengung
   rechte Achtsamkeit
   rechte Meditation[40]

   Diese acht Sittlichkeitsregeln lassen sich zu drei Blöcken zusammenfassen:
   - **Erkennen, Wissen:** *Rechte Ansicht und rechter Entschluss* halten zu objektiver Welterkenntnis an und geben Einsicht in die Edlen Wahrheiten. Sie bündeln die Willenskräfte.
   - **Sittlichkeit:** *Rechte Rede, rechtes Verhalten und rechter Unterhalt* beschreiben die ethisch gebotenen Verhaltensweisen des Heil Suchenden gegenüber seinen Mitwesen.

[39] Aus dem 2. Korb des Pali-Kanon, Majjhima-Nikaya 22 (gekürzt).
[40] Vgl. Heinz BECHERT / Richard GOMBRICH (Hg.), Der Buddhismus. Geschichte und Gegenwart, München: Beck 1989, S. 44ff., und Hans Wolfgang SCHUMANN, Handbuch Buddhismus, a. a. O., S. 25ff.

- **Meditation:** Die Fortschritte vollziehen sich im Geist und im Herzen des Suchenden, sie bewirken die Sammlung, das Nicht-Vorhandensein von Zerstreuung und machen den Geist für tiefere Einsichten bereit. Dafür sind *rechte Anstrengung, rechte Achtsamkeit und rechte Meditation* notwendig.

Stehender BUDDHA (Sri Lanka, 1200)

Die Richtlinien für moralisches Verhalten sind im Buddhismus keine göttlichen Gebote, sie sind nicht von der Natur mitgegeben oder im Herzen eingepflanzt, denn von Natur aus gehorcht der Mensch unmoralischen Instinkten. Die Richtlinien gehören zur Verkündigung BUDDHAS. Also steht vor dem rechten Handeln die Einsicht in die Leidenswahrheit und vor der rechten Versenkung steht das moralische Verhalten. Zusammen bilden sie den vom Buddhismus gelehrten Heilspfad.

AUFGABEN

1. Beantworten Sie die folgenden Fragen für sich allein oder in einer Gruppe.
   - Wann haben Sie das letzte Mal *meditiert*?
   - Was verstehen Sie konkret unter *rechter Achtsamkeit*?
   - Bei welcher Gelegenheit haben Sie sich – außer beim Sport – richtig angestrengt?
   - Achten Sie auf das, was Sie sagen?
   - Bei welchem moralischen Thema (z. B. Gentechnik, Euthanasie, Tierethik etc.) haben Sie sich bemüht, einem klaren Standpunkt nahe zu kommen?
2. Diskutieren Sie die folgenden Regeln des Buddhismus, die so genannten fünf *Silas*. Welche Regeln haben für Sie konkrete Bedeutung?
   a. Lebendes nicht zerstören.
   b. Nichts Ungegebenes nehmen.
   c. Ausschweifungen in den Sinneslüsten unterlassen.
   d. Keine Lügen sprechen.
   e. Leichtsinn weckende Rauschgetränke meiden.

Die fünf Silas gelten für Laien. Für Nonnen und Mönche gibt es einen erweiterten Katalog.

3.5.4 Das Karma

Karma ist folgenwirkende Tat: Das, was ein Mensch im jetzigen Leben macht, bestimmt sein nächstes; Leben verläuft nach dem Gesetz von Ursache und Wirkung. Karmisch wirksame Energien können durch Gedanken, durch Worte oder durch Handlungen ausgelöst werden. Unheilsame Gedanken und Taten sind durch Unwissenheit, Gier oder Hass bedingt. Nur wer diese drei Wurzeln des Unheils in sich vernichtet, der denkt, spricht und handelt heilsam. Die Wirkung der heilsamen Handlungen stellt sich automatisch ein, es bedarf keiner außenstehenden Instanz, z. B. einer bestrafenden oder einer belohnenden Gottheit. Als undurchschaubar hat BUDDHA selbst das Wirken des Karmas bezeichnet.

Karma: Alle Handlungen und Taten im vergangenen Leben beeinflussen das gegenwärtige Schicksal.

Wie kann man sich die Auswirkungen des Handelns auf die nächste Existenzform vorstellen? Die Tatabsichten bestimmen über das Bewusstsein die nächste Existenzform. Das Karma, nicht etwa eine Seele, stellt den Zusammenhang zwischen Sterbendem und seiner Wiedergeburt her.

3.5.5 Samsara: Kreislauf der Wiedergeburten

Gutes Karma führt zu einer guten Wiedergeburt, schlechtes Karma zu einer schlechten. Wiedergeburten gibt es in einer endlosen Kette, und zwar, solange Karma erzeugt wird.
Der Mensch hat keine Seele, kein Ich und kein Selbst: Was soll wiedergeboren werden, wenn nichts Bleibendes vorhanden ist? Ein anschaulicher Vergleich mit der Kerzenflamme:

> Die Flamme leuchtet fortwährend. Dabei wird immer neues Wachs verbrannt, deshalb sehen wir eigentlich ständig eine veränderte Flamme. Trotzdem bleibt es für uns die gleiche Flamme. Bevor die Kerze heruntergebrannt ist und verlöscht, können wir an der gleichen Flamme die nächste Kerze anzünden. Die Eigenschaft der Flamme, nämlich zu leuchten, bleibt immer dieselbe.
> Vergleichbar ist es beim Menschen. Obwohl er nichts Bleibendes hat, gibt er seine Eigenschaften weiter für ein neues Wesen, das zu dem vorigen zwar eine gewisse Verbindung hat, aber doch neu und einzigartig ist, und wiederum vergänglich.[41]

Der Hinduismus nimmt an, eine zeitlose „Seele" ziehe sich als Subjekt der Wiedergeburt durch die Existenzformen hindurch wie eine Seidenschnur durch ein Perlenhalsband nach dem Schema:

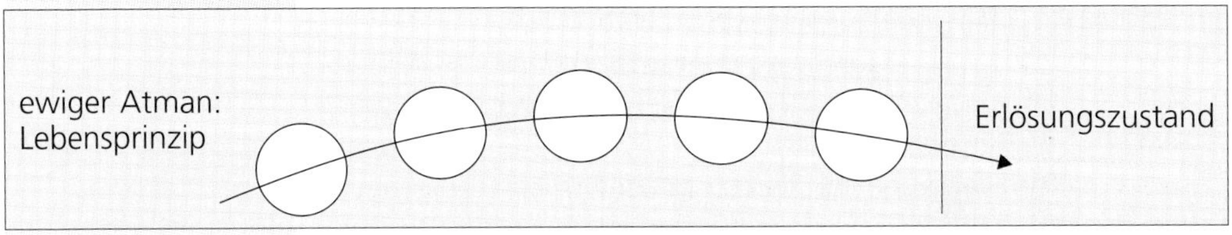

Demgegenüber lehrt Buddha, dass es zwischen den Existenzen der Wiedergeburt einen Prozess des *Bedingens* gibt: Existenzform A bedingt durch das Karma die Wiedergeburt B. Nichts Substanzhaftes wechselt von der Vorexistenz zur Nachexistenz über, nur Impulse stellen die Abhängigkeit her:

[41] Christoph Peter Baumann, Buddhismus. Teil A, 21 Farbfolien mit Erläuterungen. Teil B, Eine Einführung in Religionsgeschichte, Kultur, Brauchtum, Regensburg: Religionspädagogisches Seminar der Diözese Regensburg, Teil B, S. 32.

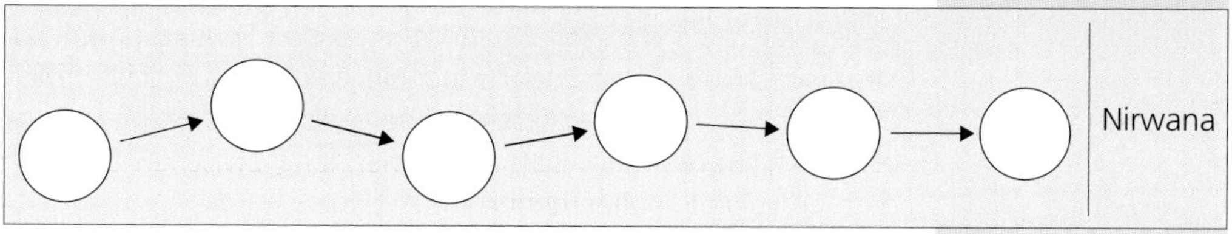

Samsara beschreibt also auf der einen Seite die Wanderung durch die Wiedergeburten, den Kreislauf von Leben, Tod und Wiedergeburt; auf der anderen Seite bezeichnet es auch die ununterbrochene Kette unserer ständig wechselnden Daseinserscheinungen: Von Augenblick zu Augenblick bin ich in meinem Denken, Fühlen und Tun ein anderer Mensch.

3.5.6 Skandhas: Die fünf Daseinsfaktoren

BUDDHA betont die Vergänglichkeit des Menschen und widerspricht der Vorstellung, den Menschen mit Leib und Seele zu erklären. Zur Beschreibung des empirischen Menschen werden fünf Daseinsfaktoren unterschieden:

- Der Körper mit Knochen, Muskeln, Haut und Fleisch.
- Die Empfindung: Sie ist die erste, eher instinktive und passive Reaktion des Körpers, die durch den Kontakt der Sinnesorgane mit der Außenwelt entsteht. Sie zeigt uns, was lustvoll, leidvoll oder neutral ist.
- Die Wahrnehmung ist im Vergleich zur Empfindung komplexer und aktiver. Hier reagiert der Mensch selektiv auf die Reize, wenn er Farben, Töne, Gerüche, materielle und geistige Bilder aufnimmt und unterscheidet.
- Die intellektuellen und emotionalen Fähigkeiten: Hier reagiert der Mensch aktiv auf die Wahrnehmungen und interpretiert sie. Er entwickelt Vorstellungen, Begierden und Sehnsüchte, die das Handeln steuern und auf Erfüllung drängen. Werden solche Zielvorstellungen erfüllt, entsteht ein neues Karma, das die Art des neuen Lebens nach dem Tod bestimmt. Dieser Gruppe kommt daher besondere Bedeutung für die zukünftige Existenz zu.
- Das Bewusstsein und die Erkenntnis: Das Bewusstsein nimmt die Empfindungen, Wahrnehmungen, Willens- und Geistesbewegungen auf und organisiert sie.

Die fünf Skandhas:
- Körper
- Empfindung
- Wahrnehmung
- Wille
- Bewusstsein

Diese fünf Daseinsfaktoren haben weder in sich selbst noch in ihrer Kombination für längere Zeit Bestand. Sie unterliegen einem ständigen Wechsel. Der Mensch ist unbeständig und rasch vergänglich. Er befindet sich in einem dauernd wechselnden Prozess – ohne dauerhafte Substanz.

Neben den fünf Daseinsfaktoren gibt es drei Daseinsmerkmale: *Vergänglichkeit, Leiden und Unpersönlichkeit*. Die Einsicht, dass es letztlich *kein Ich, kein Selbst, keine Persönlichkeit* gibt, fällt logisch denkenden Menschen schwer:

Es gibt Leiden, doch kein Leidender ist da.
Es gibt Taten, doch es findet sich kein Täter.
Es gibt Erlösung, doch keinen erlösten Menschen.
Es gibt einen Pfad, doch man sieht keinen Wanderer.[42]

3.5.7 Das Rad des Lebens (Bhavacakra)

Das Rad des Lebens stellt in bildhafter Form den konkreten Wiedergeburtenkreislauf, aus dem der Mensch Befreiung sucht, dar. In tibetischen Tempeln schmückt es meist die Außenwand neben dem Eingang. Wer den Tempel betritt, geht gleichsam durch die Welt des Samsara hindurch in die Erlösung.[43]

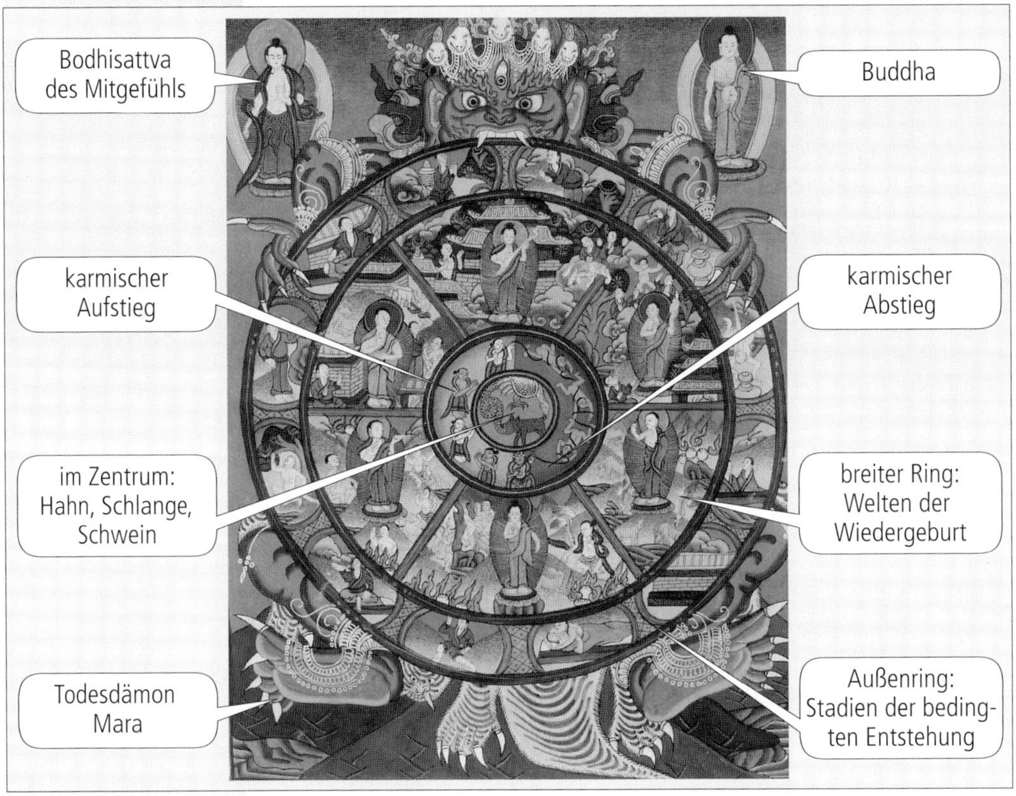

[42] Vgl. Heinz MÜRMEL, Buddhismus. In: Peter ANTES (Hg.), Die Religionen der Gegenwart. Geschichte und Glauben, München: Beck 1996, S. 187ff.

[43] Vgl. Hans Wolfgang SCHUMANN, Buddhistische Bilderwelt. Ein ikonographisches Handbuch des Mahayana- und Tantrayana-Buddhismus, München: Diederichs 1993, S. 74ff.

Beschreibung des Lebensrades:

- Der Dämon des Todes, *Mara*, hält das Rad in seinen Krallen. Außerhalb des Rades stehen BUDDHA und der Bodhisattva des Mitgefühls. BUDDHA weist mit ausgestrecktem Arm auf den Mond, um an die Vollmondnacht seiner Erleuchtung zu erinnern.
- Im Zentrum des Lebensrades sind Hahn, Schlange und Schwein. Der Hahn versinnbildlicht die Gier, die Schlange steht für Hass und das Schwein für die Unwissenheit, das sind die drei Grundübel als Triebkräfte menschlichen Handelns.
- Der an das Zentrum angrenzende Ring zeigt in der rechten Hälfte den karmischen Abstieg, in der linken den karmischen Aufstieg an: Zwischen diesen beiden Möglichkeiten kann man selber wählen.
- In den Segmenten des breiten Ringes werden die Welten dargestellt, in die man wiedergeboren werden kann:
  Welt der Götter
  Welt der Titanen
  Welt der Menschen
  Welt der Tiere
  Welt der Höllen (heiße Höllen und kalte Höllen)
  Welt der hungrigen Geister
- In jedem der sechs Reiche ist eine Inkarnation des transzendenten Bodhisattva bemüht, den Wesen Erleichterung zu bringen und Einsicht in die Buddhalehre zu geben.
- Der Außenring symbolisiert die einzelnen Stadien der bedingten Entstehung.

3.5.8 Nirwana

Die Gebundenheit an das Leid erlischt, wenn der Kreislauf der Wiedergeburten zu Ende kommt. Ziel des buddhistischen Wegs ist die Befreiung aus dem Kreis der immer wiederkehrenden Weltbezogenheit und dem damit verbundenen Leiden. Die Erreichung dieses Ziels heißt *Nirwana*, ein Zustand, in dem Gier, Hass und Unwissenheit erloschen sind. Dieser Zustand bedeutet jedoch noch keine völlige Auslöschung, er ist bloß ein ganz besonderer Bewusstseinszustand. Das Individuum kann nach Erreichen des Nirwanas weiterleben, bis mit dem Einsetzen des Todes der Endzustand des vollkommenen Nirwanas *(Pari-Nirwana)* eintritt.

Liegender BUDDHA
Die 14 m lange Steinplastik zeigt, wie BUDDHA ins Nirwana eingeht (Sri Lanka, um 1200).

Nirwana hat demnach eine doppelte Bedeutung:

Nirwana ist das Ende des Leids und die Befreiung vom Werden.
Nirwana bedeutet höchstes Glück, aber da es in diesem Zustand keine Empfindungen gibt, ist das Glück das Nicht-Vorhandensein der Glückseligkeit.
Nirwana ist nicht das abstrakte Nichts, es ist auch nicht das Paradies oder der Himmel. Nirwana ist Vollkommenheit. Der von BUDDHA verkündete Heilige Achtfache Pfad führt zum Nirwana.

1. Das Nirwana erreicht man in diesem Leben, wenn man zur Erkenntnis der Lehre und zur Erleuchtung gekommen ist. Die Daseinsfaktoren bestehen weiter. BUDDHA lebte in diesem Zustand frei von Gier, Hass und Verblendung 45 Jahre lang, ohne von Krankheit und Schwäche befreit zu sein.
2. Das Pari-Nirwana ist das vollständige Erlöschen, das endgültige Nirwana. Es gibt keine Daseinsfaktoren (Körper, Empfindung, Wahrnehmung, Wille, Bewusstsein) mehr; es gilt nicht mehr das Gesetz des Werdens und Vergehens.

3.5.9 Gott und Götter

Als BUDDHA von einem Mönch nach Gott gefragt wurde, antwortete er: *Ich habe euch nie gelehrt, dass es Gott gibt, ich habe euch aber auch nie gelehrt, dass es Gott nicht gibt. Ich habe euch den edlen achtgliedrigen Pfad gelehrt, geht diesen!*[44]
Der Buddhismus kennt keinen persönlichen Gott, wie z. B. das Christentum oder das Judentum. Das universelle und absolute Gesetz ist *Dharma*.
Wie wurde die Welt geschaffen, wie nahm sie ihren Anfang?

> Ein Mann wurde von einem Giftpfeil getroffen, und die Angehörigen haben einen Arzt gerufen. Würde der Mann dann sagen: Ich lasse den Pfeil erst herausziehen, wenn ich weiß, wer mich verwundet hat, wie er heißt, aus welcher Gegend er kommt, aus welcher Kaste, wie der Bogen beschaffen ist, wie die Sehne und wie der Pfeil. Bevor der Mann dies alles erfahren könnte, wäre er längst gestorben. Darum möget ihr das, sagte BUDDHA, was ich erklärt habe, als erklärt, und was ich nicht erklärt habe, als nicht erklärt hinnehmen. Und warum habe ich es nicht erklärt? Weil es nicht zweckdienlich ist, nicht zur Leidlosigkeit und nicht zum Nirwana führt.

Diese und ähnliche Fragen werden im Buddhismus nicht gestellt und nicht beantwortet. Das so genannte Pfeilgleichnis schildert diese Vorstellung sehr anschaulich.
Trotzdem erfahren wir immer wieder von Gott. Im Buddhismus sind die Götter dem Karma unterworfen und deshalb sterblich und vergänglich. Göttinnen und Götter sind Wesen, die sich in früheren Existenzen die Daseinsform als Gottheit verdient haben. Sie müssen aus dem Götterreich wieder abtreten, wenn ihr Vorrat an gutem Karma verbraucht ist. Sie leben glücklich und länger

[44] Christoph Peter BAUMANN, Buddhismus. Teil B, a. a. O., S. 27.

als andere Wesen, sind aber wie diese dem Wiedergeburtenkreislauf (Samsara) unterworfen und somit unerlöst. Die Göttervorstellungen stammen überwiegend aus dem Hinduismus. Gottheiten werden von den Menschen nicht angebetet, sie sind ihnen jedoch eine Hilfe bei der Meditation.

Buddhistischer Mönch

3.6 Hauptrichtungen des Buddhismus

Die Beschäftigung mit dem Buddhismus begann in Europa sehr spät. Bedeutende Anhänger des Buddhismus waren der Philosoph Arthur SCHOPENHAUER (19. Jh.) und der Schriftsteller Hermann HESSE (20. Jh.), der über das Leben und Denken BUDDHAS den berühmten Roman „Siddharta" schrieb.
In Österreich ist der Buddhismus seit 1983 eine staatlich anerkannte Religionsgemeinschaft. Seit den Siebzigerjahren gibt es bewusste Bestrebungen, die buddhistische Bewegung den europäischen Gegebenheiten anzupassen, man spricht daher auch von einem „Eurobuddhismus". Das bedeutet vor allem:

- die gleichwertige Bedeutung von Laien und Mönchen bzw. Nonnen;
- die Gleichberechtigung von Frau und Mann;
- die Rückbesinnung auf die ursprüngliche Lehre BUDDHAS, unabhängig von den speziellen Ausformungen in den asiatischen Regionen;
- verstärktes soziales und politisches Engagement.[45]

3.6.1 Theravada-Buddhismus

Der Theravada-Buddhismus ist in Sri Lanka, Thailand, Laos und Kambodscha sowie in Burma verbreitet; er hält sich am stärksten an die ursprüngliche Lehre BUDDHAS. Die Erlösung des Einzelnen durch eigene Anstrengung steht im Vordergrund. Am besten kann diese Erlösung durch ein Leben als Mönch erreicht werden.

Theravada = Lehre der Ältesten
Die Bezeichnung *Hinayana = kleines Fahrzeug* für den Theravada-Buddhismus war lange Zeit gebräuchlich, klingt aber abwertend.

3.6.2 Mahayana-Buddhismus[46]

Der Mahayana-Buddhismus entwickelte sich aus dem Theravada-Buddhismus. Die tradierten Lehrreden entstanden ab dem 1. Jh. v. Chr. bis zum 6. Jh. n. Chr., sie beinhalten auch Glaubenssehnsüchte der Volksfrömmigkeit. Der Mahayana-Buddhismus betont die Heilsmöglichkeit aller. Er will ein so genanntes großes Fahrzeug sein (Mahayana), das alle über den Ozean des Leids zum Nirwana bringt. Jeder muss den für sich geeigneten Erlösungsweg

Mahayana = großes Fahrzeug (Vorstellung, dass alle über den Ozean des Leids zum Nirwana gelangen)

[45] Vgl. Michael von BRUCK, Buddhismus, a. a. O., S. 330f.
[46] Vgl. Hans Wolfgang SCHUMANN, Handbuch des Buddhismus, a. a. O., S. 159ff.

Lehrender Mönch in einem Meditationskloster (Sri Lanka)

suchen. Nach seiner Lehre wird neben der Wahrheit das Mitleid zu einer sehr wichtigen Haltung. In einigen Mahayana-Schulen (z. B. Amida-Buddhismus) steht die Verehrung von Bodhisattvas im Zentrum, während andere (z. B. Zen-Buddhismus) die Erleuchtungserfahrung im Leer-Werden von allen Gedanken und Inhalten suchen. Der Mahayana-Buddhismus ist vor allem in China, Korea und Japan verbreitet.

Das Gesamtsystem des Mahayana umfasst drei Sachbereiche:

- Die Philosophie der Leerheit: Die Leerheit gilt im Mahayana-Buddhismus als das Absolute, um die Erlösung zu verwirklichen. Die Leerheit wird erst verständlich, wenn man eine *Leerheitshaltung* entwickelt, d. h., den Geist von falschen Vorstellungen geleert hat. Daraus folgt: In der Leerheit sind alle Wesen gleich. Alle Wesen sind latente Buddhas.
- Die Vorstellung von transzendenten Buddhas in Zwischenparadiesen, wohin die Gläubigen wiedergeboren werden können, um von dort aus das Nirwana zu verwirklichen.
- Das Leitbild von Wesen, Bodhisattvas, die nach ihrer Erlösung nicht erlöschen, sondern in der Welt des Samsara verbleiben, um anderen zur Erlösung zu verhelfen. Ein Bodhisattva steht dem Heil suchenden Menschen auf dem Weg zur Erlösung bei, denn das Gesetz des Karma lässt Ausnahmen zu und Verdienst kann auf andere Personen übertragen werden. Als Bodhisattva wird bezeichnet, wer seine Erleuchtung im Blick behält, sich aber vorrangig der Leidbefreiung anderer widmet. Das Kennzeichen ist seine Selbstlosigkeit.
- Schon der Palikanon kennt sechs Buddhas, die dem geschichtlichen Buddha vorausgegangen sein sollen. Der bedeutendste ist Dipanhara (Lichtbringer), der erste Buddha. Er hat als Vorzeitbuddha das Licht der Lehre in der Welt entzündet.
- Gautama, Buddha Sakyamuni, ist der historische Buddha.
- Maitreya, der Gütige, ist der Buddha der Zukunft und wird als letzter Buddha unseres Weltzeitalters erscheinen.

Der historische Buddha wurde immer mehr über das Menschliche erhoben, so wurde er als kosmischer, ja universeller Buddha verstanden. Als universales Wesen ist Buddha zeitlos und immerwährend. Er ist Herr über die Zeit. Der Universalbuddha hat dort, wo der historische Buddha seine Reden gehalten hat, sein Paradies eingerichtet.

Tantrayana-Buddhismus

Der Tantrayana-Buddhismus ist eine esoterische Form des Buddhismus, der die Menschen ihre Erlöstheit erleben lassen will. Er ermöglicht das Befreiungserlebnis durch praktische und unkonventionelle Methoden: zauberähnliche Praktiken, Rituale, Meditation bis zur Trance, Überwindung anerzogener Bemühungen, zuweilen auch sexuelle Praktiken. *Tantra ist weniger eine Philosophie als vielmehr ein Angebot von Methoden zum Erleben des Einsseins mit dem Absoluten.*

Amida-Buddhismus

Ein Mönch brachte im 3. Jh. n. Chr. diese Form des Buddhismus von Indien nach China. China schloss AMITABHA *(= Amida)*, den Buddha von unermesslichem Glanz, schnell ins Herz. Der mitleidige Buddha heißt die Menschen nach dem Tod in seinem Land willkommen und nimmt so dem Sterben den Schrecken. Im 12. und 13. Jh. entwickelte sich diese Lehre als Amida-Buddhismus in Japan. Dort wird sie auch „Shin – Lehre der Schule des reinen Landes" genannt. Amida-Buddha ist die zentrale Heilsgestalt, der große Mitleidvolle und Allgütige. Der Amida-Buddhismus lehrt Vertrauen in Amida als Weg zur Befreiung. Eigenes Bemühen um Erlösung wird zurückgestellt. Der Eingang in das reine Land ist nicht so sehr der Lohn für gute Taten, sondern gnadenhaftes Geschenk für Glaube und Vertrauen. Eine einzige Anrufung Buddhas soll genügen, um ins Paradies zu kommen.

Zen-Buddhismus

Der Zen-Buddhismus sucht die Erleuchtungserfahrung vor allem im Leerwerden von allen Gedanken und Inhalten zu erreichen. Wesentliche Elemente des Übens sind *Sitzen in Konzentration* (Zazen) und die Alltagspraxis (das, was ich jetzt tue). Außerdem wird geübt, das logisch-begriffliche Denken zu überwinden.

- Zen hat zum Ziel, ganz bei sich zu sein, bei dem zu sein, was ich jetzt tue. *Wenn ich gehe, dann gehe ich. Wenn ich stehe, dann stehe ich.*
- Zen ist in Denken und Handeln durch Schlichtheit und Einfachheit geprägt. Die Beschaffenheit der Welt soll durch die Klarheit der Form mit einfachen Mitteln erfahrbar werden.

Zazen: Praxis des Zen – Sitzen in Versunkenheit

Texte zum Zen
Zen studieren bedeutet, sich selbst studieren.
Sich selbst studieren bedeutet, sich selbst vergessen.
Sich selbst vergessen bedeutet, in Harmonie zu sein mit allem, was uns umgibt.

Wenn du sitzt, dann sitze.
Wenn du gehst, dann gehe.
Wenn du arbeitest, dann arbeite.
Das ist alles, das ist Zen.

Die Atmung spielt eine ganz wesentliche Rolle. Jedes Lebewesen atmet. Im Anfang ist der Atem. Die Zen-Atmung ist mit keiner anderen vergleichbar. Sie zielt in erster Linie darauf, einen langsamen, kraftvollen und natürlichen Rhythmus zu schaffen. Wenn man sich auf ein geschmeidiges, langes und tiefes Ausatmen konzentriert und die Aufmerksamkeit auf die Haltung lenkt, geschieht das Einatmen auf ganz natürliche Weise. Die Luft wird langsam und leise ausgestoßen, während der durch das Ausatmen hervorgerufene Druck kraftvoll in den Bauch hinabsteigt. Man bewirkt so eine heilsame Massage der inneren Organe. Die Zen-Meister vergleichen die Zen-Atmung mit dem Muhen einer Kuh oder dem Ausatmen eines Babys, das gleich nach der Geburt schreit. Dieses Atmen ist das *Om*, der Samen, das Pneuma, die Quelle allen Lebens. Der wahrgenommene Buddha ist nicht der wahre Buddha. Der wahre Buddha ist das zum Erwachen gelangte Selbst.
Indem das Selbst verneint wird, tritt es erst wirklich hervor.
Gehen und Zurückkehren ist das Wesen aller Dinge.[47]

Begriffe wie *Psyche, Pneuma, Animus* (= Seele) heißen ursprünglich *Hauch, Atem.*

3.6.3 Vajrayana-Buddhismus (tibetischer Buddhismus)

Der Vajrayana-Buddhismus wird auch Diamantenes Fahrzeug, tibetischer Buddhismus oder Lamaismus genannt.

Der Vajrayana-Buddhismus ist eine eigenständige Form des Mahayana-Buddhismus. Das Vajrayana trägt seinen Namen nach dem Vajra, einem tantrayanischen Symbol. Es versinnbildlicht die Leerheit. Im Ritual werden Vajra und Glocke vereinigt. Sie stehen für die Polarität von „Männlich" und „Weiblich".
Typische Elemente des Vajrayana-Buddhismus sind Tantra-Übungen, Visualisierungen in Form großer Schaubilder (Thangkas), Mantras und viele weitere Formen der Frömmigkeit, z. B. die Gebetsmühlen und Gebetsfahnen. Der Vajrayana-Buddhismus besteht aus mehreren Traditionslinien oder Schulen, die sich historisch aus dem indischen Buddhismus und der vorbuddhistischen, schamanistischen Bön-Religion in Tibet entwickelt haben. Die bedeutendste Schule ist die der Gelugpas (Gelbhutmönche), der auch der Dalai Lama angehört.

Gebetsmühle

[47] Texte aus www.zenforum.de

Der Dalai Lama ist das geistliche und politische Oberhaupt des tibetischen Buddhismus. Er gilt als Inkarnation des Bodhisattva Avalokiteshvara und zugleich als Reinkarnation seines jeweiligen Vorgängers. Es heißt, dass die „Seele" des Dalai Lama nach seinem Tod in den Körper eines männlichen Neugeborenen eingeht, der dann auf Grund bestimmter Merkmale als neue Inkarnation identifiziert und zum neuen Dalai Lama erklärt wird.
Als die chinesischen Kommunisten 1950 Tibet besetzten, gerieten sie in zunehmenden Konflikt mit TENZIN GYATSO, dem 14. Dalai Lama. Nach einem erfolglosen Aufstand im Jahr 1959 verließ er das Land und lebt seither in Indien. 1989 erhielt er den Friedensnobelpreis für seinen gewaltlosen Widerstand gegen die chinesische Herrschaft in Tibet.

TENZIN GYATSO (geb. 1935), der 14. Dalai Lama

3.6.4 Engagierter Buddhismus

Die gewaltlose Friedensbewegung vietnamesischer buddhistischer Mönche und amerikanischer Aktivisten gegen den Vietnamkrieg hat seit den Sechzigerjahren des 20. Jhs. eine weltweite Bewegung ins Leben gerufen, die sich „engagierter Buddhismus" nennt. Der 1926 in Vietnam geborene THICH NHAT HANH, ein Zen-Meister, ist der Hauptinspirator dieser Bewegung, die in aller Welt auch mit Christen zusammenarbeitet. Er gründete einen Orden, der den Idealen des Zen – Achtsamkeit und körperliche Arbeit – sowie der Praxis von sozialer Aktivität verpflichtet ist.
Das soziale Engagement, das im Buddhismus sonst nicht im Vordergrund steht, wird je nach Kontext mit unterschiedlichen Argumenten begründet:

- Sozial ist die Leidensanalyse, nach der Unwissenheit, Gier und Hass die grundlegenden Übel sind, die überwunden werden müssen.
- Sozial sind grundlegende Tugenden des Buddhismus, z. B. der Schutz aller Lebewesen.
- Sozial ist die Lehre der wechselseitigen Abhängigkeit aller Wesen.
- Sozial ist die Lehre von der Nicht-Dualität, nach der alle Wesen miteinander verbunden sind, weshalb Sorge um sich selbst und Mitgefühl für andere zwei Seiten einer Sache sind.
- Sozial ist die Lehre der Nicht-Form, nach der alle Dinge substanzlos sind und in gegenseitiger Durchdringung entstehen und vergehen.
- Sozial sind die Tugenden der Barmherzigkeit und der liebenden Güte.

Lesenswerte Bücher von THICH NHAT HANH: *Ich pflanze ein Lächeln* und *Die Sonne – mein Herz.*

THICH NHAT HANH (geb. 1926)

Der Philosoph Arthur SCHOPENHAUER entwickelte aus den Lehren des Buddhismus sein ethisches Konzept des Mitleids oder Mitgefühls.

Die Synthese von buddhistischer Spiritualität und sozialem Engagement sowie von buddhistischer Philosophie und christlicher Sozialethik hat dem Buddhismus im Westen ein besonderes Gepräge gegeben: Die traditionelle Dominanz der Mönche verlagert sich auf die Laien, immer mehr auch auf die Frauen. Der Buddhismus ist damit weltweit in eine neue Phase seiner Entwicklung eingetreten.[48]

3.7 Heilige Orte

Die historischen Stätten aus der Lebensgeschichte BUDDHAS sind viel besuchte Wallfahrtsorte. Die Bauwerke und ihre Verwendungszwecke sind verschieden, je nach Land und Kultur.
Das Zentrum eines buddhistischen Tempels oder einer Klosteranlage bildet eine Halle mit einer oder mehreren Buddhastatuen. In einem Reliquienbehälter, dem Stupa, ist Asche eines Heiligen eingelassen, oft von BUDDHA selbst. Ein Stupa ist meist ein kleines, bescheidenes Bauwerk (z. B. häufig in Tibet). Gebetsfahnen weisen auf die heilige Stätte hin. Aus dem Stupa entwickelte sich in Ostasien die meist mehrstöckige Pagode. In Thailand wird ein buddhistisches Kloster „Wat" genannt. Besonders im Theravada-Buddhismus darf ein Bodhibaum nicht fehlen, jener Baum, unter dem BUDDHA die Erleuchtung gefunden hat.

3.8 Glossar

Bhikku/Bhikkuni: Mönch/Nonne

Bodhisattva: „Erleuchtungswesen". Vorstufe zum Buddha. Titel des historischen BUDDHA. Heilsgestalt im Mahayana: Der Bodhisattva geht nicht sofort ins Nirwana ein, weil er anderen Wesen bei der Erlösung helfen will.

Buddha: „Der Erwachte", Ehrentitel SIDDHARTA GAUTAMAS

Dalai Lama: das buddhistische Oberhaupt Tibets

Dharma: Lehre BUDDHAS; Gesetz, „Religion"

Jainismus: religiöse Bewegung in Indien, die auf MAHAVIRA zurückgeht, 5./4. Jh. v. Chr.

Karma: Handlung, Tat, Folgen einer Handlung; das universelle Gesetz von Ursache und Wirkung

Lama: tibetischer Mönch; tibetisches Äquivalent für Guru, spiritueller Lehrer

Mahayana: „Großes Fahrzeug"; Richtung im Buddhismus, die möglichst viele Menschen zur Buddhaschaft bringen will

Mandala: gestalteter Kreis mit symbolischer Bedeutung. Stellt vor allem im

[48] Vgl. von BRÜCK, Buddhismus, S. 331ff., ergänzt durch die Mitschrift eines Vortrags von Michael von BRÜCK vom Februar 1996 in München, zusammengefasst von Birgit LESJAK.

Vajrayana bildhaft Beziehungen zwischen der göttlichen Dimension, der Welt und den Menschen her.

Mantra: Gebet, magische Formel, bedeutungsvolle Silbe, die bestimmte Wirkungen wie Geisterabwehr oder Erlösung bewirken kann

Mudra: Zeichen, symbolische Handgeste BUDDHAS

Nirwana: Verlöschen, Erlösung, Ziel des buddhistischen Wegs

Pagode: aus dem Stupa entwickelter buddhistischer Tempel (vor allem in China und Japan)

Pali: indischer Dialekt, in dem die alten Überlieferungen abgefasst sind

Pari-Nirwana: das endgültige Verlöschen nach dem Tod

Samsara: Kreislauf der Wiedergeburten

Sangha: Gemeinde, der Orden des BUDDHA, die Gemeinschaft der Buddhisten

Sanskrit: heilige Sprache der Brahmanen in Indien

Skandhas: Daseinsfaktoren, aus denen ein Mensch besteht

Stupa: Gedächtnisstätte; buddhistisches Heiligtum für Reliquien des BUDDHA und anderer Heiliger

Sutra: Lehrtext

Tantrismus: System von Lehren und Praktiken, das mit Hilfe esoterischer Texte, mit Hilfe von Bildern, Tänzen, gelegentlich auch erotischer Handlungen Kontakt zur göttlichen Welt sucht, um Erlösung zu erlangen

Vajrayana: „Diamantenes Fahrzeug"; Richtung des Buddhismus, die vor allem in Tibet praktiziert wird

Zen: buddhistische Schule, die durch geistige Konzentration und durch Zazen (Sitzen im Zen) zu einem tieferen Verständnis der Dinge, zur Erkenntnis der eigenen Buddhanatur und zur Erleuchtung kommen will

Wissens-Check – Weltanschauungen

Chinesische Religionen

Konfuzianismus

Zentrales Anliegen des Konfuzianismus sind *gute Führung*, *praxisbezogenes Wissen* sowie *angemessene gesellschaftliche Beziehungen*. Ethisch zentrale Anliegen des Konfuzianismus sind:

- Die Goldene Regel: *Was du nicht willst, das man dir tu', das füg' auch keinem andern zu.*
- Tugenden wie *Rechtschaffenheit*, *Sittlichkeit*, *Aufrichtigkeit* und *Ehrfurcht* des Sohnes vor dem Vater.

Taoismus

Während der Konfuzianismus den Einzelnen auffordert, nach den Regeln eines idealen Gesellschaftssystems zu leben, geht der Taoismus davon aus, dass der Einzelne danach streben soll, der kosmischen Grundordnung, dem *Tao* (Weg), zu entsprechen. Dieses kann weder in Worten beschrieben noch gedanklich erfasst werden. Da das Tao ohne Handeln ist, muss man sich an das Nicht-Handeln *(Wuwei)* angleichen. Der Mensch erreicht die Übereinstimmung mit dem *Tao*, indem er nach seiner eigenen Natur lebt und sich von allen Lehren und von allem Wissen befreit.

Hinduismus

Der *Hinduismus* ist eine der bedeutendsten Weltreligionen, er existiert seit etwa 1500 v. Chr. Der Hinduismus ist eine typisch synkretistische Religion, d. h.: Es sind Einflüsse vieler Traditionen und Denkrichtungen im Laufe der Geschichte integriert worden. Die meisten Hindus verehren Shiva, Vishnu oder die weibliche Gottheit Kali.

Die Hindus betrachten das Universum als große, geschlossene Sphäre, die dem Zyklus des Werdens und Vergehens unterworfen ist. Das menschliche Leiden ist gleichfalls einem Zyklus unterworfen: Nach dem Tod verlässt die Seele den Körper und wird im Körper eines anderen Menschen oder Tieres wiedergeboren. Diese endlose Kette von Leben und Wiedergeburten wird *Samsara* genannt.

Buddhismus

Im Mittelpunkt von BUDDHAS Erleuchtung steht die Erfahrung der Vier Edlen Wahrheiten:

Vier Edle Wahrheiten

1. Leben ist Leiden: Es ist die Erkenntnis, dass das Leiden in der Natur des menschlichen Wesens liegt, von der Geburt an bis zum Zeitpunkt seines Todes. Aber auch der Tod bringt keine Erlösung.
2. Die Ursache allen Leidens liegt in der Unwissenheit, der Begierde und dem Neid.
3. Das Leiden kann durch die Überwindung des Anhaftens beendet werden.
4. Der Weg zur endgültigen Überwindung des Leidens ist der *Edle Achtfache Pfad*, bestehend aus: rechte Anschauung, rechtes Wollen, rechtes Reden, rechtes Tun, rechtes Leben, rechtes Streben, rechtes Denken, rechtes Sich-Versenken.

4 New Age und Esoterik

Mit dem Bewusstwerden der Grenzen des Wachstums und der Gefahren für die Umwelt entstand ein kritisches Vorbehaltsdenken gegenüber einem ungebremsten Fortschritt. Das Unbehagen über Risiken der Technik, der Wirtschaft, der Schulmedizin und über Probleme im Schulwesen löste ein Verlangen nach einem ökologisch verantwortungsvollen Lebensstil aus, nach gesünderer Lebensweise, nach naturnaher Medizin und alternativer Pädagogik. Auch traditionelle Religionsformen können die individualistischen Bestrebungen der Menschen nicht mehr zufrieden stellen.[49]

4.1 New Age

Eine Bewegung, die oft mit Esoterik gleichgesetzt wurde, ist *New Age*. Nach Marilyn FERGUSON versteht sich New Age als Netzwerk von Einzelnen und von Gruppen ohne Gesamtorganisation, einfach verbunden durch die Hoffnung, dass die Menschheit jetzt die Chance habe, in ein neues Zeitalter einzutreten. In diesem neuen Zeitalter würde ein Großteil der Menschheit einen Wandel des Bewusstseins erfahren – weg vom mechanistischen Denken hin zu mehr Intuition und Harmonie. Die herkömmliche Weltsicht mit ihrer cartesianischen Trennung zwischen Geistigem und Materiellem, Mensch und Kosmos wurde durch neue, ganzheitliche Wissenschaften ersetzt: Der innere Bewusstseinswandel werde einen politischen und soziokulturellen Wandel bewirken.

Cartesianisch: auf den Philosophen René DESCARTES zurückgehende Trennung von Ich (res cogitans) und der Welt der Objekte (res extensa)

Anhänger von New Age deuten die Wende astrologisch, und zwar als Übergang vom rationalen Fische-Zeitalter zum kreativen und intuitiven Wassermann-Zeitalter. Inhaltlich ist New Age ein synkretistisches Sammelbecken aller möglichen Denksysteme, z. B. Ideen östlicher Meditationsschulen und christlicher Mystik, mythisch-magischer Vorstellungen der Schamanenspiritualität und Anliegen der Ökologie.

Synkretismus = Vermischung unterschiedlicher Weltanschauungen und Religionen

- New-Age-Denken geht davon aus, dass sich die Gesellschaft sehr rasch verändern kann. Der Paradigmenwechsel wird mit dem Wechsel vom Fische- zum Wassermann-Zeitalter begründet: Im Laufe von 25 765 Jahren durchwandert der so genannte Frühlingspunkt (die Tag- und Nachtgleiche im Frühjahr) einmal den gesamten Tierkreis und hält sich ca. 2100 Jahre in jedem der zwölf Tierkreiszeichen auf. Nach dieser Anschauung treten wir nun vom Fische-Zeitalter in das des Wassermanns ein. In jedem Sternzeichen dominieren bestimmte Qualitäten. Während

Paradigmenwechsel = Änderung in der Weltsicht

[49] Ausführlich in Karl LAHMER, Kernbereiche der Philosophie, Wien: E. Dorner 2002.

Verbindung des Menschen mit dem Universum und der kosmischen Energie

Zustand der Harmonie und Ausgeglichenheit der Polaritäten

Alles im Kosmos ist miteinander vernetzt und organisiert sich selbst.

im Fische-Zeitalter das Rationale überwog, wird im Wassermann-Zeitalter das Intuitive dominieren.

- Durch verschiedene Meditationen nähert sich der Mensch dem kosmischen Bewusstsein und zugleich seiner eigenen Vergöttlichung. Der Regenbogen gilt als Symbol für die Verbindung des Menschen mit dem Universum und dessen kosmischer Energie.
- Das Yin-Yang-Zeichen symbolisiert den Zustand der Harmonie und Ausgeglichenheit der Polaritäten und Gegensätze. Yin steht für die weibliche, integrative und intuitive Tendenz, Yang für das männliche, aggressive und rationale Potenzial.
- Alles im Kosmos ist eng miteinander verknüpft und organisiert sich selbst. „Gott" ist daher die Selbstorganisationsdynamik des gesamten Kosmos. Symbol für die Vernetzung aller Einzelteile ist die endlos verflochtene Schleife.

Mit der angeblichen Vergöttlichung des Menschen, mit dem Aufgehen des Menschen im kosmischen „Paradies" wird die Menschheit von der *Conditio humana* (den menschlichen Basisbedingungen Leid, Krankheit, Tod etc.) befreit: Der Mensch wird vom Menschsein befreit.[50]

4.2 Moderne esoterische Bewegungen

Die Anhänger des New Age sind der Meinung, dass jeder Mensch seinen Guru oder Gott in sich selbst findet.

Die Anhänger esoterischer Gruppierungen sind der Meinung, dass man sich selbst über einen Guru, Schamanen oder Meister verwirklichen kann.

Im *esoterischen Supermarkt* werden die verschiedensten Heilsversprechungen und Sinnklärungen angeboten, die von neuheidnischer Naturreligion zu weißer und schwarzer Magie, von Persönlichkeitstests zu Selbsterfahrungsgruppen, von Ufologie zu transzendentaler Meditation, von Spiritismus und Animismus zu Reinkarnation reichen. Selbst ernannte Gurus und Schamanen versprechen mit Schlagworten wie *neue Ganzheitlichkeit, integrales Bewusstsein, kosmisches Bewusstsein, Reinkarnation, Entdeckung des wahren Selbst, Selbsterkenntnis als Weg des Heils, Bewusstseinserweiterung, positives Denken, Astralwandern* Sinn suchenden Menschen

- Gesundheit und Glück durch völlige Beherrschung von Körper und Seele;
- Macht durch den Einsatz übersinnlicher Fähigkeiten;
- umfassendes und fundamentales Wissen um die menschliche Existenz und die Zusammenhänge dieser Welt.

Viele Menschen stellen sich heute auch die Frage nach Reinkarnation, nach Wiedergeburt: *Gibt es ein Leben nach dem Tod?*

[50] Zur Thematik mit Literaturhinweisen und grafischen Darstellungen vgl. Karl LAHMER/Hellmut SANTER, Esoterik mit Distanz. Folienmappe, Hadersdorf: sbz 2000.

Habe ich früher schon einmal gelebt? Reinkarnationsvorstellungen boomen nicht zuletzt deshalb im reichen Westen, weil der Erlebnishunger gleichsam ad infinitum (= ohne Ende) verlängert werden kann: *Was ich im derzeitigen Leben nicht genießen kann, werde ich dann im nächsten Leben genießen.*

Ein für Außenstehende undurchschaubarer Bereich ist die Satansszene. Jugendliche und Erwachsene treffen sich zu schwarzen Messen, schlachten Tiere und trinken deren Blut, schwören sich auf Satan und das Böse ein.

4.3 Geschichte der Esoterik

4.3.1 Gnosis

Der *Gnostizismus* (gr. *gnosis* = Erkenntnis) war eine religiös-philosophische Bewegung im 2. und 3. Jh. n. Chr. Die Richtung verstand sich als Geheimwissen über das Göttliche: Funken oder Samen des göttlichen Wesens fielen aus der transzendenten geistigen Sphäre in die materielle (= böse) Welt. Die Gnostiker/innen erklärten den Ursprung des stofflichen Universums mit Hilfe eines Mythos: Aus dem nicht erkennbaren Gott sind durch Emanation (Ausfließen) eine Vielzahl untergeordneter Gottheiten hervorgegangen. Die letzte dieser Gottheiten, die *Sophia (Weisheit)*, verspürte ein Verlangen, das nicht erkennbare höchste Wesen wiederzuerkennen. Aus diesem Verlangen entstand ein böser Gott, der Demiurg, der das Universum schuf. Die göttlichen Funken fielen in dieses Universum oder wurden von dem obersten Gott dorthin entsandt, um die Menschheit zu erlösen. Die Gnostiker/innen setzten diesen bösen Gott mit dem Gott des Alten Testaments gleich, der die Menschen im Zustand der Unwissenheit und in der stofflichen Welt belässt und ihre Versuche bestraft, Wissen und Einsicht zu erlangen. Diese Deutung entnahmen sie der Vertreibung von Adam und Eva aus dem Paradies, den Erzählungen von der Sintflut und der Zerstörung von Sodom und Gomorra.

Aspekte gnostischen Gedankengutes

- **Emanation** bedeutet das Überfließen der reichen Fülle göttlicher Herrlichkeit. Durch diesen Vorgang, der u. a. den Geist, das Wort und die Weisheit erzeugt, verliert das göttliche Wesen an Essenz. Die Weisheit als letzte Emanation will sich selbst erschaffen, bringt jedoch nur eine untergeordnete Form, einen Demiurgen, hervor, der seinerseits die materielle Welt kreiert und die göttliche Substanz der Menschheit gefangen hält. Dieser gefesselte Geist muss sich nun bemühen, zur höheren göttlichen Ordnung zurückzukehren.
- **Einheit der Gegensätze:** Kein Sachverhalt ist auf einen einfachen Nenner zu bringen, jede Position provoziert sofort eine Gegenposition. Alle Zusammenhänge sind ambivalent, diese

Widersprüche sind jedoch kein „Entweder-oder", sie relativieren sich und gehen in einem übergeordneten Ganzen auf.
- **Licht als Erlösungsmetapher:** Die Verbesserung der Welt erfolgt nicht durch eine Änderung gesellschaftlicher Strukturen, sondern durch die Erleuchtung der Eingeweihten. Höchstes Ziel der menschlichen Selbstfindung ist das Einswerden mit dem Kosmos.

4.3.2 Mystik

Unter *Mystik* (griechisch *mýein* = einweihen; lateinisch *mysticus* = geheimnisvoll, dunkel) versteht man eine spezielle Frömmigkeitsform, die in allen Religionen und Kulturen verbreitet ist. Mystik bezeichnet die unmittelbare Schau der Gottheit, durch die der Eingeweihte die Kluft zwischen Mensch und Gottheit überwindet und zur mystischen Einheit gelangt.

- Der Zen-Buddhismus, der sich im 6. Jh. v. Chr. in China entwickelte, versucht durch die Zerstörung der begrifflichen Strukturen die unmittelbare Erkenntnis der Wesenlosigkeit und Leerheit der Dinge zu erreichen. Der esoterische Buddhismus entwickelte eine mystische Disziplin, durch die der Meister die Jünger mit strengen körperlichen und geistigen Übungen, bei denen Mandalas als Meditationshilfe dienen, zur Erleuchtung führt.
- Der Taoismus betont die Relativität und die Fehlbarkeit der begrifflichen Unterscheidungen, die der Geist zum Verständnis und zur Beherrschung der Welt entwickelt hat und die in der Sprache zum Ausdruck kommen. Daher strebt der Taoismus danach, die begrifflichen Unterscheidungen zu beseitigen, um den Geist wieder in den ursprünglichen Zustand der undifferenzierten Einheit mit dem Universum zurückzuführen.
- Im Mittelalter brachten die Klöster einige der berühmtesten Mystiker/innen hervor, die sowohl der östlichen wie der westlichen Kirche angehörten. Zu ihnen gehörten Franz von Assisi, Meister Eckhart, Hildegard von Bingen, Katharina von Siena und Theresia von Avila. Hildegard konzentrierte sich vor allem auf das harmonische Zusammenwirken von Geist und Leib; sie können miteinander wirken, sodass der Geist mit Hilfe des Leibes in der Welt schöpferisch tätig ist. Das Zusammenwirken von Leib und Geist, von Mensch und Kosmos fördert die leibgeistige Harmonie des Menschen, seine Gesundheit. Dabei spielt das richtige Maß eine wichtige Rolle; alles ist Gift, es kommt auf die richtige Menge an.

4.3.3 Anthroposophie

Rudolf STEINER (1861–1925)

Die *Anthroposophie* (griechisch *ánthropos* = Mensch, *sophía* = Weisheit), die von Rudolf STEINER begründete Lehre, strebt danach, die Erkenntnisfähigkeit des Menschen zu entwickeln und zur Erkenntnis des Geistigen zu führen. Die Anthroposophie nahm besonders Einfluss auf Pädagogik und Medizin. Als geistige Bewegung begann die Anthroposophie mit einem Vortrag STEINERS 1895 über die „Philosophie der Freiheit". STEINER setzte dem modernen rationalistischen Weltbild seiner Zeit die Betonung der Gefühlswelt entgegen und lehrte die Dreigliedrigkeit von Geist, Seele und Leib.

Waldorfschule in Salzburg

Besondere Aufmerksamkeit erlangte die anthroposophische Bewegung durch den Erfolg der Waldorfpädagogik. 1919 trat Emil MOLT, Leiter der Zigarettenfabrik *Waldorf-Astoria*, an STEINER heran, um in Stuttgart eine Schule nach den musisch-schöpferischen Idealen der Anthroposophie zu errichten.

Der Mensch besteht nach STEINER aus dem Geist (als Inbegriff für Denken, Fühlen und Wollen), der Seele (dem Triebhaften, Tierischen) und dem Leib. Nach dem Tod des Individuums vereinigt sich die Seele mit dem Geist; aber durch den Hang der Seele zum Physischen erhält sie erneut körperliche Gestalt (Reinkarnation). Dieser Wechsel setzt sich fort, bis die Seele ihren Hang zum Physischen überwunden hat. Die gewöhnliche menschliche Erkenntnis bleibt an die Sinneserfahrung gebunden, welche die Seele empfängt; aber durch bestimmte (meditative) Übungen lässt sich die intuitive Einsicht erlangen, dass es hinter dem Physischen eine höhere geistige Wirklichkeit gibt, die über Natur und Mensch waltet. In dieser Einsicht wird deutlich, dass sich der Geist durch Freiheit auszeichnet und dass der Mensch als geistig-erkennendes Wesen selbst frei ist.[51]

[51] Literaturhinweise: Michael FRENSCH (Hg.), Lust an der Erkenntnis: Esoterik. Von der Antike bis zur Gegenwart, München: Piper 1991; Rudolf STEINER, Die Philosophie der Freiheit. Grundzüge einer modernen Weltanschauung, Dornach: 1992 (1. Auflage Berlin: 1894).

5 Fundamentalismus

Unter *Fundamentalismus* versteht man Anschauungen von religiösen und politischen Gruppen, die sich auf traditionelle Grundlagen (Fundamente) berufen und diese kompromisslos vertreten. Fundamentalismus ist ein übersteigerter Traditionalismus, der versucht, die eigenen, althergebrachten Werte zu bewahren und ihnen absolute Geltung zu verschaffen. Der Begriff *Fundamentalismus* wurde in den USA geprägt, wo Christen vor allem die Evolutionstheorie DARWINS attackierten, weil diese ihrer Meinung nach in Widerspruch zu den Schöpfungsgeschichten der Bibel stünde. Diese Strömung lehnt die moderne Bibelkritik ab, die sich mit den historischen und soziologischen Hintergründen der Bibel beschäftigt: Aussagen der Bibel werden als wörtlich zu verstehende Glaubenssätze, die von Gott inspiriert sind, aufgefasst.

Fundamentalistische Strömungen gibt es heute in allen monotheistischen Religionen (Judentum, Christentum, Islam), im Hinduismus, in pseudoreligiösen und esoterischen Bewegungen, auch in politischen Gruppierungen.

Charakteristika fundamentalistischer Auffassungen

- Ablehnung der Vernunft der *Moderne* (Zeit ab dem 16. Jh.): Die so genannte *Moderne* geht davon aus, dass die aufgeklärte Vernunft das wichtigste Instrumentarium ist, die Phänomene der Welt richtig zu erkennen, zu beurteilen und zu kritisieren. Der Mensch müsse sich aus der Abhängigkeit von Naturzwängen, der Unmündigkeit im politischen Bereich befreien und zu einem selbstständigen Individuum wachsen.
- Ablehnung von Reformen: Reformbedarf besteht nicht, Neuinterpretationen von heiligen Schriften sind eine Form von Blasphemie.
- Absoluter Wahrheitsanspruch: Die eigene religiöse und / oder politische Überzeugung ist die einzig wahre. Ernsthafter Dialog ist dadurch nicht möglich, interreligiöser Dialog wird grundsätzlich abgelehnt. Pluralistische Weltanschauungen führen zu einem Sittenverfall, weil es dadurch mehrere *Wahrheiten* gibt. Anders Denkende werden mit Worten und auch mit Gewalt bekämpft.

Gefahr des Fundamentalismus
Sowohl der erstarrte Traditionalist als auch der Innovationsbesessene (= Progressist) neigen einem Fundamentalismus zu. Beide entfernen sich von der Mitte. Beide sind rationalen Argumenten unzugänglich und übernehmen Züge des Fanatischen.

- Der Traditionalist knüpft bei der Urangst des Menschen vor jedem Wandel des Vertrauten an und verkennt, dass der Mensch wandlungsbereit sein muss, will er der Wahrheit folgen.
- Der Progressist ist geneigt zu übersehen, dass der Mensch auch das Vertraute braucht.
- Der Traditionalist plädiert für eine fragwürdige Sicherheit hinter den Festungsmauern der Autorität; er tritt ihr das Denken ab, lässt sich indoktrinieren und vernachlässigt die Bildung der eigenen Überzeugung.
- Der Progressist gerät in die Versuchung, mit übermäßiger Hinterfragung und Kritik ringsum nur Verunsicherung zu verbreiten.
- Der Traditionalist schaut mit nostalgischem Blick in eine gute alte Zeit, die es nie gab.
- Der Progressist erträumt sich ein utopisches Morgen, das es nie geben wird.

Beide versäumen das Heute.[52]

5.1 Gemeinschaft kann gefährlich werden

Es gibt Weltanschauungsgruppen, auch Sekten genannt, die für Menschen gefährlich werden können, weil sie die Persönlichkeit einengen, Schuldgefühle schüren, Selbstständigkeit hemmen, Freundschaften verhindern oder finanziellen Ruin herbeiführen. Das Familien- und das Bildungsministerium geben laufend Informationsmaterial heraus. Erkundigen Sie sich bei Ihrer Lehrperson.

Versprechen	Vorsicht
Schon der erste Kontakt eröffnet eine völlig neue Sicht der Dinge.	100-%-Lösungen in Sinnfragen gibt es nicht.
Das Weltbild der Gruppe erklärt jedes Problem ganz einfach.	Patentrezepte für Weltprobleme gibt es nicht.
Die Gruppe hat einen Meister, der allein im Besitz der Wahrheit ist.	Große Menschen zeichnen sich durch Bescheidenheit und Zweifel an ihrem Wissen aus.
Verstand und Kritik kommen vom Teufel.	Denken ist für den Menschen charakteristisch.
Sie sollen sofort Mitglied werden.	Gut Ding braucht Weile.
Sie sollen alle alten Beziehungen abbrechen.	Man kann den bisherigen Lebensweg niemals verleugnen.
Das Sexualverhalten wird Ihnen exakt vorgeschrieben (Partnerwahl, Gruppensex, völlige Enthaltsamkeit).[53]	Sexualität gehört zur Privatsphäre. Wenn jemand hier eingreifen will, will er die totale Macht über das Individuum.

52 Referiert nach einer Rede von Reinhold Stecher, ehemaliger Bischof von Innsbruck.
53 Broschüre „Gemeinschaft kann gefährlich sein“, hrsg. von BMBWK, Abteilung Schulpsychologie – Bildungsberatung.

5.2 Beispiel – Psychogruppen

Diese Gruppen bieten die positive Veränderung des Lebens an – mit Methoden, die auf die Psyche (Seele) einwirken, jedoch nicht dem Standard der psychologischen Wissenschaft entsprechen. Die bekannteste und einflussreichste dieser Gruppe ist *Scientology (Lehre vom Wissen)*. Der ehemalige Science-Fiction-Autor Lafayette Ronald HUBBARD schrieb 1950 das Buch *Dianetik. Die moderne Wissenschaft der geistigen Gesundheit. Das Handbuch der dianetischen Verfahren.* 1954 gründete er die *Church of Scientology California*. Scientology zeigt sich in erster Linie als Angebot zur Persönlichkeitsveränderung. Die Organisation sieht sich als Wissenschaft, die alle bestehenden Religionen übersteigt. Die Lehre besagt, dass der Mensch in seinen früheren Leben zahlreiche Belastungen auf sich genommen hat, wodurch er seinen ursprünglichen Zustand als *Thetan* (Geist) vergessen hat – und dadurch versklavt ist. Mit den dianetischen Verfahren soll er wieder zur völligen Freiheit gelangen. Durch das „Auditing" (suggestive Befragungsmethode) mit dem „E-Meter", einer Art Hautwiderstandsanzeiger, sollen die negativen Eindrücke auch aus früheren Leben gefunden und der „reaktive Mind" gelöscht werden. „Geklärt" (clear) werden kann man durch die Teilnahme an einem insgesamt sehr kostenaufwändigen Kurssystem, das auch den zusätzlichen Ankauf von Büchern und CDs beinhaltet. Geworben wird allerdings mit einem kostenlosen Persönlichkeitstest. Angeboten wird auch ein „Reinigungs-Rundown", der die Einnahme eigener Vitaminpräparate und häufigen Saunabesuch erfordert. Diese Methode soll u. a. auch sicherstellen, dass man einen Atomkrieg überlebt.

HUBBARD verstand Scientology als Technik, die den unsterblichen Geist Thetan aus der Abhängigkeit von Raum, Zeit und Materie befreien soll. Thetan sei zur Seelenwanderung fähig und stamme von einem Planeten. Das gesamte Manipulationsrepertoire von Auditing über Clearing diene ausschließlich dazu, Thetan zur Entfaltung zu bringen. Ehemalige Mitglieder von Scientology berichten allerdings anderes: *Irgendwann wird von Ihnen das Wort Problem und vom Scientologen das Wort Lösung fallen. Diese beiden Begriffe werden Ihnen ab nun ins Bewusstsein eingehämmert:* ***Problem + Lösung.*** *Was gratis beginnt, endet dann mit dem finanziellen Ruin. Das Einzige, was bei Scientology zählt, ist Geld.*

Scientology beginnt ganz harmlos, mit einem so genannten Oxford-Persönlichkeitstest, der Test ist gratis, mit der Universität Oxford hat er nichts zu tun. Sobald Sie den Test ausgefüllt haben, haben die Scientologen bereits Macht über Sie. Fragen wie „Haben Sie gelogen? Sind Sie eifersüchtig?" geben dem Scientologen die Möglichkeit, nachzuhaken, egal, wie Sie geantwortet haben.

6 Religionskritik

Zweifel und Kritik gehören zu den Charakteristika des Menschen. Alle bedeutenden Erfindungen und Anschauungen menschlicher Zivilisationen entstammen dem Zweifel, der Kritik, dem Fragen und dem anschließenden Forschen.

Religionskritik stellt den Wahrheitsanspruch einer bestimmten Religion oder des religiösen Denkens in Frage. Die Kritik an Religion ist in unserem Kulturkreis im Wesentlichen durch Vernunftgründe bestimmt. Im Athen des 5. Jhs. v. Chr. wurde durch die Aufklärungsbewegung der Sophistik die bis heute übliche Differenzierung von Agnostizismus und Atheismus begründet:

Religionskritik gibt es auch innerhalb von Religionen. So führte die Kritik am Hinduismus zum Buddhismus (vgl. Seite 168 → Buddhismus als Reformreligion), die Kritik am Judentum zum Christentum, die Kritik LUTHERS zum Protestantismus etc.

Agnostizismus
Bezüglich der Götter kann ich nichts wissen, weder dass sie existieren noch dass sie nicht existieren, noch wie sie aussehen. Vieles steht einem sicheren Wissen entgegen, z. B. die Unsicherheit der menschlichen Erkenntnis und die Kürze des menschlichen Lebens.

Atheismus
Es gab eine Zeit, da das Leben der Menschen ohne Konventionen war und das Recht des Stärkeren galt, da es für die moralisch Guten noch keine Belohnung gab, für die Schlechten keine Bestrafung. Dann erst haben die Menschen die Gesetze als Zuchtmeister eingesetzt, damit Recht und Gesetz herrsche, und zwar für alle in gleicher Weise, und damit der Übermut und Stolz gebändigt werde. Nun wurde jeder bestraft, wenn er einen Fehler machte.
Da nun ab diesem Zeitpunkt die Gesetze die Menschen daran hinderten, Gewalttaten in aller Öffentlichkeit zu tun, sie diese jedoch heimlich noch immer verübten, da scheint mir nun ein ganz besonders schlauer Mensch die Angst vor den Göttern erfunden zu haben, damit es so etwas wie ein Angstgefühl für die schlechten Menschen gäbe, wenn sie im Geheimen Böses tun oder sprechen oder denken wollen. Diese Gottheit könne alles, was bei den Menschen gesprochen und getan wird, hören und sehen, nichts bleibe ihr verborgen, sie besitze Allwissenheit.[54]

6.1 Die psychische Funktion von Religion

Ludwig FEUERBACH (1804–1872): Gott ist eine erklärbare Projektion menschlicher Sehnsüchte.

Ludwig FEUERBACH ist in der Neuzeit einer der bekanntesten Religionskritiker. In seinem Werk *Das Wesen der Religion* führt er aus, dass sinnliche Gegenstände außerhalb des Menschen da sind, während religiöse Vorstellungen in ihm sind. Während man über äußere Gegenstände kritische Urteile abgeben kann, gilt dies für

[54] PROTAGORAS B 4 und KRITIAS B 25

innere Vorstellungen nicht. Denn wie der Mensch denkt, wie er gesinnt ist, so ist sein Gott: *Das Bewusstsein Gottes ist das Selbstbewusstsein des Menschen, die Erkenntnis Gottes die Selbsterkenntnis des Menschen. Aus seinem Gotte erkennst du den Menschen, und wiederum aus dem Menschen seinen Gott; beides ist eins.* Gott ist demnach eine Projektion innerer Vorstellungen, das *ausgesprochene* Selbst des Menschen. *Die Religion ist das Verhalten des Menschen zu sich selbst. Das göttliche Wesen ist nichts andres als das menschliche Wesen – alle Bestimmungen des göttlichen Wesens sind darum Bestimmungen des menschlichen Wesens.*[55]

Für FREUD ist Religion ein neurotischer Wirklichkeitsverlust, eine kollektive Zwangsneurose: Tatsächliche Gefahren des Lebens werden verschleiert, Verbote werden akzeptiert, die Energie für Veränderungen fehlt.

FREUD geht es in seiner Religionskritik darum, den Menschen von der Fremdbestimmtheit, von autoritativ gesetzten Verboten zu befreien; sein Credo: Die Neurose Religion ist heilbar.

Ähnlich argumentiert Sigmund FREUD: Die religiösen Vorstellungen sind Illusionen und gedankliche Erfüllungen der wichtigsten Wünsche der Menschheit; der erschreckende Eindruck der kindlichen Hilflosigkeit erweckt das Bedürfnis nach Schutz. Diesen Schutz kann am besten der Vater gewähren – hier muss man die streng patriarchalische Zeit am Beginn des 20. Jhs. mit berücksichtigen. Wenn diese kindliche Hilflosigkeit durchs ganze Leben fortdauert, dann sucht sich der Mensch einen noch mächtigeren Vater, nämlich Gott. *Durch das gütige Walten der göttlichen Vorsehung wird die Angst vor den Gefahren des Lebens beschwichtigt. Die Einsetzung einer sittlichen Weltordnung versichert die Erfüllung der Gerechtigkeitsforderung, die innerhalb der menschlichen Kultur so oft unerfüllt geblieben ist.* Dadurch, dass die irdische Existenz ins Jenseits zeitlich und örtlich verlängert wird, werden die illusionären Wunschvorstellungen quasi erfüllt. Religiöse Lehren sind Illusionen, unbeweisbar, niemand darf gezwungen werden, sie für wahr zu halten, an sie zu glauben.[56]

Karl MARX (1818–1883): Religion ist ein Mittel sozialer Beschwichtigung, die durch den atheistischen Sozialismus abgelöst wird.

6.2 Die praktische Funktion von Religion

Der Geist ist nach Karl MARX ein Produkt der Materie. Der Mensch ordnet sich der Materie als Mutter aller Dinge unter. In der Auseinandersetzung mit der Natur und in der Formung der Welt vermag sich der menschliche Geist erst zu finden und zu entwickeln.

- Die Basis allen Denkens sind die materiellen Verhältnisse einer Gesellschaft. Bestimmt werden Geist und gesellschaftliches Leben primär durch die Produktionsweise der zu erzeugenden materiellen Güter. Dabei bestimmen die *Produktivkräfte* (benutzte Rohstoffe, eingesetzte Produktionsinstrumente wie

55 Vgl. Ludwig FEUERBACH, Das Wesen des Christentums, Stuttgart: Reclam 1969, S. 51ff. (gekürzt).

56 Vgl. Sigmund FREUD, Massenpsychologie und Ich-Analyse, Frankfurt/M.: Fischer 1970, S. 110ff.

Maschinen und die Fähigkeiten der Arbeiter/innen) und die *Produktionsverhältnisse* (Eigentumsverhältnisse) die Produktionsweise.

- Das denkende Bewusstsein ist bloß ein Spiegel dieser materiellen Basis.

Ideologischer Überbau:	Kunst, Literatur, Religion, Wissenschaft	Überbau
Politisch-rechtlicher Überbau:	Staatsform, Parteien, Rechtswesen	
	Reflex Widerspiegelung	
Produktionsverhältnisse:	Eigentumsverhältnisse	Basis
Produktivkräfte:	Rohstoffe, Maschinen, Arbeitskräfte	

Religion und Moral als *Phänomene des Überbaus* spiegeln die gesellschaftlichen Verhältnisse wider. Speziell im Christentum entwirft sich der Mensch einen Gott, der für ihn zu einer fremden Macht wird. Dieses menschliche Projektionsprodukt verlangt Gehorsam; dieser Gehorsam gegenüber moralischen Geboten führt letztlich zur Selbstaufgabe:

- Der Mensch unterwirft sich fremden Geboten, er lässt sich fremdbestimmen.
- Religion als Hüter der bestehenden Ordnung sanktioniert und legitimiert Gebote, die die Herrschenden begünstigen, und tröstet mit illusorischer Hoffnung die sozial Benachteiligten über das momentane Jammertal hinweg.
- Religion verschleiert in mystischer Form alle Normen, die Ausbeutung und Entfremdung zementieren.
- Die Auswirkung dieser Verschleierung zeigt sich im Kapitalismus: Alle verfolgen ihre Privatinteressen, sehen im anderen nur mehr ein Mittel zum Zweck.

6.3 Die erdrückende Funktion von Religion

Nach Friedrich Nietzsche ist der Mensch etwas, was überwunden werden muss. Die größten Hindernisse auf dem Weg zum *Übermenschen* sind die Angst und die Macht der Gewohnheit. Dem setzt Nietzsche den *Willen zur Macht* im Sinne von Mut und Unerschrockenheit gegenüber. Vor allem diese *Tugend* kann zur Selbstverwirklichung beitragen. Der Mensch lebt jedoch von Geburt an versklavt durch Schule und Kirche, die Gehorsam und Unterwerfung verlangen. Aus Gewohnheit und Faulheit schrumpft

Friedrich Nietzsche (1844–1900)

mehr und mehr dieser Wille zur Befreiung, Unerschrockenheit und Kreativität, der *Wille zur Macht*. Vor allem kirchliche Ideologien tun das Ihrige dazu: Ihre Wahrheiten sind Illusionen.
Der Übermensch ist sich der Versklavung und Entfremdung bewusst, er lebt sein Leben im Hier und Jetzt. Er schafft Kunst und Philosophie, mit einem Wort: *Er bejaht das Leben.* Der Übermensch ist ein *Hinübergehender und Untergehender.* Damit drückt NIETZSCHE den Gedanken seines großen Vorbildes HERAKLIT aus: Alles ist in ständiger Bewegung – alles fließt!

panta rhei = alles fließt

Mensch	Übermensch
gehorsam fremdbestimmt beladen mit Geboten versklavt durch das Christentum vergeudet seine Energie ins Jenseits	kritisiert alles ist kreativ und spontan lehnt alle Vorschriften ab unterwirft sich dem Prozess des Werdens hat den Willen zur Macht = Selbstbestimmung

In *Also sprach Zarathustra* (Von den drei Verwandlungen) werden einander drei alternative Möglichkeiten der Lebensführung gegenübergestellt.

Metaphysische Stufe: der fremdbestimmte Mensch, der den Normen und Geboten gehorcht, der gut beladen sein will

Drei Verwandlungen nenne ich euch des Geistes: wie der Geist zum Kamele wird, und zum Löwen das Kamel, und zum Kinde zuletzt der Löwe. Vieles Schwere gibt es dem Geiste, dem starken, tragsamen Geiste, dem Ehrfurcht innewohnt: Nach dem Schweren und Schwersten verlangt seine Stärke. Was ist schwer?, so fragt der tragsame Geist, so kniet er nieder, dem Kamele gleich, und will gut beladen sein. Alles dies Schwerste nimmt der tragsame Geist auf sich: Dem Kamele gleich, das beladen in die Wüste eilt, also eilt er in seine Wüste ...
Aber in der einsamsten Wüste geschieht die zweite Verwandlung: Zum Löwen wird hier der Geist, Freiheit will er sich erbeuten und Herr sein in seiner eignen Wüste. Seinen letzten Herrn sucht er sich hier: Feind will er ihm werden und seinem letzten Gotte, um Sieg will er mit dem großen Drachen ringen. Welches ist der große Drache, den der Geist nicht mehr Herr und Gott heißen mag? *Du sollst* heißt der große Drache. Aber der Geist des Löwen sagt *Ich will. Du sollst* liegt ihm am Wege, goldfunkelnd, ein Schuppentier, und auf jeder Schuppe glänzt golden *Du sollst!* Tausendjährige Werte glänzen an diesen Schuppen, und also spricht der mächtigste aller Drachen: *Aller Wert der Dinge, der glänzt an mir. Aller Wert ward schon geschaffen, und aller geschaffene Wert – das bin ich. Wahrlich, es soll kein „Ich will" mehr geben!* Also spricht der Drache.

Meine Brüder, wozu bedarf es des Löwen im Geiste? Was genügt nicht das lastbare Tier, das entsagt und ehrfürchtig ist? Neue Werte schaffen – das vermag auch der Löwe noch nicht; aber Freiheit sich schaffen zu neuem Schaffen – das vermag die Macht des Löwen. Freiheit sich schaffen und ein heiliges Nein auch vor der Pflicht: Dazu, meine Brüder, bedarf es des Löwen. Recht sich nehmen zu neuen Werten – das ist das furchtbarste Nehmen für einen tragsamen und ehrfürchtigen Geist. Wahrlich, ein Rauben ist es ihm und eines raubenden Tieres Sache. Als sein Heiligstes liebte er einst das Du sollst: Nun muss er Wahn und Willkür auch noch im Heiligsten finden, dass er sich Freiheit raube von seiner Liebe: Des Löwen bedarf es zu diesem Raube.
Aber sagt, meine Brüder, was vermag noch das Kind, das auch der Löwe nicht vermochte? Was muss der raubende Löwe auch noch zum Kinde werden? Unschuld ist das Kind und Vergessen, ein Neubeginnen, ein Spiel, ein aus sich rollendes Rad, eine erste Bewegung, ein heiliges Ja-Sagen. Ja, zum Spiele des Schaffens, meine Brüder, bedarf es eines heiligen Ja-Sagens: Seinen Willen will nun der Geist, seine Welt gewinnt sich der Weltverlorene. Drei Verwandlungen nannte ich euch des Geistes: wie der Geist zum Kamele wurde, und zum Löwen das Kamel, und der Löwe zuletzt zum Kinde.[57]

Ablehnende Stufe: der Übermensch, der frei sein will, alle Werte vernichtet, ein heiliges Nein sagt

Experimentelle Stufe: ein Neubeginn, die erste Bewegung, ein heiliges Ja-Sagen

AUFGABEN

Zum Nachdenken

1. Einer fragte Herrn K., ob es einen Gott gäbe. Herr K. sagte: *Ich rate dir, nachzudenken, ob dein Verhalten je nach der Antwort auf diese Frage sich ändern würde. Würde es sich nicht ändern, dann können wir diese Frage fallen lassen. Würde es sich ändern, dann kann ich dir wenigstens noch so weit behilflich sein, dass ich dir sage, du hast schon entschieden: Du brauchst einen Gott.*[58]
2. Auf dem Bild ist zu lesen: *Homo est creator dei atque deus est creatura et factura hominis. Ergo non est deus. (Der Mensch ist der Schöpfer Gottes, und Gott ist Geschöpf und Werk des Menschen. Daher gibt es keinen Gott.)*

[57] Friedrich NIETZSCHE, Also sprach Zarathustra. Band 3, hrsg. von Karl SCHLECHTA, München: 1980, S. 285ff.
[58] Bert BRECHT, Kalendergeschichten

INDEX FÜR BAND 1 UND BAND 2